세상의 속도를
따라잡고 싶다면

현직 웹 디자이너의 진짜 포트폴리오 8개 완성!

인터랙티브
웹 페이지 만들기

프런트엔드 웹의 필수 HTML, CSS, 자바스크립트도 빠르게 정복!

웹 디자이너 & 개발자 최성일 지음

이지스 퍼블리싱

세상의 속도를 따라잡고 싶다면 **Do it!**
변화의 속도를 즐기게 될 것입니다.

Do it!

현직 웹 디자이너의 진짜 포트폴리오 8개 완성!

인터랙티브 웹 페이지 만들기

Do it! Making Interactive Web Page

초판 발행 • 2021년 8월 23일
초판 4쇄 • 2024년 5월 14일

지은이 • 최성일
펴낸이 • 이지연
펴낸곳 • 이지스퍼블리싱(주)
출판사 등록번호 • 제313-2010-123호
주소 • 서울시 마포구 잔다리로 109 이지스빌딩 3층(우편번호 04003)
대표 전화 • 02-325-1722 | **팩스** • 02-326-1723
홈페이지 • www.easyspub.co.kr | **페이스북** • www.facebook.com/easyspub
Do it! 스터디룸 카페 • cafe.naver.com/doitstudyroom | **인스타그램** • instagram.com/easyspub_it

총괄 • 최윤미 | **기획 및 책임 편집** • 김은숙 | **IT 2팀** • 한승우, 신지윤, 이소연 | **베타테스터** • 김지수, 양희영, 오지연
교정교열 • 박명희 | **표지 및 본문 디자인** • 책돼지 | **일러스트** • 김학수 | **인쇄** • 보광문화사
마케팅 • 박정현, 한송이, 이나리 | **독자지원** • 박애림, 오경신 | **영업 및 강의자료 PPT 문의** • 이주동, 김요한(support@easyspub.co.kr)

ISBN 979-11-6303-282-3 13000
가격 28,000원

인생은 자전거를 타는 것이다.
균형을 유지하려면 계속 움직여야 한다.

Life is riding a bicycle to keep your balance
you must keep moving.

알베르트 아인슈타인
Albert Einstein

"아무것도 모르는 비전공자도 웹 개발자가 될 수 있나요?"
"물론이죠! 저도 그랬거든요."

저는 미대에서 디자인을 전공했지만 개발자로 직업을 삼았고 현재 IT 관련 교육을 하며 개발서를 쓰고 있습니다. 그동안 이 분야에서 일하면서, 또 최근 비전공자를 대상으로 IT 교육을 진행하면서 가장 많이 들었던 질문 두 가지가 있습니다. 그건 바로 디자인을 전공한 사람도 개발자가 될 수 있는지, 그리고 아무것도 모르는 비전공자도 IT 분야에 취업할 수 있는지입니다. 제 답변은 **"저도 했으니 여러분도 충분히 가능하다"**입니다.

문법 때문에 지쳐서 코딩을 포기하지 않도록 도와줘요!

비전공자가 코딩을 어려워하고 거부감을 느꼈다면 그동안 잘못된 방식으로 코딩을 공부했기 때문입니다. 시중에 나온 IT 개발서나 관련된 강의 커리큘럼을 보면 초반부터 필요 이상으로 문법 설명을 깊이 다룹니다. 그러니 비전공자 입장에서는 실습 파트에 진입하기도 전에 지쳐서 코딩을 포기하고 맙니다. **코딩(code+ing)은** 말 그대로 프로그램의 특정 기능이 동작하도록 컴퓨터와 소통하는 도구입니다. 즉, **컴퓨터에게 어떤 일을 시키는 역할을 할 뿐**입니다. 따라서 입문자에게는 코딩이라는 도구를 사용해 어떤 결과물을 완성하는 성취감을 느낄 수 있게 해야 합니다. 당장 쓰지도 않을 문법 공부에 많은 시간을 투자할 필요가 없습니다.

비전공자도 최신 트렌드의 인터랙티브 웹 페이지를 완성할 수 있어요!

말을 배우기 시작하는 세 살 아이에게 한글 맞춤법이나 훈민정음의 역사를 가르치지는 않습니다. 단지 엄마, 아빠부터 시작해서 실생활에서 바로 사용할 수 있는 단어나 말을 하나씩 알려 주죠. 코딩도 마찬가지입니다. 실제 필요한 결과물을 만들려고 코딩을 배운다면, 우리는 코딩을 이 결과물에 사용할 단순한 도구라고 인지할 수 있습니다. 그래서 잘 쓰지도 않을 복잡한 문법에 매몰되지 않으면서, **최소한의 문법만 활용해서 다양한 결과물을 계속 만들어 보는 것이 비전공자에게 가장 효과적인 코딩 공부법**입니다.

이 책은 불필요하고 잘 쓰지 않는 웹의 문법을 과감히 잘라 내어 비전공자를 위한 쉬운 프런트엔드 웹 개발 입문서로 기획했습니다. 꼭 필요한 문법만을 사용해 웹 결과물을 만들 수 있도록 구성했고, **현업에서 최신 트렌드로 자리 잡은 인터랙티브 웹의 포트폴리오를 완성할 수 있습니다.** 코딩을 시작했다가 바로 포기한 비전공자도 이번 기회에 코딩은 어려운 공부라는 생각을 떨쳐 버리고 원하는 결과물을 완성해 보면서 꿈을 향해 도전해 나가기 바랍니다.

최성일 드림
tubi55@nate.com

"문법부터 예제까지 한꺼번에 공부할 수 있으니 퍼즐 조각을 맞추는 듯한 짜릿한 성취감이 들어요!"

웹의 기본부터 실무까지! 신입 퍼블리셔에게 강추!

처음 웹 퍼블리싱을 배울 때 '내가 정말 웹 페이지를 제작할 수 있을까?' 걱정했습니다. 특히 문법을 배울 때 가장 스트레스받았던 것 같습니다. 조금이라도 복잡한 문법이 나오면 무작정 외웠습니다.

혹시 이런 경험을 한 사람이 있다면 『Do it! 인터랙티브 웹 페이지 만들기』를 추천하고 싶습니다. 이 책은 **코딩 왕초보자도 이해하기 쉽게 설명해서 기본부터 탄탄하게 다질 수 있고, 책에 나온 예제를 직접 만들다 보면 더 확실하게 문법을 이해하고 활용할 수 있으니까요.** HTML, CSS, 그리고 자바스크립트까지 웹 페이지를 만들 때 필요한 문법을 한 권으로 끝내고 싶은 사람, 코딩을 시작하고 싶지만 어려울까 봐 망설이는 비전공자, 저와 같은 신입 퍼블리셔에게 강력 추천하는 책입니다.

2년 차 웹 에이전시 신입 사원 • 김지수 님

10년 차 편집 디자이너에서 웹 퍼블리셔로 커리어 전환을 도와준 책!

10년 동안 일했던 편집 디자인을 잠시 중단하고, 새롭게 웹 퍼블리셔 공부를 하다가 『Do it! 인터랙티브 웹 페이지 만들기』를 만났습니다. 문법보다 실무 감각을 먼저 익히고 싶었던 저에게는 이 책이 '딱!'이었습니다. 책에서 소개하는 대로 **화려한 웹 사이트 포트폴리오를 만들 때마다 마치 그림의 퍼즐 조각이 제자리를 찾아서 완성되는 짜릿한 성취감을 맛볼 수 있었습니다.** 작은 도전에서 시작한 웹 퍼블리셔의 꿈을 이 책 덕분에 더 빠르게 이룰 수 있을 것 같습니다. 웹 퍼블리셔를 꿈꾸는 많은 사람이 이 책을 읽고 자신의 목표에 한 발자국 더 가까이 다가갈 수 있기를 바랍니다.

편집 디자이너에서 웹 퍼블리셔로 다시 시작하는 도전자 • 양희영 님

어디에 내놓아도 손색없는 결과물을 만들 수 있는 책!

비전공자이다 보니 HTML 단어조차 몰라서 웹에서 검색하며 공부를 시작했습니다. 어마어마한 시간이 들었죠. 하지만 이 책을 만나고 검색하는 시간이 줄어들었습니다! 아무것도 모르고 맨땅에 헤딩하는 식으로 공부하던 때와 달리 **웹 페이지를 만드는 데 꼭 필요한 것부터 설명하니, 그동안 궁금했던 것들이 시원하게 해결되는 느낌**이었습니다. 특히 실전 예제는 어디에 내놓아도 손색없는 훌륭한 포트폴리오로 활용할 수 있어서 정말 좋았습니다. 웹 개발이 처음이거나 비전공자라면 고민하지 말고 이 책을 잡으세요. 지금까지 경험해 보지 못한 웹의 세계로 향하는 문이 활짝 열릴 것입니다.

시각디자인을 전공하고 웹 개발자를 꿈꾸는 취준생 • 오지연 님

실습 파일 — 이지스퍼블리싱 홈페이지에서 내려받으세요

이 책을 공부할 때 필요한 실습 파일을 먼저 내려받으세요. [이지스퍼블리싱 홈페이지 → 자료실]에서 실습 파일을 제공합니다.

> 이지스퍼블리싱 홈페이지: www.easyspub.co.kr

이지스 소식지 — 매달 전자책을 한 권씩 볼 수 있어요

이지스퍼블리싱 홈페이지에서 회원가입을 하여 매달 정기 소식지를 받아 보세요. 신간과 책 관련 이벤트 소식을 누구보다 빠르게 확인할 수 있습니다. 매달 전자책 한 권을 공개하는 이벤트도 진행하고 있답니다.

저자 직강 동영상 제공 — 최성일 저자에게 1:1 과외를 받는 것 같아요!

이 책의 핵심 내용을 담은 저자 직강 동영상을 무료로 제공합니다. 책과 함께 시청하면 개념을 더욱 쉽게 이해할 수 있어요. [유튜브 채널 → 재생 목록 Do it! 인터랙티브 웹 페이지 만들기]를 확인하세요.

> 유튜브 채널: youtube.com/user/easyspub

Doit! 스터디룸 — 친구와 함께 공부하고 책 선물도 받아 가세요!

네이버 카페 'Do it! 스터디룸'에서 같은 고민을 하는 친구들과 함께 공부해 보세요. 내가 잘 이해한 내용은 남을 도와주고 내가 잘 이해하지 못한 내용은 도움을 받으면서 공부하면 복습 효과도 누릴 수 있습니다. 서로서로 코드와 개념 리뷰를 하며 훌륭한 개발자로 성장해 보세요.

> Do it! 스터디룸: cafe.naver.com/doitstudyroom

특별 부록 PDF 전자책 — 포트폴리오 『스와이프 갤러리 제작하기』 무료 제공!

이 책의 마지막 포트폴리오는 누구나 쉽게 체험할 수 있도록 전자책 PDF로 제공합니다. [이지스퍼블리싱 홈페이지 → 자료실]에서 내려받거나 다음 링크에 접속하여 확인하세요.

> PDF 내려받기: buk.io/@kc4971

QR코드를 찍어
확인하세요!

"10일 완성, 20일 완성 목표를 세워 보세요!"

인터랙티브 웹 기술을 빨리 정복할 수 있도록 목표를 정해 놓고 공부해 보세요!
최소한 하루에 한 장씩 자신이 설정한 진도표에 맞춰 공부하면 목표 기간 안에 이 책을 끝낼 수 있습니다.

10일 완성		20일 완성		차례
1일 차	(월 일)	1일 차	(월 일)	01장 웹 페이지 제작 준비하기
		2일 차	(월 일)	02장 HTML 기본 문법 빠르게 끝내기
2일 차	(월 일)	3일 차	(월 일)	03장 CSS 기본 문법 빠르게 끝내기
		4일 차	(월 일)	
3일 차	(월 일)	5일 차	(월 일)	04장 인터랙티브 웹을 위한 CSS 다루기
		6일 차	(월 일)	05장 flex 방식으로 레이아웃 만들기
4일 차	(월 일)	7일 차	(월 일)	06장 자바스크립트로 웹 페이지 제어하기
		8일 차	(월 일)	
5일 차	(월 일)	9일 차	(월 일)	07장 온라인 프로필 카드 제작하기
		10일 차	(월 일)	08장 기업형 웹 페이지 제작하기
6일 차	(월 일)	11일 차	(월 일)	09장 마을 애니메이션 제작하기
		12일 차	(월 일)	
7일 차	(월 일)	13일 차	(월 일)	10장 파노라마 회사 소개 페이지 제작하기
		14일 차	(월 일)	
8일 차	(월 일)	15일 차	(월 일)	11장 flex 기반 동영상 페이지 제작하기
		16일 차	(월 일)	
9일 차	(월 일)	17일 차	(월 일)	12장 뮤직 플레이어 제작하기
		18일 차	(월 일)	
10일 차	(월 일)	19일 차	(월 일)	13장 핀터레스트 스타일의 반응형 웹 갤러리
		20일 차	(월 일)	[특별 부록] 스와이프 갤러리 제작하기

이 책에서 만드는 포트폴리오 8개를 소개합니다!

이 책의 실전 예제 8개는 실무에서 포트폴리오로 활용할 수 있도록 최신 프런트엔드 기술을 담아 구성했습니다. 실전 예제를 만들면서 관련된 기본 문법을 책에서 찾아서 공부해 보세요. 기본기는 탄탄하게 다지고, 실무 능력도 업그레이드할 수 있답니다!

1. 온라인 프로필 카드

HTML, CSS 기본 문법을 활용한 온라인 프로필 카드 만들기

· 참고 문법: 2장, 3장

2. 기업형 웹 페이지

시맨틱 태그를 활용한 기본 홈페이지 만들기

· 참고 문법: 2장, 3장

3. 마을 애니메이션 페이지

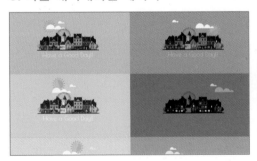

애니메이션을 이용하여 자바스크립트 구문이 필요 없는 UI 모션 만들기

· 참고 문법: 3장, 4장

4. 파노라마 회사 소개 페이지

transform3D를 활용한 파노라마 UI와 자바스크립트로 모션 제어 만들기

· 참고 문법: 4장, 6장

포트폴리오를 만들면서
기본 문법을 같이
공부해 보세요!

5. flex 기반 동영상 웹 페이지

flex를 활용한 레이아웃 배치와 자바스크립트로
동영상 파일 제어하기

· 참고 문법: 2장, 5장, 6장

6. 뮤직 플레이어

flex를 활용한 레이아웃 배치와 자바스크립트로
음악 파일 제어하기

· 참고 문법: 2장, 5장, 6장

7. 핀터레스트 스타일의 반응형 웹 갤러리

float를 활용한 가변형 레이아웃 제작과
자바스크립트 함수 만들기

· 참고 문법: 3장, 4장, 6장

8. 스와이프 갤러리[특별 부록]

자바스크립트와 플러그인을 활용해 스와이프
페이지 제작하기

· 참고 문법: 2장, 3장, 4장

차례

필수 문법

**HTML, CSS,
자바스크립트
한 번에 끝내기**

01장 웹 페이지 제작 준비하기	**16**
01-1 웹 페이지를 만들기 전에	17
인터랙티브 UI/UX	17
UI/UX 작업 방식의 변화와 코딩의 중요성	18
비전공자와 디자이너도 코딩을 할 수 있는 이유	19
HTML, CSS, 자바스크립트의 역할	20
01-2 웹 브라우저와 웹 에디터	21
웹 브라우저 설치하기	21
웹 에디터 설치하기	22
Do it! 비주얼 스튜디오 코드 설치하기	22
01-3 제작 속도를 2배 높여 줄 작업 도구	24
Do it! 비주얼 스튜디오 코드의 확장 기능 설치하기	24
01-4 웹 페이지의 필수 재료	28
Do it! 기본 폴더와 HTML 파일 만들기	28
02장 HTML 기본 문법 빠르게 끝내기	**31**
02-1 HTML 파일 둘러보기	32
태그란	32
부모 태그와 자식 태그	32
HTML의 기본 구조	33
Do it! 에디터에서 HTML 파일 수정하기	34
02-2 시맨틱 태그 — 웹 페이지 구조 나누기	37
02-3 서식 태그 — 텍스트를 넣어 웹 페이지 채우기	41
⟨h1⟩~⟨h6⟩ — 문서의 제목 지정하기	41
⟨p⟩ — 문단 지정하기	43
⟨div⟩ — 콘텐츠 그룹화하기	44
⟨strong⟩, ⟨em⟩ — 특정 단어 강조하기	45
⟨a⟩ — 웹 페이지에 링크 연결하기	46
⟨span⟩ — 인라인 요소 태그 그룹화하기	47
⟨img⟩ — 문서에 이미지 삽입하기	48
⟨br⟩ — 강제 줄 바꿈 구현하기	49
02-4 목록 태그 — 메뉴를 깔끔하게 정리하기	51
⟨ul⟩ — 순서가 없는 목록 만들기	51
⟨ol⟩ — 순서가 있는 목록 만들기	52
⟨dl⟩, ⟨dt⟩, ⟨dd⟩ — 정의형 목록 만들기	53
Do it! 중첩된 목록 작성하기	54
02-5 폼 태그 — 사용자 정보 입력받기	57
⟨input⟩ — 다양한 정보 입력받기	57
⟨select⟩ — 드롭다운 메뉴로 항목 선택하기	62
⟨textarea⟩ — 텍스트를 여러 줄 입력받기	62
⟨form⟩ — 여러 입력 양식을 그룹화하고 전송하기	63

02-6 비디오·오디오 태그 — 멀티미디어 콘텐츠 삽입하기　　65
　　〈audio〉 — 오디오 파일 재생하기　　65
　　〈video〉 — 동영상 파일 재생하기　　67

03장　**CSS 기본 문법 빠르게 끝내기**　　69

03-1 HTML에 CSS 연결하기　　70
　　Do it! HTML 파일에 외부 CSS 파일 연결하기　　70

03-2 CSS로 HTML 요소 다양하게 선택하기　　72
　　전체 선택자 — 모든 HTML 요소를 한꺼번에 선택하기　　72
　　태그 선택자 — 태그명을 이용하여 선택하기　　74
　　자손 선택자 — 자식과 하위 요소를 모두 선택하기　　75
　　자식 선택자 — 직계 자식 요소만 선택하기　　76
　　그룹 선택자 — 여러 개의 요소를 그룹으로 선택하기　　77
　　순서 선택자 — 형제 요소의 순서를 이용하여 선택하기　　78
　　수열 선택자 — 수식을 이용하여 선택하기　　79
　　마지막 요소 선택자 — 형제 요소 중 마지막 요소를 선택하기　　82
　　홀수, 짝수 선택자 — 홀수 또는 짝수 요소를 선택하기　　82
　　속성 선택자 — 속성값을 이용하여 선택하기　　83
　　가상 선택자 — 가상의 요소를 선택하기　　84
　　클래스 선택자 — 클래스명으로 요소를 선택하기　　86
　　아이디 선택자 — 아이디명으로 요소를 선택하기　　87

03-3 폰트 스타일링하기　　90
　　폰트 굵기 바꾸기　　90
　　폰트 크기 바꾸기　　91
　　폰트 모양 바꾸기　　95
　　Do it! 구글 웹 폰트 사용하기　　97
　　Do it! 웹 폰트 아이콘 적용하기　　100
　　폰트 색상 바꾸기　　105
　　텍스트 줄 간격 바꾸기　　107
　　텍스트 정렬 방향 지정하기　　109
　　텍스트 자간 지정하기　　111

03-4 웹 페이지에서 영역별 크기 정하기　　113
　　너비와 높이 지정하기　　113
　　바깥쪽 여백 지정하기　　115
　　안쪽 여백 지정하기　　118
　　기존 박스 크기를 유지하면서 안쪽 여백 지정하기　　120
　　테두리의 형태 지정하기　　121
　　블록 요소와 인라인 요소 태그　　123

03-5 웹 페이지의 배경 꾸미기　　127
　　배경색 지정하기　　127
　　배경 이미지 삽입하기　　129
　　배경 이미지 크기 조절하기　　134
　　Do it! 두 배경 이미지를 웹 브라우저에 고정하기　　136

03-6 웹 페이지의 레이아웃 구성하기　　139
　　CSS 초기화하기　　139
　　float — 블록 요소 좌우로 배치하기　　141

2장, 3장을 공부하며
웹 기초를 튼튼하게
쌓아보세요!

position — 요소를 자유롭게 배치하기   145

object-fit — 콘텐츠를 특정 영역에 채우기   152

z-index — 겹쳐 있는 요소의 z축 순서 지정하기   154

opacity — 요소의 투명도 설정하기   156

03-7 다양한 그래픽 효과 적용하기   159

box-shadow, text-shadow — 요소의 그림자 만들기   159

border-radius — 모서리를 둥글게 만들기   162

linear-gradient, radial-gradient — 그레이디언트 적용하기   163

filter — 특수 효과 사용하기   165

04장 인터랙티브 웹을 위한 CSS 다루기   169

04-1 콘텐츠 모양을 자유롭게 변형하기   170

04-2 사용자 행동에 반응하는 전환 효과 만들기   177

04-3 자동으로 움직이는 애니메이션 효과 만들기   181

04-4 벡터 이미지 파일 제어하기   185

비트맵 이미지와 벡터 이미지의 차이   185

[Do it!] SVG 파일을 웹 브라우저에 출력하기   187

[Do it!] SVG의 path 스타일 변경하기   191

패스의 stroke-dasharray와 stroke-dashoffset 속성 이해하기   195

[Do it!] 마우스 포인터를 올리면 선이 그려지는 모션 만들기   196

04-5 화면 너비에 따라 웹 페이지 디자인 변경하기   201

[Do it!] 미디어 쿼리를 사용하여 배경색 바꾸기   201

05장 flex 방식으로 레이아웃 만들기   207

05-1 부모 요소에 flex 적용하기   208

display — 자식 요소의 배치 방법 지정하기   208

flex-direction — 자식 요소의 정렬 방향 변경하기   212

flex-wrap — 자식 요소에 줄 바꿈 적용하기   213

flex-flow — flex-direction, flex-wrap 속성을 한꺼번에
적용하기   215

05-2 자식 요소 정렬하기   217

justify-content — 기본 축으로 정렬하기   217

align-content, align-items — 반대 축으로 정렬하기   225

05-3 자식 요소의 순서 지정하기   228

05-4 요소의 여백 비율 지정하기   231

flex-grow — 요소의 안쪽 여백 확대하기   231

flex-shirink — 요소의 안쪽 여백 축소하기   233

flex — 전체 너빗값의 비율 조절하기   235

06장 자바스크립트로 웹 페이지 제어하기   236

06-1 자바스크립트 시작하기   237

[Do it!] HTML과 자바스크립트 연결하기   237

4장, 5장, 6장으로
인터랙티브 웹의
기본 문법을
끝낼 수 있어요!

06-2 자바스크립트로 HTML 요소 선택하기   242

　　document.querySelector( ) — 요소 선택하기   242

　　document.querySelectorAll( ) — 요소를 모두 선택하기   244

　　Do it! 부모, 자식, 형제 요소 선택하기   248

06-3 자바스크립트로 스타일 제어하기   252

06-4 자바스크립트로 이벤트 연결하기   255

　　클릭 이벤트 연결하기   255

　　호버 이벤트 연결하기   257

　　반복되는 요소에 이벤트 한꺼번에 연결하기   260

　　클릭 이벤트가 발생할 때 숫자를 증가, 감소하기   261

　　문자 안에 변수 삽입하기   262

　　Do it! 클릭하면 좌우로 회전하는 박스 만들기   264

06-5 자바스크립트로 클래스 제어하기   267

06-6 함수를 활용하여 코드 패키징하기   275

　　함수 정의 및 호출로 기능 재활용하기   275

　　Do it! 활성화 기능 함수 정의하고 사용하기   276

06-7 HTML 요소의 속성값 제어하기   280

　　속성값 알아내기   280

　　속성값 변경하기   281

06-8 자바스크립트로 사용자 브라우저 판단하기   282

실전 예제

실무에서 바로 쓰는
포트폴리오
완성하기

07장 **온라인 프로필 카드 제작하기** ⸺⸺⸺ 286

08장 **기업형 웹 페이지 제작하기** ⸺⸺⸺ 306

09장 **마을 애니메이션 제작하기** ⸺⸺⸺ 322

10장 파노라마 회사 소개 페이지 제작하기 ·········· 336

11장 flex 기반 동영상 웹 페이지 제작하기 ·········· 381

12장 뮤직 플레이어 제작하기 ·········· 403

13장 핀터레스트 스타일의 반응형 웹 갤러리 제작하기 ·········· 434

스페셜 깃허브 페이지에 작업물 배포하기 ·········· 465

PDF 책 스와이프 갤러리 제작하기 ·········· 472

찾아보기 ·········· 473

필수 문법

HTML, CSS, 자바스크립트
한 번에 끝내기

01장 웹 페이지 제작 준비하기

02장 HTML 기본 문법 빠르게 끝내기

03장 CSS 기본 문법 빠르게 끝내기

04장 인터랙티브 웹을 위한 CSS 다루기

05장 flex 방식으로 레이아웃 만들기

06장 자바스크립트로 웹 페이지 제어하기

HTML, CSS를
사용해서 만드는
07장, 09장의
실전 예제!

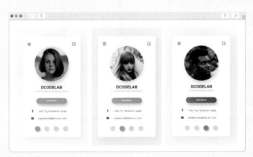

01장

웹 페이지 제작 준비하기

어서 오세요! 이번 장에서는 웹 페이지 제작에 필요한 웹 브라우저와 에디터를 설치하고 환경 설정을 하겠습니다. 초보자에게 웹 개발이 어려운 이유는 웹 페이지를 만들기 전에 환경 설정하는 과정이 복잡하기 때문입니다. 그래서 여기에서는 꼭 필요한 준비 과정만 정리해서 간단히 설명하고 빨리 실습할 수 있도록 했습니다.

01-1 웹 페이지를 만들기 전에

01-2 웹 브라우저와 웹 에디터

01-3 제작 속도를 2배 높여 줄 작업 도구

01-4 웹 페이지의 필수 재료

01-1 웹 페이지를 만들기 전에

여기에서는 이 책의 주제이자 앞으로 배울 인터랙티브 UI/UX의 개념을 살펴보고, 비전공자에게도 코딩이 필요한 이유를 간단히 설명하겠습니다.

인터랙티브 UI/UX

요즘은 웹 개발과 함께 UI/UX라는 용어를 자주 접합니다. 그렇다면 UI/UX는 무엇이고 더나아가 인터랙티브 UI/UX는 무엇일까요?

먼저 UI^user interface란 사용자가 특정 콘텐츠를 이용할 때 만나는 접점, 즉 **사용자 환경**을 의미합니다. 예를 들어 컴퓨터 바탕화면의 아이콘과 툴바 또는 모바일 화면의 앱 아이콘 등이 모두 UI입니다. 사람들이 특정 콘텐츠를 이용할 때 만나게 되는 도구와 사용 환경을 UI라고 하는 것이죠. 마찬가지로 웹 페이지의 UI는 웹 페이지 상단의 로고와 메뉴, 그리고 배너와 이미지 섬네일 등입니다.

그림 1-1 입체적으로 회전하는 웹 페이지

▶ 위의 웹 페이지는 기본적인 HTML, CSS, 자바스크립트로 제작할 수 있습니다. 우리가 10장에서 직접 만들어 볼 실전 예제이기도 합니다!

반면에 UI보다 좀 더 포괄적인 개념인 UX^{user experience}는 사람들이 특정 콘텐츠를 사용할 때 UI에서 느낄 수 있는 **사용자 경험**을 의미합니다. 예를 들어 게시판에 접근할 때 A 웹 페이지에서는 메뉴를 3회 클릭해야 하는데 B 웹 페이지에서는 1회만 클릭해도 된다면 B 웹 페이지의 사용성^{usability}이 더 좋다고 말합니다. 이처럼 특정 UI를 이용하여 콘텐츠를 사용할 때 느끼는 모든 사용자 경험을 UX라고 합니다.

그리고 **인터랙티브 UI/UX**^{interactive UI/UX}란 사용자와 상호 작용하는 여러 모션과 동적인 콘텐츠를 사용하는 환경을 말합니다. 예를 들어 모바일 환경에서 화면을 좌우로 밀면 콘텐츠 화면이 슬라이드되면서 바뀌거나, 웹 페이지에서 특정 버튼을 클릭하면 모션이 나타나 방문자의 시선을 끄는 환경을 인터랙티브 UI/UX라고 합니다.

웹과 모바일 기술이 발전하면서 인터랙티브 UI/UX도 점차 웹 디자인의 중요한 영역으로 자리 잡았는데요. 그 이유와 배경은 무엇일까요?

예전에는 웹 브라우저의 성능과 인터넷 환경이 지금처럼 좋지 않았죠. 그 당시 웹 개발에서는 이미지나 영상과 같은 대용량 데이터를 줄이고, 움직임이 없는 정적인 콘텐츠를 웹 브라우저에 빠르게 내보내는 것을 중요하게 여겼습니다.

하지만 최근에는 컴퓨터와 웹 브라우저, 그리고 모바일 기기의 성능이 좋아지면서 대용량 데이터를 초고속으로 전송할 수 있게 되었습니다. 따라서 이제는 용량의 크기와 상관없이 다양한 이미지와 영상, 화려한 움직임이 많은 콘텐츠를 사용하여 예전보다 역동적인 UI/UX를 제공할 수 있습니다. 또한 트렌드에 민감한 젊은 사용자의 시선을 끌어서 콘텐츠 소비를 이끌어 내는 것이 현재 웹 개발의 최대 관심사가 되었습니다. 이렇게 기술의 발전 속도가 점점 빨라지면서 인터랙티브 UI/UX의 중요성도 더욱 높아졌습니다.

UI/UX 작업 방식의 변화와 코딩의 중요성

예전에는 디자이너의 영역이 편집·웹·게임·모션 디자인 등으로 명확히 나뉘었습니다. 하지만 요즘은 특정 플랫폼에 종속되지 않는 UI/UX 개념이 생겨나 디자인 영역의 경계가 허물어졌습니다. 예를 들어 편집 디자이너는 모바일 디바이스의 사용자가 늘어나면서 종이책과 같은 인쇄물뿐 아니라 웹진, 전자책과 같은 디자인 작업도 하게 되었죠. 또한 웹 브라우저의 성능이 발전하면서 웹 게임의 시장이 활성화됨에 따라 게임 디자인에서도 웹의 역할이 중요해졌습니다. 이렇듯 디자인 분야의 다양성과 달라진 UI/UX 작업 방식에 따라 디자이너도 웹의 기초인 HTML, CSS, 자바스크립트 정도는 알아야 하는 시대가 되었습니다.

그림 1-2 다양한 플랫폼에 반응해야 하는 시대

디자이너가 코딩하면 전문성이 떨어져 보인다는 평가를 받던 시절도 있었습니다. 하지만 요즘은 유행이 빠르게 변하고 서로 다른 분야와 협업했을 때 성과를 내는 추세이다 보니 디자이너가 코딩할 줄 알고, 다양한 인터랙티브 UI를 구현할 줄 안다면 더욱 돋보이는 경쟁력을 갖출 수 있습니다. 디자이너가 개발자의 도움을 받지 않고 인터랙티브 UI를 직접 구현한다면 더 멋지고 자유롭게 디자인할 수 있을 것입니다.

비전공자와 디자이너도 코딩을 할 수 있는 이유

주위를 둘러보면 코딩에 관심 있는 비전공자와 디자이너가 꽤 많은데, 교육 과정이나 서적이 대부분 개발자 중심이어서 중도에 포기하는 안타까운 사례가 많습니다. 코딩은 복잡한 학문이 아니라 일을 좀 더 편하게 처리할 수 있도록 도와주는 도구라고 생각하면 됩니다. 마치 포토샵, 인디자인 등의 디자인 프로그램을 다룰 때 도구 사용법만 알면 시작할 수 있듯이요.

인터랙티브 웹 제작을 위한 코딩 입문에서는 복잡한 프로그래밍 이론과 알고리즘을 몰라도 됩니다. 당장 쓸 일도 없는 어려운 내용을 처음부터 학습하느라 부담을 갖거나 좌절할 필요가 없기 때문입니다. 고차원적인 인터랙티브 UI나 프런트엔드, 백엔드 웹 영역을 더 알고 싶다면 그때 프로그래밍의 기본 알고리즘부터 차근차근 공부해 나가는 것이 좋습니다.

HTML, CSS, 자바스크립트의 역할

이 책은 HTML, CSS, 자바스크립트를 이용해 웹 UI와 다양한 인터랙티브 모션 개발을 다룹니다. 그렇다면 앞으로 배울 HTML, CSS, 자바스크립트는 어떤 것일까요?

예를 들어 우리가 매일 데스크톱 또는 모바일 기기로 접속하는 웹 페이지를 흔히 홈페이지 또는 웹 사이트라고 합니다. 홈페이지를 집에 비유한다면 인터넷에서 HTML, CSS, 자바스크립트로 웹 페이지를 구현하는 것은 집을 짓는 것과 비슷합니다. 집을 지을 때에는 먼저 골격을 세운 뒤 전기, 수도 시설을 만들고 내부, 외부 인테리어 등으로 보기 좋게 꾸며서 완성하죠.

즉, HTML은 웹 페이지의 뼈대와 문서의 정보를 구현하고, CSS는 뼈대만 있어 밋밋한 웹 페이지를 보기 좋게 디자인합니다. 마지막으로 **자바스크립트**는 웹 페이지를 방문한 사용자가 편하게 이용할 수 있도록 웹에 다양한 기능을 부여합니다. 예를 들어 HTML과 CSS를 사용하여 만든 콘텐츠를 움직이게 하거나 사용자 동작에 자동으로 반응하게 하고, 서버와 통신하여 사용자의 데이터를 주고받을 수 있도록 합니다.

그림 1-3 집 짓기와 비슷한 홈페이지 만들기

지금까지 UI/UX가 발전함에 따라 달라진 웹 디자인의 영역과, 비전공자도 웹 개발의 기초를 왜 알아야 하는지를 알아보았습니다. 웹 개발을 본격적으로 시작하기 전에 코딩할 때 꼭 필요한 웹 브라우저와 에디터를 설치하고 간단한 환경 설정도 하겠습니다.

01-2 웹 브라우저와 웹 에디터

웹 브라우저 설치하기

웹 페이지를 확인하려면 **웹 브라우저**라는 프로그램이 필요합니다. 웹 브라우저는 종류도 다양하고 시간이 흐름에 따라 브라우저별 점유율도 달라지고 있습니다. 우리나라에서는 그동안 마이크로소프트의 익스플로러 브라우저를 가장 많이 사용했습니다. 하지만 최근에는 구글과 유튜브가 급성장하면서 크롬의 점유율이 높아졌습니다.

웹 프로그래밍에서는 크롬에서 지원하는 **개발자 도구**가 매우 유용하게 쓰입니다. 따라서 이 책에서는 기본 브라우저로 크롬을 사용해서 실습합니다. 다음 화면과 같이 google.com/chrome에 접속한 뒤, [Chrome 다운로드]를 클릭해 크롬 설치 파일을 내려받아 설치하세요.

그림 1-4 크롬 설치 파일 내려받기(google.com/chrome)

여기서 잠깐!

브라우저의 종류와 새로운 브라우저의 등장

우리가 잘 아는 것처럼 웹 브라우저는 익스플로러Explorer, 크롬Chrome, 엣지Edge, 파이어폭스Firefox, 사파리Safari, 오페라Opera 등이 있습니다. 이렇게 많은 웹 브라우저가 있어도 기업은 더 빠르게 작동하고 호환성이 좋은 제품을 출시하고 있습니다. 참고로 네이버에서는 웨일whale을 제작했고, 마이크로소프트도 그동안 문제가 많았던 익스플로러 11의 지원을 종료하고 크롬을 기반으로 한 새로운 엣지를 강력히 홍보하고 있습니다.

웹 에디터 설치하기

집을 지으려면 건축 자재와 연장이 필요하듯이 웹에서도 어떤 공간을 만들려면 HTML, CSS가 있어야 합니다. 그리고 이러한 코드를 효율적으로 입력할 수 있게 하는 **웹 에디터**라는 도구가 필요하죠. 웹 에디터에는 에디트플러스^{Editplus}, 노트패드++$^{Notepad++}$, 서브라임 텍스트$^{Sublime Text}$, 브라켓^{Brackets}, 아톰$^{ATOM Editor}$ 등이 있지만 이 책에서는 실무에서 널리 쓰이는 비주얼 스튜디오 코드$^{Visual Studio Code}$를 사용합니다.

🖱️ Do it! 실습 ⏐ 비주얼 스튜디오 코드 설치하기

1단계 ⏐ **비주얼 스튜디오 코드 사이트에 접속하고 내려받기**

다음 화면과 같이 code.visualstudio.com에 접속하여 설치 파일을 내려받으세요. 비주얼 스튜디오 코드에서는 사이트에 접속한 사용자의 운영체제에 맞는 다운로드 링크를 자동으로 만들어 주므로 화면에서 [Download for Windows]만 클릭하면 됩니다. 여기에서는 윈도우 버전으로 설치하겠습니다. 설치 과정에서 특별히 따로 설정할 필요가 없으므로 진행 순서에 따라 [다음]과 [설치] 버튼을 클릭해서 진행하세요.

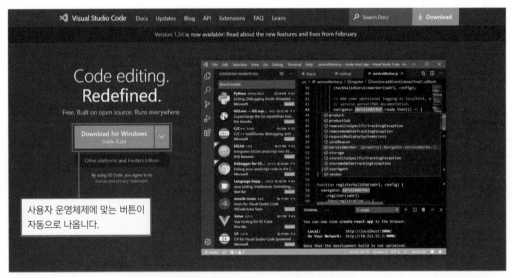

그림 1-5 비주얼 스튜디오 코드 설치 파일 내려받기(code.visualstudio.com)

2단계 **비주얼 스튜디오 코드 실행하기**

설치를 완료하고 비주얼 스튜디오 코드를 실행해 보세요. 다음 그림과 같은 화면이 나타나면 비주얼 스튜디오 코드가 제대로 설치된 것입니다.

축하합니다! 웹 개발에 입문할 수 있는 첫 번째 단계를 완료했습니다.

▶ 이제부터 비주얼 스튜디오 코드는 간단히 에디터라고 부르겠습니다.

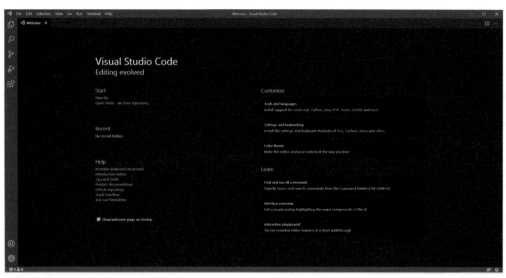

그림 1-6 비주얼 스튜디오 코드 설치가 완료된 화면

여기서 잠깐!

웹 에디터란 정확히 무엇인가요?

웹 브라우저에 결과물을 보여 주려면 HTML과 CSS 코드를 작성할 수 있는 편집기가 필요합니다. 코드가 간단하면 우리가 흔히 쓰는 메모장에서 입력할 수도 있지만, 코드 양이 많아지면 메모장의 기능만으로는 불편합니다. 그래서 HTML, CSS와 같이 코드를 편하게 작성할 수 있는 프로그램이 필요한데 그게 바로 웹 에디터입니다. 즉, 웹 에디터는 코드를 작성할 때 필요한 편의 기능을 내장한 프로그램이라고 할 수 있겠네요.

01-3 제작 속도를 2배 높여 줄 작업 도구

비주얼 스튜디오 코드에서는 HTML, CSS뿐만 아니라 자바, 파이썬 등의 프로그래밍 언어도 사용할 수 있습니다. 에디터는 코드를 편리하게 작성해 주는 프로그램이므로 다양한 프로그래밍 언어를 지원하는 기능이 필요합니다. 예를 들어 코드의 오류를 확인해 주거나 단어를 자동으로 완성해 주는 기능이죠.

하지만 에디터에서 사용하는 수많은 프로그래밍 언어의 기능을 전부 담으려면 프로그램이 무거워질 수 있습니다. 그래서 에디터는 프로그래밍 언어별로 편리한 기능을 모아 확장 기능이라는 형태로 따로 관리합니다. 즉, 각 프로그래밍 언어에서 필요한 기능만 골라 사용할 수 있도록 지원하는 것이죠.

여기에서는 에디터에서 코딩할 때 더욱 편하게 작업할 수 있도록 도와주고 제작 속도도 높여 줄 유용한 확장 기능을 설치해 보겠습니다.

🖱 Do it! 실습 │ 비주얼 스튜디오 코드의 확장 기능 설치하기

1단계 Auto Rename Tag 확장 기능 설치하기

다음 그림처럼 에디터의 왼쪽 사이드 바에서 🔡 를 선택합니다. 왼쪽 상단에 검색 창이 나타나면 'Auto Rename Tag'를 입력해 확장 기능을 선택한 뒤, [Install]을 클릭하면 설치가 완료됩니다.

그림 1-7 에디터에서 확장 기능 검색하고 설치하기

2단계 나머지 확장 기능 설치하기

1단계와 같은 방법으로 다음 그림에서 확장 기능을 찾아 모두 설치하세요.

▶ 검색할 때 비슷한 확장 기능이 많아서 헷갈릴 수 있으니 이름과 아이콘이 맞는지 잘 살펴보고 설치하세요. 설치가 완료된 확장 기능 목록은 [INSTALLED] 탭을 선택하면 확인할 수 있습니다.

❶ 여는 태그의 이름을 변경하면 닫는 태그의 이름도 자동으로 변경함.

❷ 에디터의 밝은색 테마 지원. [설정 → Color Theme → Brackets Light]에서 변경 가능.

❸ 특정 HTML 영역에서 Ctrl + 마우스 왼쪽을 눌러서 연결된 CSS 확인.

❹ 폰트 어썸 아이콘을 실시간으로 미리 보여 줌.

❺ 상위 태그를 자동으로 감싸 줌. 그룹할 태그를 드래그해 Ctrl + i 로 선택.

❻ 웹 서버를 통해 결과물을 브라우저에 실시간으로 보여 줌.

❼ 코드를 입력할 때 특수 효과를 적용함.

❽ 줄 바꿈 등을 자동 정렬해 주는 포매터.

❾ 에디터의 내비게이션 아이콘 모양을 변경함.

그림 1-8 설치를 완료한 확장 기능 목록

▶ 확장 기능의 자세한 설명은 필자 블로그(blog.naver.com/hadaboni80)에서 확인할 수 있습니다.

이제부터 에디터의 기본 기능과 2단계에서 설치한 확장 기능의 옵션값 등을 설정해 보겠습니다. 먼저 에디터 왼쪽 하단에서 ⚙를 클릭한 다음 [Settings]를 선택합니다. 설정 화면이 나타나면 에디터 오른쪽 상단에서 🗎를 선택합니다. 여기에서 에디터의 옵션값을 코드 형태로 한 번에 지정할 수 있습니다.

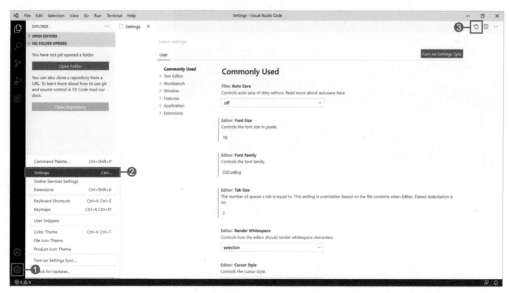

그림 1-9 환경 설정을 한 번에 하는 메뉴 열기

설정 메뉴에서 옵션값을 하나씩 선택해서 변경할 수도 있지만 그렇게 일일이 설정하려면 시간이 오래 걸리고 번거롭습니다. 여기에서는 자주 사용하는 옵션값을 그대로 복사해서 붙여 넣겠습니다. 코드를 입력하는 창이 나타나면 다음 그림 1-10과 같이 입력한 뒤, Ctrl + S 를 눌러 저장합니다.

▶ 그림 1-10의 환경 설정 코드는 이 책의 예제 소스에 함께 제공하니 해당 파일을 복사하여 붙여 넣으세요.

여기서 잠깐!

이 책에서는 에디터의 기본 폰트로 d2coding을 사용합니다

그림 1-10의 3행에서 "editor.fontFamily": "d2coding, verdana"는 에디터의 폰트로 d2coding을 기본으로 지정하고, 만약 시스템에 이 폰트가 없으면 verdana를 대신 적용하라는 옵션입니다. d2coding 폰트는 가독성이 좋아 실무에서 개발자들이 가장 많이 사용합니다. 이 폰트 파일은 깃허브(github.com/naver/d2codingfont)에서 내려받아 컴퓨터에 설치하기 바랍니다. d2coding 폰트를 설치하지 않으면 verdana 폰트가 자동으로 적용되니 만약 폰트를 새로 설치하는 게 번거롭다면 넘어가도 좋습니다.

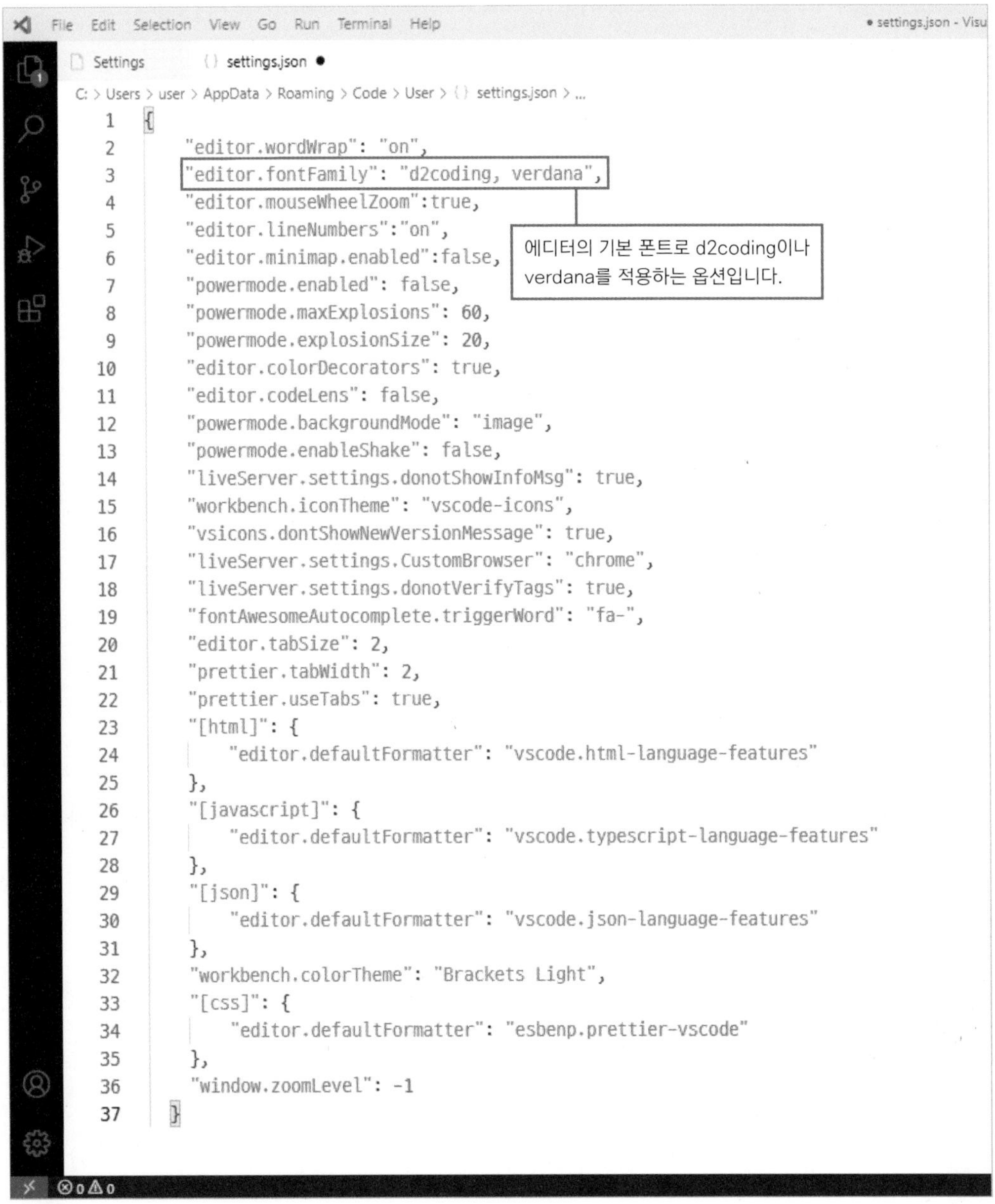
File Edit Selection View Go Run Terminal Help
settings.json - Visu
Settings
settings.json
C: > Users > user > AppData > Roaming > Code > User > settings.json > ...
{
"editor.wordWrap": "on",
"editor.fontFamily": "d2coding, verdana",
"editor.mouseWheelZoom":true,
"editor.lineNumbers":"on",
"editor.minimap.enabled":false,
"powermode.enabled": false,
"powermode.maxExplosions": 60,
"powermode.explosionSize": 20,
"editor.colorDecorators": true,
"editor.codeLens": false,
"powermode.backgroundMode": "image",
"powermode.enableShake": false,
"liveServer.settings.donotShowInfoMsg": true,
"workbench.iconTheme": "vscode-icons",
"vsicons.dontShowNewVersionMessage": true,
"liveServer.settings.CustomBrowser": "chrome",
"liveServer.settings.donotVerifyTags": true,
"fontAwesomeAutocomplete.triggerWord": "fa-",
"editor.tabSize": 2,
"prettier.tabWidth": 2,
"prettier.useTabs": true,
"[html]": {
"editor.defaultFormatter": "vscode.html-language-features"
},
"[javascript]": {
"editor.defaultFormatter": "vscode.typescript-language-features"
},
"[json]": {
"editor.defaultFormatter": "vscode.json-language-features"
},
"workbench.colorTheme": "Brackets Light",
"[css]": {
"editor.defaultFormatter": "esbenp.prettier-vscode"
},
"window.zoomLevel": -1
}
에디터의 기본 폰트로 d2coding이나 verdana를 적용하는 옵션입니다.

그림 1-10 환경 설정하는 코드 입력하기

이렇게 에디터의 기본 설정과 확장 기능의 옵션값 설정을 한 번에 완료했습니다.

▶ 환경 설정하는 코드는 필자의 블로그(blog.naver.com/hadaboni80)에 영상과 함께 자세히 설명했으니 참고하세요.

01-4 웹 페이지의 필수 재료

01-3절에서 웹 에디터의 환경 설정을 모두 마쳤습니다. 이번에는 웹 페이지를 만들 때 사용할 필수 재료를 준비해 보겠습니다. 웹 페이지는 HTML로 웹 문서의 뼈대를 만들고 CSS로 디자인하며 다양한 요소를 넣어서 완성하죠. 그렇다면 웹 문서의 기본인 HTML 파일은 어떻게 만들까요? 지금부터 그 방법을 알아보겠습니다.

🖱 Do it! 실습   기본 폴더와 HTML 파일 만들기

1단계 프로젝트 폴더 만들고 불러오기

바탕화면에 my-project라는 빈 폴더를 만듭니다. 그리고 에디터에서 [File → Open Folder]를 선택해 my-project 폴더를 불러옵니다.

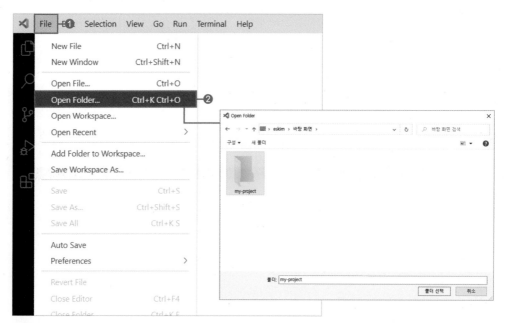

그림 1-11 에디터에서 프로젝트 폴더 불러오기

2단계 새로운 HTML 파일 만들기

에디터 왼쪽의 빈 영역에서 마우스 오른쪽 버튼을 누르고 [New File]을 선택합니다. 파일 이름은 index.html로 작성합니다.

그림 1-12 새로운 파일 만들기

3단계 자동 완성 기능으로 HTML 코드 작성하기

index.html 파일을 만들고 나면 빈 문서가 나타납니다. 이 문서를 웹 브라우저가 읽으려면 기본적인 HTML을 입력해야 하지만 입문자에게 쉽지 않을 것입니다. 그렇지만 좌절할 필요는 없습니다. HTML 코드를 손쉽게 완성할 수 있도록 에디터에서 자동 완성 기능을 지원하기 때문입니다. 다음 그림처럼 빈 문서에 html:5만 입력하고 Enter 를 눌러 보세요.

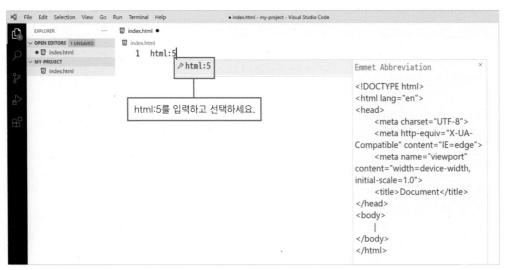

그림 1-13 에디터의 자동 완성 기능 사용하기

이제 다음 그림처럼 기본적인 HTML 코드가 자동으로 입력됩니다. HTML 파일을 정말 쉽게 완성했습니다. 우리는 이 파일에 한국어를 입력할 것이므로 lang="en"을 lang="ko"로 변경해 줍니다. 지금은 이 파일에 담긴 코드의 의미가 무엇인지 크게 고민하지 않아도 됩니다. 02장에서 본격적으로 코드 한 줄마다 자세하게 다룰 테니까요. '이런 식으로 HTML 파일을 만들고 구성하는구나' 하는 정도로 가볍게 살펴보고 넘어가세요.

그림 1-14 자동 완성 기능으로 HTML 코드 작성하기

여기까지 완료했다면 웹 페이지 제작에 필요한 재료를 모두 준비한 것입니다. 이제부터 HTML 문법을 하나하나 살펴보면서 웹 페이지의 기본 구조를 만들어 보겠습니다.

02장

HTML 기본 문법 빠르게 끝내기

웹 페이지를 구현하려면 HTML 태그로 작성한 문서가 필요합니다. 학교에 제출할 리포트나 회사에서 서류를 작성할 때 양식에 맞춰 쓰는 게 중요하듯이 웹 페이지도 HTML 규칙에 맞게 작성해야 합니다. 여기에서는 HTML 파일의 구조를 알아보고 태그의 종류와 사용 방법 등을 자세히 살펴보겠습니다.

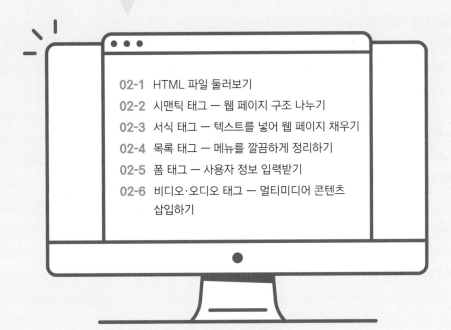

02-1　HTML 파일 둘러보기

02-2　시맨틱 태그 — 웹 페이지 구조 나누기

02-3　서식 태그 — 텍스트를 넣어 웹 페이지 채우기

02-4　목록 태그 — 메뉴를 깔끔하게 정리하기

02-5　폼 태그 — 사용자 정보 입력받기

02-6　비디오·오디오 태그 — 멀티미디어 콘텐츠 삽입하기

02-1 HTML 파일 둘러보기

태그란

HTML의 기본 구조를 살펴보기 전에 태그를 어떻게 사용하는지 알아보겠습니다. **태그**^{tag}는 브라우저가 웹 문서를 잘 이해할 수 있도록 콘텐츠를 목적에 맞게 분류한 규칙입니다. 태그는 다음과 같이 여는 태그와 닫는 태그로 이루어집니다. 닫는 태그는 앞쪽에 슬래시(/)를 넣어 구분합니다.

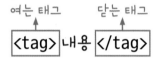

부모 태그와 자식 태그

태그는 들여쓰기를 이용하여 중첩 관계로 만들 수 있습니다. **부모 태그** 안에 들여쓰기를 한 뒤 여러 개의 **자식 태그**를 묶어서 표현합니다. 이렇게 부모 태그와 자식 태그의 관계를 만들어서 웹 문서를 구조적으로 분류할 수 있습니다.

부모 태그 안에 자식 태그를 넣을 때는 항상 [Tab] 을 사용해 들여쓰기하고 부모-자식 관계를 나타냅니다. 예를 들어 <html> 태그의 자식 요소는 <head>와 <body> 태그입니다. 그리고 <head>와 <body> 태그 안에는 다시 새로운 자식 요소를 만들 수 있습니다.

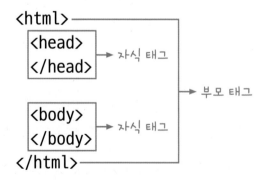

여기서 잠깐!

부모 태그와 자식 태그를 작성할 때 들여쓰기를 하지 않으면 어떻게 되나요?

HTML 파일을 작성할 때 들여쓰기를 하지 않아도 아무 문제가 없습니다. 하지만 복잡한 코드를 작성할 때 들여쓰기를 하지 않으면 코드를 이해하기 힘들겠죠? 특히 대형 프로젝트에서는 여러 사람이 협업하므로 코드를 작성할 때 규칙에 따르는 것이 중요합니다. 그렇게 해야 서로 알아보기 쉬우니까요.

HTML의 기본 구조

HTML 파일은 크게 문서 타입을 지정해 주는 `<!DOCTYPE>`과 `<html>` 태그로 구성됩니다. 그리고 `<html>` 안에는 `<head>`와 `<body>` 태그 영역으로 나뉩니다. `<head>`, `</head>` 태그 사이에는 웹 브라우저에 보이지 않는 문서 설정이나 CSS, 자바스크립트 같은 외부 파일을 연결합니다. 그리고 `<body>`, `</body>` 태그 사이에는 다양한 HTML 태그를 이용하여 웹 브라우저에 출력할 콘텐츠를 입력합니다.

01-4절에서 작성한 index.html 파일은 다음과 같이 영역을 나눌 수 있습니다.

그림 2-1 index.html 파일의 구조

이제부터 `<head>` 태그 안에 있는 코드를 한 줄씩 살펴보겠습니다.

```
<meta charset="UTF-8">
```

위 코드는 웹 문서의 인코딩 방식을 의미합니다. 세계 표준 인코딩 방식인 "UTF-8"을 기본으로 지정합니다.

```
<meta http-equiv="X-UA-Compatible" content="IE=edge">
```

사용자가 익스플로러를 이용한다면 최신 버전인 엣지로 화면을 보여 주는 기능을 합니다. 이 코드를 작성하지 않으면, 사용자가 실수로 브라우저 설정을 잘못해서 구버전 브라우저가 실행되어(쿽스 모드) 정상적이지 않은 화면이 표시될 수 있습니다. 이때 위의 코드를 `<head>` 영역에 입력하면 항상 최신 버전의 브라우저 화면을 출력할 수 있습니다.

▶ 쿽스 모드(Quirks mode)는 비표준 모드로 익스플로러 5.5 이전 버전을 가리킵니다. 현재 익스플로러는 11과 엣지 버전이 있습니다. 익스플로러 9 이전 버전도 웹 표준을 지원하지 않는 비표준 모드이므로 웹 브라우저가 쿽스 모드로 넘어가면 콘텐츠가 웹 페이지에 제대로 출력되지 않을 수 있습니다.

```
<meta name="viewport" content="width=device-width, initial-scale=1.0">
```

디바이스 종류별로 화면에 출력할 방식을 지정합니다. 이때 `viewport`가 있어야 반응형 웹 페이지를 제작할 때 모바일 화면에 결과물을 출력할 수 있습니다.

```
<title>Document</title>
```

문서의 제목을 작성합니다. `<title>`, `</title>` 사이에 작성한 내용은 웹 브라우저의 상단 탭에 표시됩니다.

다음 실습에서 알아볼 `<body>` 영역에는 웹 브라우저에 실제 출력할 내용을 작성합니다. 01-4절에서 만든 index.html 파일을 수정하면서 자세히 알아보겠습니다.

Do it! 실습   에디터에서 HTML 파일 수정하기

1단계   **에디터에서 폴더 열기**

01-4절에서 만든 my-project 폴더를 에디터에서 열어 보겠습니다. 에디터를 실행해 [File → Open Folder]를 선택한 다음 my-project 폴더를 엽니다.

▶ 다른 방법으로 my-project 폴더를 선택해 에디터 화면 안으로 끌어다 놓아도 폴더가 나타납니다.

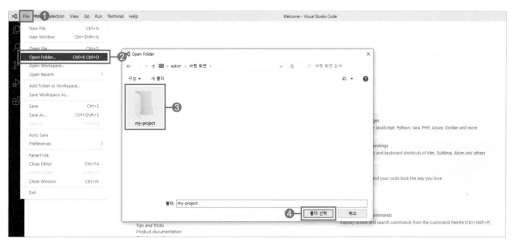

그림 2-2 에디터에서 프로젝트 폴더 열기

〈body〉 태그 안에 내용 입력하기

이제 my-project 폴더에 있는 index.html을 선택해 파일을 엽니다. 앞에서 〈body〉, 〈/body〉
사이에는 웹 브라우저에 출력할 내용을 작성한다고 했죠? 〈body〉 태그 아래에 '안녕하세요.'를
입력한 다음 Ctrl + S 를 눌러 문서를 저장합니다.

그림 2-3 〈body〉 태그 영역에 내용 입력하기

Live Server 실행하고 웹 브라우저에서 결과 확인하기

웹 문서에 작성한 내용은 웹 브라우저에서 확인해야 합니다. 에디터 오른쪽 하단에서 [Go
Live]를 클릭하면 웹 문서가 크롬에 나타나서 입력한 내용을 확인할 수 있습니다. [Go Live]
가 보이지 않는다면 HTML 파일의 빈 곳을   ▶ Live Server는 에디터에서 작성한 웹 문서를 브라우저에 자동
마우스 오른쪽으로 눌러 [Open with Live   으로 출력해 주는 확장 기능 프로그램입니다. 자세한 내용은 01-3
절을 참고하세요.
Server]를 선택하세요.

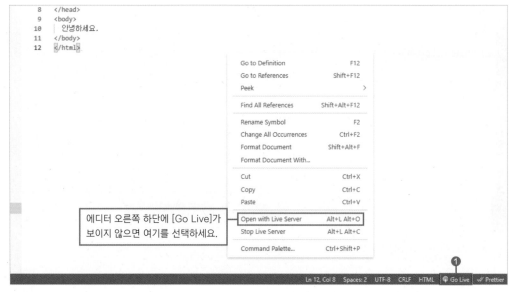

그림 2-4 에디터에서 Live Server 실행하기

다음 그림과 같이 웹 브라우저가 열리면서 탭에는 <title> 태그에 있는 웹 문서의 제목이 보이고, <body> 태그 안에 작성한 '안녕하세요.'가 출력됩니다.

그림 2-5 웹 브라우저에서 결과 확인하기

4단계 Live Server 종료하기

웹 브라우저에 출력한 내용을 중지하려면 에디터로 돌아와 오른쪽 하단의 [Port : 5500]를 선택하세요. 그러면 Live Server를 종료할 수 있습니다.

그림 2-6 Live Server 종료하기

02-2 시맨틱 태그 — 웹 페이지 구조 나누기

집을 지을 때에는 먼저 방은 몇 개 만들지, 거실·주방·화장실은 어디에 배치할지 등 전체 구조를 정해야 합니다. 이처럼 웹 페이지를 만들 때도 HTML5의 **시맨틱 태그**를 이용해 영역을 나눠서 기본 구조를 정합니다. 이렇게 하면 웹 문서의 머리말과 본문인 콘텐츠, 그리고 꼬리말의 영역이 구분되어 웹 브라우저가 웹 문서를 효율적으로 읽을 수 있습니다.

다음은 웹 페이지의 영역을 구분해 주는 시맨틱 태그를 정리한 표입니다.

표 2-1 시맨틱 태그

종류	설명
\<header\>	웹 문서의 머리말 영역입니다.
\<nav\>	웹 문서에서 링크 등의 메뉴 영역입니다.
\<figure\>	웹 문서에서 동영상, 사진 등 다양한 멀티미디어를 담는 영역입니다.
\<main\>	웹 문서의 본문으로 콘텐츠를 담는 영역입니다.
\<aside\>	웹 문서의 본문과 연관성이 적은 외부 영역입니다.
\<section\>	웹 문서의 특정 영역을 그룹화합니다.
\<article\>	웹 문서에서 기사나 개별 콘텐츠를 담는 영역입니다.
\<footer\>	웹 문서의 꼬리말 영역입니다.

아직은 무슨 말인지 잘 모르겠죠? 시맨틱 태그로 구분하여 만든 웹 페이지를 보면 쉽게 이해할 것입니다. 다음의 기업형 웹 페이지는 08장에서 만들어 볼 예제이기도 합니다.

▶ 시맨틱 태그를 사용할 때 필자가 제시하는 방법만 정답인 것은 아닙니다. 영역을 나누는 방식은 사람마다 다를 수 있으며 따로 정해 놓은 방식도 없습니다. 여기에서는 실무에서 가장 많이 쓰는 방법을 소개합니다.

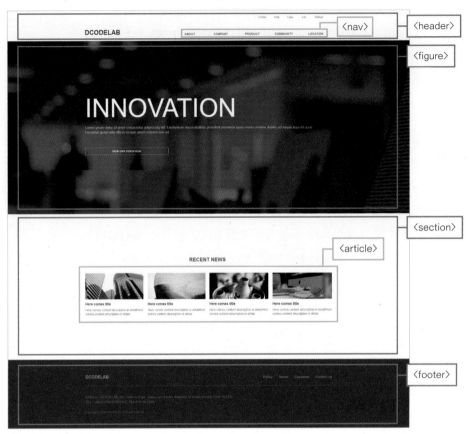

그림 2-7 시맨틱 태그로 웹 페이지 영역 나누기

이 기업형 웹 페이지를 에디터에서 열면 다음과 같은 시맨틱 태그로 구성되어 있습니다. 지금부터 각 태그가 어떤 역할을 하는지 자세히 알아보겠습니다.

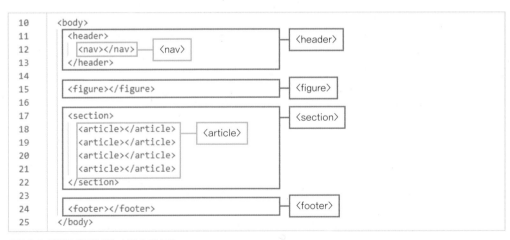

그림 2-8 시맨틱 태그로 나눈 HTML의 구조

상단 콘텐츠를 나타내는 〈header〉 태그

태그 이름만 봐도 알 수 있듯이 웹 문서의 머리말에 해당합니다. 주로 웹 페이지 상단에 보여줄 로고, 메뉴 등을 포함하여 〈header〉 태그 안에 지정합니다.

메뉴를 그룹화하는 〈nav〉 태그

링크를 포함한 메뉴를 그룹화할 때 사용합니다. 하지만 모든 링크와 메뉴를 일일이 〈nav〉 태그로 지정해 줄 필요는 없으며 필요에 따라 적절히 사용하면 됩니다.

멀티미디어 콘텐츠를 그룹화하는 〈figure〉 태그

동영상이나 음악 같은 멀티미디어 콘텐츠를 그룹화할 때 사용합니다. 주로 메인 페이지의 이미지 슬라이더나 인터랙티브한 콘텐츠 영역을 지정합니다.

중요한 영역을 지정하는 〈main〉 태그

특정 웹 페이지에서 중요한 콘텐츠를 그룹화할 때 사용합니다. 메인 페이지뿐 아니라 서브 페이지에도 중요한 영역을 지정할 때 사용할 수 있습니다. 상황에 따라 〈main〉 태그를 이용하여 콘텐츠를 지정하는 경우도 있고 그렇지 않은 경우도 있으므로 적절히 사용하면 됩니다.

부가 콘텐츠 영역을 지정하는 〈aside〉 태그

〈main〉 태그와 반대로 웹 사이트와 연관성이 적은 부가 콘텐츠를 그룹화할 때 사용합니다. 예를 들어 광고의 팝업 창이나 바로 가기를 지정할 때 사용합니다.

콘텐츠 여러 개를 그룹화하는 〈section〉 태그

연관성이 있는 콘텐츠 여러 개를 그룹화할 때 사용합니다. 주로 연관된 기사 제목 여러 개를 〈section〉 태그를 사용하여 그룹으로 지정합니다.

개별 콘텐츠를 지정하는 〈article〉 태그

개별 기사를 지정할 때 사용합니다. 주로 특정 기사의 미리 보기, 섬네일, 제목, 본문을 지정할 때 사용합니다.

하단 콘텐츠를 나타내는 〈footer〉 태그

웹 페이지의 하단 콘텐츠를 묶어 줄 때 사용합니다. 예를 들어 기업 소개 웹 페이지라면 기업의 주소, 연락처, 약관 메뉴 등을 지정합니다.

에디터에서 들여쓰기를 한꺼번에 쉽게 적용하는 방법

코딩할 때 들여쓰기를 하면 읽기 쉽고 관리하기도 편합니다. 하지만 처음부터 들여쓰기를 하지 않았다면 01-3절에서 설치한 prettier 확장 기능을 이용해 한꺼번에 적용할 수 있습니다. 다음 그림과 같이 HTML 파일의 빈 공간을 마우스 오른쪽으로 누른 뒤 [Format Document]를 선택하세요. 그러면 코드가 자동으로 들여쓰기해서 보기 좋게 정렬됩니다. 하지만 이 기능에 의존하기보다는 처음부터 들여쓰기하는 코딩 습관을 갖는 것이 중요합니다.

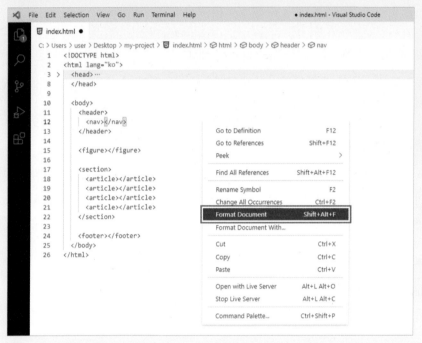

그림 2-9 에디터에서 들여쓰기 한번에 적용하기

지금까지 웹 페이지의 콘텐츠별로 영역을 정하여 구조를 만드는 시맨틱 태그의 사용법을 살펴봤습니다. 태그를 무리해서 외우거나 이해되지 않아도 깊이 고민하지 마세요. 여기에서는 웹 페이지의 큰 뼈대 역할을 하는 태그가 무엇인지 대략 이해하고 넘어가면 됩니다. 시맨틱 태그는 08장의 기업형 웹 페이지를 만드는 예제에서 자세히 설명합니다. 웹 페이지를 직접 만들다 보면 태그는 자연스럽게 익힐 수 있습니다.

02-3 서식 태그 — 텍스트를 넣어 웹 페이지 채우기

이번에는 서식 태그를 이용해서 텍스트와 같은 콘텐츠를 웹 문서에 채워 보겠습니다. 일반적으로 글을 쓸 때 제목, 부제, 본문, 이미지 등을 넣듯이 웹 페이지를 작성할 때도 서식과 관련된 HTML 태그를 사용합니다. 다음 표는 서식 관련 태그를 정리한 것입니다.

표 2-2 서식 관련 태그

종류	구분		설명
\<h1\>~\<h6\>	block	제목 태그	숫자가 커질수록 제목의 중요도가 떨어집니다.
\<p\>	block	문단 태그	글을 묶어서 나타냅니다.
\<div\>	block	그룹 지정 태그	콘텐츠를 그룹화합니다.
\<strong\>, \<em\>	inline	강조 태그	특정 문장이나 단어를 강조합니다.
\<a\>	inline	링크 태그	페이지를 이동하는 링크를 설정합니다.
\<span\>	inline	그룹화 태그	인라인 요소를 그룹화합니다.
\<img\>	inline	이미지 태그	이미지를 삽입합니다.
\<br\>	inline	줄 바꿈 태그	강제로 줄을 바꿉니다.

여기서 잠깐!

블록(block) 요소와 인라인(inline) 요소란 무엇인가요?

태그는 콘텐츠 성격에 따라 크게 블록 요소와 인라인 요소로 나뉩니다. 블록 요소는 특정 영역을 구분 지을 때 사용하며 주로 레이아웃 제작과 관련된 태그입니다. 반면에 인라인 요소는 특정 구문을 부분적으로 선택하여 링크 설정이나 글자 강조 같은 서식을 꾸미거나 기능을 부여하는 속성 태그입니다. 우선 지금은 블록 요소와 인라인 요소의 태그가 있다는 정도만 이해하고 넘어가도 괜찮습니다. 03장에서 CSS를 배울 때 블록 요소와 인라인 요소를 자세히 알아보겠습니다.

\<h1\>~\<h6\> — 문서의 제목 지정하기

\<h1\>~\<h6\> 태그는 문서의 제목을 중요도에 따라 분류해서 씁니다. \<h1\>이 가장 중요한 제목을 지정할 때 쓰고, 숫자가 커질수록 중요도는 점점 낮아집니다.

```
<h1>제목</h1>
```

제목 태그는 숫자가 클수록 중요도가 낮아집니다.

```
<h6>제목</h6>
```

다음은 `<h1>` ~ `<h6>` 태그를 사용하는 예제입니다.

Do it! `<h1>`~`<h6>` 태그 사용하기   예제 파일: 02\02-3\hn.html

```
(... 생략 ...)
<body>
    <h1>제목1</h1>
    <h2>제목2</h2>
    <h3>제목3</h3>
    <h4>제목4</h4>
    <h5>제목5</h5>
    <h6>제목6</h6>
</body>
(... 생략 ...)
```

결과 화면

제목1

제목2

제목3

제목4

제목5

제목6

결과 화면처럼 숫자가 커질수록 글자 크기가 줄어드는 것을 확인할 수 있습니다. 보통 `<h1>` 태그는 웹 페이지에서 가장 중요한 로고에 적용합니다.

`<p>` — 문단 지정하기

글을 쓸 때는 문단을 만들어서 보기 좋게 써야 합니다. 웹 페이지에서 문장을 작성할 때 `<p>` 태그를 사용하면 문단을 지정할 수 있습니다.

`<p>`

이곳에 문단에 들어갈 내용을 입력합니다.

`</p>`

다음은 문장 여러 개를 문단으로 지정하는 예제입니다. 결과 화면처럼 `<p>` 태그를 사용하면 긴 문장을 문단으로 묶어 줄 수 있습니다.

Do it! `<p>` 태그 사용하기   예제 파일: 02\02-3\p.html

```
(... 생략 ...)
<body>
  <p>Lorem ipsum dolor sit amet consectetur adipisicing elit. Ut, minus illo
provident labore nesciunt cum consequuntur possimus molestias ullam maxime.</p>
</body>
(... 생략 ...)
```

결과 화면

Lorem ipsum dolor sit amet consectetur adipisicing elit. Ea perferendis
fugiat dolorum vero deserunt quod omnis dicta consequatur mollitia
quidem!

에디터에서 테스트용 문장을 간편하게 입력하기

여기서 잠깐!

웹 페이지를 개발하다 보면 실제 문장을 넣기 전에 테스트용 문장이 필요할 때가 있습니다. 이때 에디터의 텍스트 자동 완성 기능을 이용하여 테스트용 문장을 편리하게 입력할 수 있습니다. 다음 그림과 같이 에디터에서 'lorem'과 단어 개수인 숫자 '5'를 붙여서 입력한 후 Enter 를 누르면 입력한 숫자만큼 테스트용 단어가 자동으로 만들어집니다.

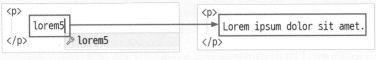

그림 2-10 테스트용 문장 자동으로 입력하기

<div> — 콘텐츠 그룹화하기

특정 주제의 제목과 문단 여러 개를 그룹으로 만들고 싶다면 <div> 태그로 감싸 주면 됩니다. 02-2절에서 다룬 시맨틱 태그인 <section>, <article> 태그와 그 기능이 비슷합니다. <div> 태그는 시맨틱 태그가 나오기 전까지 모든 웹 페이지의 그룹을 만들 정도로 실무에서 많이 사용했습니다.

<div>

이곳에 태그를 배치하여
그룹화하거나, 화면을 분할합니다.

</div>

다음은 <div> 태그를 이용해서 <h1> 제목과 <p> 문단 2개를 그룹으로 묶는 예제입니다. <div> 태그는 시맨틱 태그와 적절히 섞어서 사용할 수 있습니다.

Do it! <div> 태그 사용하기   예제 파일: 02\02-3\div.html

```
(... 생략 ...)
<body>
  <div>
    <h1>Lorem ipsum dolor sit.</h1>
    <p>Lorem ipsum dolor sit amet consectetur adipisicing elit. Vero recusandae
quaerat ea, illum repellendus tempore magni aut vitae natus deleniti?</p>
    <p>Lorem ipsum dolor sit amet consectetur, adipisicing elit. Sint recusandae,
sunt totam quasi distinctio id asperiores delectus consequuntur, eum, optio eaque
alias.</p>
  </div>
</body>
(... 생략 ...)
```

결과 화면

Lorem ipsum dolor sit.

Lorem ipsum dolor sit amet consectetur adipisicing elit. Vero recusandae quaerat ea, illum repellendus tempore magni aut vitae natus deleniti?

Lorem ipsum dolor sit amet consectetur, adipisicing elit. Sint recusandae, sunt totam quasi distinctio id asperiores delectus consequuntur, eum, optio eaque alias.

웹 브라우저에서는 <div> 태그를 사용하여 어떻게 그룹으로 만들었는지 차이점을 발견할 수 없지만, 앞으로 CSS를 배우면 그룹화한 요소를 다양하게 디자인할 수 있습니다. 여기에서는 콘텐츠를 그룹으로 만들 때 <div> 태그를 사용한다는 정도만 이해해도 괜찮습니다.

<strong>, <em> — 특정 단어 강조하기

특정 문장이나 단어를 강조하고 싶을 때는 <strong>, <em> 태그를 이용할 수 있습니다.

<strong> 강조할 문장 </strong>
<em> 강조할 문장 </em>

다음 예제와 같이 단어 5개로 이루어진 문장에서 1번째, 3번째 단어에 각각 <strong>, <em> 태그를 적용해 보겠습니다.

Do it! <strong>, <em> 태그 사용하기   예제 파일: 02\02-3\strong_em.html

```
(... 생략 ...)
<body>
  <p>
    <strong>Lorem</strong> ipsum <em>dolor</em> sit amet.
  </p>
</body>
(... 생략 ...)
```

결과 화면

Lorem ipsum *dolor* sit amet.

결과 화면처럼 <strong> 태그로 감싼 단어는 굵게 나타나고, <em> 태그로 감싼 단어는 기울어져서 표현됩니다.

여기서 잠깐!

〈strong〉, 〈em〉 태그 더 알아보기

앞에서도 설명했듯이 〈strong〉, 〈em〉 태그 모두 문서에서 강조하고 싶은 단어를 나타내는 기능을 합니다. 하지만 웹 접근성에 맞는 웹 페이지를 구현하려면 스크린 리더기가 웹 문서를 읽을 때 〈strong〉, 〈em〉 태그로 감싼 문장이나 단어를 좀 더 강한 억양으로 읽어 준다는 것을 알아야 합니다. 간혹 〈strong〉, 〈em〉 태그를 단지 텍스트를 굵게 하거나 글자를 기울이기 위한 용도로만 사용하는데 사실 이 기능은 CSS에서도 추가할 수 있습니다. 따라서 〈strong〉, 〈em〉 태그는 특정 문장을 강조하여 읽는 용도로 사용한다는 점을 기억하세요.

▶ 웹 접근성이란 장애인이 웹 페이지를 편리하게 접근할 수 있도록 만든 웹 페이지 제작 규범을 말합니다. 또한 스크린 리더기란 점자로 된 키보드를 컴퓨터에 연결하고 이어폰을 사용해서 웹 화면을 소리로 듣게 해 주는 장치입니다.

〈a〉 — 웹 페이지에 링크 연결하기

웹의 가장 큰 특징은 세계 곳곳의 정보나 자료에 링크를 만들어 클릭하면 누구나 쉽게 접근할 수 있다는 것입니다. 이번에 배울 〈a〉 태그는 웹 페이지로 바로 이동할 수 있도록 링크를 만들어 줍니다.

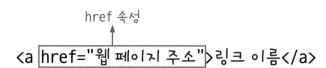

href 속성

`<a href="웹 페이지 주소">링크 이름</a>`

〈a〉 태그에는 href 속성이 있는데 바로 이곳에 이동할 웹 페이지 주소를 입력합니다. 다음 예제는 〈a〉 태그의 href 속성에 네이버 홈페이지의 주소를 등록했습니다.

Do it! 〈a〉 태그 사용하기　　　　　　　　　　　　　예제 파일: 02\02-3\a.html

```
(... 생략 ...)
<body>
  <a href="http://www.naver.com">네이버</a>
</body>
(... 생략 ...)
```

결과 화면

네이버

위 화면처럼 네이버 글자에 밑줄이 생기고 링크를 클릭하면 네이버 웹 페이지로 이동합니다.

앞의 예제는 링크를 클릭하면 현재 열린 웹 브라우저 탭이 네이버 웹 페이지로 바뀌면서 이동합니다. 만약 새로운 탭을 열어서 링크 이동을 하려면 다음과 같이 target 속성을 추가로 입력합니다. 다음 예제처럼 target="blank"를 추가로 입력하고 HTML 파일을 실행해 보세요.

Do it! ⟨a⟩ 태그의 target 속성 사용하기　　　　　　　　예제 파일: 02\02-3\a.html

```
(... 생략 ...)
  <a href="http://www.naver.com" target="blank">네이버</a>
</body>
(... 생략 ...)
```

⟨span⟩ — 인라인 요소 태그 그룹화하기

인라인 요소 태그에는 ⟨strong⟩, ⟨em⟩, ⟨a⟩ 등이 있습니다. 그리고 여기서 배울 ⟨span⟩ 태그도 인라인 요소 태그인데 다른 인라인 요소를 그룹화하는 기능을 합니다.

⟨span⟩

　이곳에 인라인 요소 태그들을 넣어 그룹화합니다.

⟨/span⟩

⟨div⟩ 태그는 모든 요소를 그룹화할 수 있지만 ⟨span⟩ 태그는 인라인 요소만 그룹화할 수 있습니다. 두 태그의 차이점을 잘 알아 두세요. 다음은 ⟨span⟩ 태그로 인라인 요소를 그룹화하는 예제입니다.

Do it! ⟨span⟩ 태그 사용하기　　　　　　　　　　예제 파일: 02\02-3\span.html

```
(... 생략 ...)
<body>
  <span>
    <strong>네이버</strong>와 <em>구글</em>은 검색 서비스입니다.
  </span>
</body>
(... 생략 ...)
```

예제를 보면 네이버와 구글을 각각 <strong>, <em> 태그로 강조하고, 두 인라인 요소 태그를 다시 <span> 태그로 그룹화했습니다.

<img> ─ 문서에 이미지 삽입하기

웹 페이지에 텍스트만 있으면 딱딱하고 단조로운 느낌이 들죠. 이번에는 웹 페이지를 더 풍성하게 꾸며 줄 이미지를 삽입해 보겠습니다.

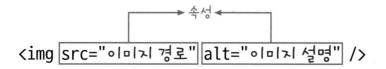

<img> 태그는 <a> 태그와 마찬가지로 속성을 추가로 지정해야 합니다. 먼저 이미지 파일의 경로를 지정하는 src 속성과 이미지의 설명을 지정하는 alt 속성이 필요합니다. 다음 예제에서 <img> 태그를 이용해 웹 문서에 이미지를 삽입해 보겠습니다.

> **Do it!** <img> 태그 사용하기   예제 파일: 02\02-3\img.html

```
(... 생략 ...)
<body>
  <img src="img/rose.jpg" alt="장미" />
</body>
(... 생략 ...)
```

<img> 태그의 src 속성에는 이미지 경로인 `img/rose.jpg`를 입력합니다. 이 경로는 현재 코드를 작성 중인 index.html 파일 기준으로 같은 위치에 있는 img 폴더를 찾아서 그 안의 rose.jpg 파일을 불러오겠다는 뜻입니다. 그리고 alt 속성에는 이미지 설명으로 '장미'를 입력합니다.

▶ <img> 태그의 alt 속성은 스크린 리더기에 필요한 기능이기도 합니다. <img> 태그의 alt 속성을 지정하면 스크린 리더기와 같은 특수 장치에서 alt 속성에 있는 텍스트를 읽어 줍니다.

여기서 잠깐, <img> 태그를 작성하면서 특이한 점을 발견했나요? 맞습니다. <img> 태그는 따로 닫는 태그가 없으며 마지막에 슬래시(/)를 입력합니다. 이처럼 닫는 태그가 없는 태그를 **빈 요소 태그**라고 합니다. 과거에는 빈 요소 태그를 입력할 때 무조건 태그 뒤에 슬래시를 입력했지만 요즘은 생략하기도 합니다.

결과 화면

위와 같이 웹 브라우저에서 결과를 확인해 보면 장미 이미지가 나타납니다.

 — 강제 줄 바꿈 구현하기

글을 쓸 때 줄 바꿈을 하면 읽기가 편합니다. 웹 페이지에서도
 태그를 사용하면 원하는 곳에서 강제로 줄 바꿈을 할 수 있습니다.

```
글 내용<br/>
글 내용
```

→ 줄 바꿈하고 싶은 내용 뒤에 넣어서 적용함.

다음 예제와 같이 문단 2개를 입력하고 웹 브라우저에서 결과를 확인해 보세요.

```
(... 생략 ...)
<body>
  <p>
    안녕하세요.
    반갑습니다.
  </p>

  <p>
    안녕하세요.<br />
    반갑습니다.
  </p>
</body>
(... 생략 ...)
```

결과 화면

안녕하세요. 반갑습니다.

안녕하세요.
반갑습니다.

첫 번째 문단은 에디터에서 Enter 를 입력해 줄 바꿈한 것 같아 보이지만 웹 브라우저에 나타나지 않습니다. 줄 바꿈을 적용하려면 두 번째 문단처럼
 태그를 사용해야 합니다.

▶
 태그도 <img> 태그와 마찬가지로 빈 요소 태그입니다.

참고로
 태그로 줄 바꿈할 때는 신중하게 사용해야 합니다. 스크린 리더기가
 태그도 읽기 때문입니다. 만약 줄 바꿈이 필요 없는 곳에
 태그를 쓰면 글의 흐름을 끊어서 사용자가 내용을 이해하는 데 불편을 줄 수 있고, 웹 접근성을 고려하지 않은 품질 낮은 웹 페이지가 될 수도 있습니다.

02-4 목록 태그 — 메뉴를 깔끔하게 정리하기

이번에는 메뉴를 일목요연하게 정리할 때 사용하는 목록 태그를 알아보겠습니다. 웹 페이지 개발을 하다 보면 많은 메뉴를 만들게 되는데 이때 목록 태그를 이용하면 목적에 맞게 효율적으로 관리할 수 있습니다.

\<ul\> — 순서가 없는 목록 만들기

\<ul\> 태그는 순서가 없는 메뉴를 목록으로 만들 때 씁니다. 순서가 바뀌어도 상관없는 목록에 모두 적용할 수 있어서 실무에서 많이 사용합니다. \<ul\> 태그를 사용할 때는 자식 태그인 \<li\> 태그를 꼭 같이 써야 합니다. \<li\> 태그로 특정 목록을 작성한 다음에 \<ul\> 태그로 그룹화합니다.

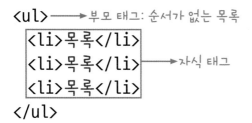

다음 예제처럼 우선순위가 중요하지 않은 목록이라면 \<ul\> 태그로 작성합니다.

Do it! 〈ul〉 태그를 사용해 목록 만들기   예제 파일: 02\02-4\ul.html

```
(... 생략 ...)
<body>
  <h1>내가 좋아하는 과일</h1>

  <ul>
    <li>딸기</li>
    <li>바나나</li>
    <li>사과</li>
  </ul>
```

```
</body>
(... 생략 ...)
```

내가 좋아하는 과일

- 딸기
- 바나나
- 사과

\<ol\> — 순서가 있는 목록 만들기

이번에는 시험 성적 순위, 번호 등과 같이 순서가 중요할 때 사용하는 목록을 만들겠습니다.
앞에서 살펴본 \<ul\> 태그의 작성법과 비슷한데 \<ul\> 대신 \<ol\>로 변경만 하면 됩니다.

```
<ol>────▶ 부모 태그: 순서가 있는 목록
    <li>목록</li>
    <li>목록</li>────▶ 자식 태그
    <li>목록</li>
</ol>
```

Do it! \<ol\> 태그를 사용해 목록 만들기 　　　　　　　　　예제 파일: 02\02-4\ol.html

```
(... 생략 ...)
<body>
    <h1>A반 시험 석차</h1>

    <ol>
        <li>김영희</li>
        <li>박철수</li>
        <li>홍길동</li>
        <li>이하나</li>
        <li>김길동</li>
    </ol>
</body>
(... 생략 ...)
```

A반 시험 석차

1. 김영희
2. 박철수
3. 홍길동
4. 이하나
5. 김길동

〈이〉 태그 목록은 앞에 숫자가 표시됩니다.

〈dl〉,〈dt〉,〈dd〉 — 정의형 목록 만들기

〈dl〉, 〈dt〉, 〈dd〉 태그를 사용하면 정의형 목록을 만들 수 있습니다. 부모 태그인 〈dl〉을 만들고, 그 안에 자식 태그인 〈dt〉, 〈dd〉를 넣습니다. 〈dt〉 태그에는 정의할 제목을, 〈dd〉에는 정의할 내용을 입력합니다.

```
<dl> ──▶ 부모 태그: 정의형 목록
  <dt>정의할 제목</dt> ──▶ 자식 태그: 정의할 제목
  <dd>정의할 내용</dd> ──▶ 자식 태그: 정의할 내용
</dl>
```

다음은 정의형 목록을 작성하는 예제입니다. 〈dl〉 태그로 전체 목록을 감싸 준 뒤 〈dt〉 태그로 정의할 제목을 작성합니다. 그리고 〈dd〉 태그에는 〈dt〉의 정의할 내용을 지정해 줍니다.

Do it! 〈dl〉, 〈dt〉, 〈dd〉 태그를 사용해 목록 만들기　　　　예제 파일: 02\02-4\dl.html

```
(... 생략 ...)
<body>
  <h1>IT 직군</h1>

  <dl>
    <dt>UI 디자이너</dt>
    <dd>기능성과 심미성을 고려한 UI 디자인</dd>

    <dt>프런트엔드 개발자</dt>
    <dd>사용자가 직접 이용하는 프런트 화면 개발</dd>

    <dt>백엔드 개발자</dt>
```

```
      <dd>사용자 화면 뒤에 있는 웹 서버나 데이터베이스의 입출력 개발</dd>
    </dl>
  </body>
(... 생략 ...)
```

IT 직군

정의한 내용은 자동으로 들여쓰기하여 나타납니다.

UI 디자이너
      기능성과 심미성을 고려한 UI 디자인
프런트엔드 개발자
      사용자가 직접 이용하는 프런트 화면 개발
백엔드 개발자
      사용자 화면 뒤에 있는 웹 서버나 데이터베이스의 입출력 개발

Do it! 실습 　중첩된 목록 작성하기

이번에는 <ul> 태그를 활용하여 중첩된 목록을 작성해 보겠습니다. 실무에서는 중첩된 목록을 작업하는 일이 종종 생깁니다. 중첩된 목록은 만들기 어렵고 헷갈리기 쉬우니 이번 예제에서 구조를 파악하면서 천천히 입력해 보세요.

1단계　상위 목록 만들기

여러 배우의 이름을 목록으로 만들어 정리해 보겠습니다. 크게 국내와 해외, 남자와 여자로 상위 목록을 작성한 뒤 각 목록 안에 하위 목록을 만드는 것입니다. 먼저 상위 목록을 작성해 보세요.

예제 파일: 02\02-4\list.html

```
(... 생략 ...)
<body>
  <ul>
    <li>
      국내 남자 배우
    </li>

    <li>
      국내 여자 배우
    </li>
```

```
    <li>
      해외 남자 배우
    </li>

    <li>
      해외 여자 배우
    </li>
  </ul>
</body>
(... 생략 ...)
```

결과 화면

- 국내 남자 배우
- 국내 여자 배우
- 해외 남자 배우
- 해외 여자 배우

2단계 하위 목록 만들기

이번에는 상위 목록 안에 들어갈 하위 목록을 만듭니다. 1단계에서 작성한 `<li>` 태그 안에
`<ul>` 태그를 각각 넣으면 중첩된 목록을 만들 수 있습니다.

예제 파일: 02\02-4\list.html

```
(... 생략 ...)
<body>
  <ul>
    <li>
      국내 남자 배우
      <ul>
        <li>안성기</li>
        <li>최민식</li>
        <li>김명민</li>
      </ul>
    </li>

    <li>
      국내 여자 배우
      <ul>
        <li>김희애</li>
```

```
            <li>김태리</li>
            <li>공효진</li>
        </ul>
    </li>

    <li>
        해외 남자 배우
        <ul>
            <li>톰 행크스</li>
            <li>라이언 머피</li>
            <li>로버트 다우니 주니어</li>
        </ul>
    </li>

    <li>
        해외 여자 배우
        <ul>
            <li>산드라 블록</li>
            <li>조디 포스터</li>
            <li>맥 라이언</li>
        </ul>
    </li>
  </ul>
</body>
(...: 생략 ...)
```

결과 화면

- 국내 남자 배우
  - 안성기
  - 최민식
  - 김명민
- 국내 여자 배우
  - 김희애
  - 김태리
  - 공효진
- 해외 남자 배우
  - 톰 행크스
  - 라이언 머피
  - 로버트 다우니 주니어
- 해외 여자 배우
  - 산드라 블록
  - 조디 포스터
  - 맥 라이언

02-5 폼 태그 — 사용자 정보 입력받기

지금까지 HTML 파일에 직접 입력한 데이터를 웹 브라우저에 그대로 출력하는 태그를 알아보았습니다. 이번에는 웹 브라우저에서 데이터를 입력받아 서버로 전송하는 폼 태그를 알아보겠습니다. 폼에서 입력한 데이터는 서버 개발자가 웹 서버와 데이터베이스를 활용해 가공할 수 있습니다. 그럼 여러 폼의 요소와 사용법을 살펴보면서 데이터를 어떤 형태로 입력할수 있는지 알아봅시다.

⟨input⟩ — 다양한 정보 입력받기

가장 먼저 알아볼 폼 태그는 ⟨input⟩ 태그입니다. ⟨input⟩ 태그는 type 속성을 다르게 지정하여 다양한 입력 형태로 만들 수 있습니다.

▶ ⟨input⟩ 태그는 인라인 속성이며 따로 닫는 태그가 없는 빈 요소 태그입니다.

```
<label>input 요소 제목</label>
<input type="text">
```

type 속성에 따라 input 기능을 변경

type="text" — 텍스트 입력받기

다음 예제와 같이 ⟨input⟩ 태그에 type="text" 속성을 지정하면 텍스트를 입력할 수 있는 필드가 생성됩니다. 이때 ⟨label⟩ 태그를 같이 사용하여 폼 요소에 입력받을 내용이 무엇인지 명시합니다. ⟨label⟩ 태그는 ⟨input⟩ 태그로 입력받는 내용이 어떤 것인지 설명해 주는 태그라고 생각하면 됩니다.

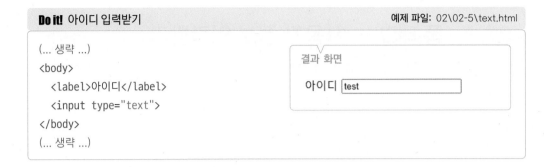

Do it! 아이디 입력받기   예제 파일: 02\02-5\text.html

```
(... 생략 ...)
<body>
  <label>아이디</label>
  <input type="text">
</body>
(... 생략 ...)
```

결과 화면

아이디 `test`

type="password" — 비밀번호 입력받기

`<input>` 태그에 type="password" 속성을 지정하면 비밀번호를 입력할 수 있는 필드가 생성됩니다. 결과 화면처럼 웹 브라우저에서 비밀번호를 입력하면 보안을 위해 ● 기호로 표시됩니다.

Do it! 비밀번호 입력받기   예제 파일: 02\02-5\password.html

```
(... 생략 ...)
<body>
  <label>비밀번호</label>
  <input type="password">
</body>
(... 생략 ...)
```

결과 화면

비밀번호 `••••`

type="checkbox" — 체크 박스 선택하기

`<input>` 태그에 type="checkbox" 속성을 지정하면 체크 박스를 만들 수 있습니다. 이 속성은 사용자에게 데이터를 여러 개 선택해서 입력받을 때 사용합니다. 그리고 태그에 value 속성을 추가하면 선택한 체크 박스의 value값을 서버로 전송할 수 있습니다. 체크 박스 속성은 다음 예제처럼 사용합니다.

Do it! 체크 박스 선택하기   예제 파일: 02\02-5\checkbox.html

```
(... 생략 ...)
<body>
  <h4>취미</h4>

  <label>스포츠</label>
```

결과 화면

취미

스포츠 ☐ 게임 ☐ 요리 ☐

```
  <input type="checkbox" value="sports">

  <label>게임</label>
  <input type="checkbox" value="game">

  <label>요리</label>
  <input type="checkbox" value="cook">
</body>
(... 생략 ...)
```

type="radio" — 라디오 박스 선택하기

<input> 태그에 type="radio" 속성을 지정하면 여러 데이터 중에서 하나를 선택할 수 있습니다. 예를 들어 성별, 직업과 같이 데이터값을 하나만 입력할 때 사용합니다. 이때 각 태그 속성에 name값을 똑같이 입력하면 사용자는 값을 하나만 선택할 수 있습니다. 다음은 라디오 박스를 만드는 예제입니다.

Do it! 라디오 박스 선택하기   예제 파일: 02\02-5\radiobox.html

```
(... 생략 ...)
<body>
  <h4>직업</h4>

  <label>UI/UX 디자이너</label>
  <input type="radio" name="job" value="design">

  <label>프런트엔드 개발자</label>
  <input type="radio" name="job" value="front-end dev">

  <label>백엔드 개발자</label>
  <input type="radio" name="job" value="back-end dev">
</body>
(... 생략 ...)
```

결과 화면

직업

UI/UX 디자이너 ○   프런트엔드 개발자 ○   백엔드 개발자 ○

type="file" — 파일 선택하기

<input> 태그에 type="file" 속성을 지정하면 사용자 컴퓨터에서 특정 파일을 첨부할 수 있습니다. 결과 화면처럼 [파일 선택]을 클릭하면 사용자 컴퓨터에서 파일을 검색해 첨부할 수 있는 창이 나타납니다.

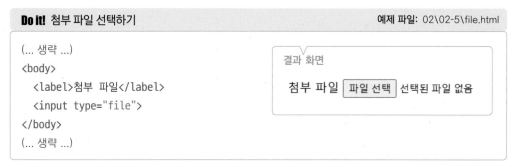

Do it! 첨부 파일 선택하기   예제 파일: 02\02-5\file.html

```
(... 생략 ...)
<body>
  <label>첨부 파일</label>
  <input type="file">
</body>
(... 생략 ...)
```

결과 화면

첨부 파일 [파일 선택] 선택된 파일 없음

▶ 결과 화면은 크롬 기준이며 브라우저에 따라 첨부 파일 창의 모양이 다를 수 있습니다.

type="color" — 색상값 선택하기

<input> 태그의 type="color" 속성은 특정 색상값을 선택할 때 사용합니다. [색상 선택] 버튼을 클릭하면 색상을 선택할 수 있는 패널이 나타나고, 사용자는 색상값을 입력할 수 있습니다.

Do it! 색상 선택하기   예제 파일: 02\02-5\color.html

```
(... 생략 ...)
<body>
  <label>색상 선택</label>
  <input type="color">
</body>
(... 생략 ...)
```

결과 화면

색상 선택

▶ 결과 화면은 크롬 기준이며 브라우저마다 색상 선택 창이 조금씩 다릅니다. 익스플로러 11 이하 버전 브라우저는 지원하지 않습니다.

type="date" — 날짜 선택하기

<input> 태그의 type="date" 속성은 사용자에게 특정 날짜의 값을 입력받을 때 사용합니다.

다음 예제를 실행해 보면 날짜를 선택할 수 있는 창이 나타납니다.

Do it! 날짜 선택하기　　　　　　　　　　　예제 파일: 02\02-5\date.html

```
(... 생략 ...)
<body>
  <label>날짜 선택</label>
  <input type="date">
</body>
(... 생략 ...)
```

▶ 결과 화면은 크롬 기준이며 날짜 선택 창은 웹 브라우저마다 다를 수 있습니다. 또한 익스플로러 11 버전 이하 브라우저에는 지원하지 않으므로 사용할 때 주의해야 합니다.

type="submit", type="reset"— 전송 버튼과 초기화 버튼

<input> 태그의 type="submit" 속성은 사용자가 폼에 입력한 모든 데이터를 서버에 제출하는 [전송] 버튼입니다. 반대로 type="reset" 속성은 기존에 입력한 모든 값을 비우는 [초기화] 버튼입니다. 다음 예제처럼 [전송]과 [초기화] 버튼을 작성하여 확인해 보세요. 만약 버튼 이름을 다르게 지정하고 싶다면 value="텍스트" 속성을 추가하면 됩니다.

Do it! 전송 버튼, 초기화 버튼 만들기　　　　예제 파일: 02\02-5\submit_reset.html

```
(... 생략 ...)
<body>
  <label>전송 취소</label>
  <input type="reset">

  <label>전송</label>
  <input type="submit">
</body>
(... 생략 ...)
```

▶ 결과 화면은 크롬 기준이며 버튼 모양은 웹 브라우저마다 다를 수 있습니다.

⟨select⟩ — 드롭다운 메뉴로 항목 선택하기

⟨select⟩ 태그는 웹 페이지에 드롭다운 메뉴를 출력하여 사용자에게 항목을 정확하게 선택할 수 있게 도와줍니다.

```
<select>
  <option>선택할 요소</option>
  <option>선택할 요소</option>
  <option>선택할 요소</option>
</select>
        선택할 요소를 <option> 태그로 삽입
```

드롭다운 메뉴가 어떻게 생겼는지 다음 예제를 입력하여 직접 확인해 보세요. 먼저 ⟨select⟩ 태그를 입력하고 자식 태그로 ⟨option⟩을 작성합니다. 그리고 사용자에게 보여 줄 값을 ⟨option⟩ 태그 안에 넣어 줍니다.

Do it! ⟨select⟩ 태그로 드롭다운 메뉴 만들기 　　　　　예제 파일: 02\02-5\select.html

```
(... 생략 ...)
<body>
  <select>
    <option>HTML</option>
    <option>CSS</option>
    <option>JAVASCRIPT</option>
  </select>
</body>
(... 생략 ...)
```

결과 화면

결과 화면처럼 드롭다운 메뉴에서 사용자가 원하는 항목을 쉽게 선택할 수 있습니다.

⟨textarea⟩ — 텍스트를 여러 줄 입력받기

⟨textarea⟩ 태그는 사용자에게 텍스트를 여러 줄 입력받을 수 있습니다. 앞에서 배운 ⟨input type="text"⟩ 태그로 간단한 텍스트를 입력받았다면 ⟨textarea⟩ 태그는 긴 문장의 텍스트를 입력받을 수 있습니다.

```
<textarea>
    입력받을 내용
</textarea>
```

다음 예제를 입력해 보세요. 그러면 텍스트를 여러 줄 입력받을 수 있는 텍스트 영역이 생성됩니다. `<textarea>` 태그는 웹 사이트에 간단히 남기는 메모나 게시판의 입력란을 생성할 때 사용합니다.

Do it! `<textarea>` 태그로 텍스트 여러 줄 입력받기 　　　　　예제 파일: 02\02-5\textarea.html

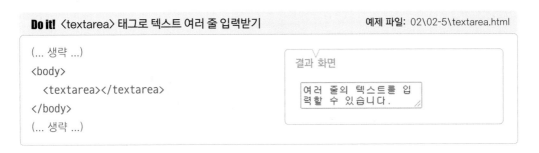

`<form>` — 여러 입력 양식을 그룹화하고 전송하기

`<form>` 태그는 다음 그림처럼 여러 가지 폼 요소를 그룹으로 만들어 백엔드 영역의 위치로 한 번에 전송합니다. 이때 `<form>`을 만들고 사용자 화면을 구성하는 영역은 프런트엔드 영역에서 담당하고, `<form>`을 통해 전달 받은 데이터를 가공하는 일은 백엔드 영역에서 처리합니다.

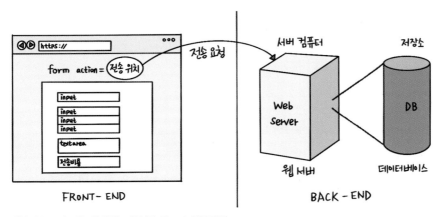

그림 2-11 프런트엔드와 백엔드 영역의 `<form>` 처리 방법

`<form>` 태그는 속성 2개를 반드시 지정해야 하는데 바로 action과 method입니다. action 속성은 특정 주솟값이나 파일 위치를, method 속성은 입력값의 전송 방식을 지정합니다.

예를 들어 <form> 태그에 있는 모든 데이터를 입력한 뒤 [전송] 버튼을 클릭하면 입력된 값은 action 속성에 지정한 위치로 전달됩니다. 그리고 method 속성에 지정한 전송 방식으로 전달하죠. 이 속성값 2개는 백엔드 개발 영역이므로 지금은 입력하지 않아도 괜찮습니다.

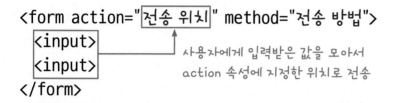

다음 예제는 지금까지 배운 폼의 여러 요소를 하나의 <form> 태그로 감싸서 나타냅니다.

Do it! ⟨form⟩ 태그로 폼 요소 보내기   예제 파일: 02\02-5\form.html

```
(... 생략 ...)
<body>
  <form action="/" method="post">
    <label>아이디</label>
    <input type="text">

    <label>비밀번호</label>
    <input type="password">

    <input type="reset">
    <input type="submit">
  </form>
</body>
(... 생략 ...)
```

결과 화면

아이디 [   ] 비밀번호 [   ] [조기화] [제출]

결과 화면처럼 아이디와 비밀번호에 값을 입력한 후 [제출] 버튼을 누르면 입력한 값이 action 속성에 지정한 위치로 전달됩니다.

지금까지 살펴본 폼 태그는 단순히 화면에 출력하는 것뿐만 아니라 서버 프로그래밍과 같은 백엔드 개발 영역에서 사용합니다. 우리는 프런트엔드 개발 영역을 배우므로 폼 태그가 어떤 기능을 하는지 정도만 가볍게 이해하고 넘어가도 됩니다.

02-6 비디오·오디오 태그 ― 멀티미디어 콘텐츠 삽입하기

예전에는 웹 페이지에 비디오, 오디오 파일을 넣어 재생하려면 복잡한 플러그인이나 부가 확장 기능을 설치해야 했습니다. 하지만 HTML5가 나온 후에는 <video>, <audio> 태그를 사용해서 비디오, 오디오 파일을 쉽게 재생할 수 있습니다. 여기에서는 웹 페이지 안에 동영상이나 음악과 같은 멀티미디어 콘텐츠를 삽입하는 방법을 알아봅니다.

〈audio〉 ― 오디오 파일 재생하기

<audio> 태그를 이용하면 확장 기능이 없어도 다양한 오디오 파일을 웹 페이지에 삽입하여 웹 브라우저에서 재생할 수 있습니다.

소스 파일 위치 지정

```
<audio src ="파일 위치" controls autoplay loop preload>
</audio>
```

다음은 <audio> 태그에 적용할 수 있는 속성을 정리한 표입니다.

표 2-3 〈audio〉 태그의 속성

종류	설명
controls	오디오 파일을 재생하는 컨트롤 패널을 생성합니다.
autoplay	웹 페이지를 열면 오디오 파일을 자동으로 재생합니다.
loop	오디오 파일을 무한 반복하여 재생합니다.
preload	오디오 파일을 재생하기 전에 파일을 미리 불러옵니다.

다음 예제는 <audio> 태그를 입력해 MP3 파일을 재생합니다. src 속성에 오디오 파일의 경로를 작성하고, controls 속성을 추가하여 컨트롤 패널을 생성해 줍니다.

Do it! ⟨audio⟩ 태그로 오디오 파일 재생하기　　　　　　　　예제 파일: 02\02-6\audio.html

```
(... 생략 ...)
<body>
  <audio src="img/calm.mp3" controls></audio>
</body>
(... 생략 ...)
```

결과 화면

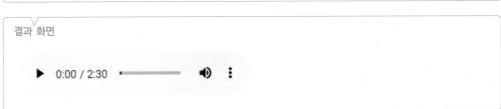

다음은 autoplay, loop, preload 속성을 추가한 예제입니다. 앞의 예제와 어떤 점이 다른지 결과를 비교해 보세요.

Do it! ⟨audio⟩ 태그의 속성 추가하기　　　　　　　　예제 파일: 02\02-6\audio2.html

```
(... 생략 ...)
<body>
  <audio src="img/calm.mp3" controls autoplay loop preload></audio>
</body>
(... 생략 ...)
```

결과 화면

웹 페이지에 은은한 배경 음악을 넣으려면 어떻게 할까요?

여기서 잠깐!

홈페이지에 배경 음악을 넣는 간단한 방법이 있습니다. 먼저 ⟨audio⟩ 태그에서 컨트롤 패널이 보이지 않게 controls 속성을 제거합니다. 그리고 autoplay와 loop 속성을 추가하면 홈페이지에 컨트롤 패널이 보이지 않고 음악이 자동으로 반복하여 재생됩니다. 하지만 이 방법은 사용자가 음악을 멈출 수도 없고, 웹 접근성 지침에 위배되므로 추천하지 않습니다.

⟨video⟩ — 동영상 파일 재생하기

⟨audio⟩ 태그와 마찬가지로 ⟨video⟩ 태그를 사용하면 웹 브라우저에서 동영상을 재생할 수 있습니다.

소스 파일 위치 지정

```
<video src ="파일 위치" controls autoplay loop preload>
</video>
```

⟨video⟩ 태그도 여러 속성을 추가할 수 있습니다. 다음은 ⟨video⟩ 태그에 적용할 수 있는 속성을 정리한 표입니다.

표 2-4 ⟨video⟩ 태그의 속성

종류	설명
controls	동영상 파일을 재생하는 컨트롤 패널을 생성합니다.
autoplay	웹 페이지를 열면 동영상 파일을 자동으로 재생합니다.
loop	동영상 파일을 무한 반복하여 재생합니다.
muted	동영상에서 소리가 나지 않도록 합니다.
preload	동영상 파일을 재생하기 전에 모든 파일을 미리 불러옵니다.
poster	동영상 플레이어 초기 화면에 보여 줄 이미지를 지정합니다.

다음 예제와 같이 ⟨video⟩ 태그를 작성한 후 src 속성에 동영상 파일이 있는 경로를 지정하세요. 그리고 controls 속성을 추가하여 동영상 플레이어도 넣습니다.

Do it! ⟨video⟩ 태그로 동영상 파일 재생하기　　　　　예제 파일: 02\02-6\video.html

```
(... 생략 ...)
<body>
  <video src="img/cloud.mp4" controls></video>
</body>
(... 생략 ...)
```

이번에는 poster 속성을 사용하여 img 폴더에 있는 rose.jpg 이미지를 영상이 시작되기 전의 초기 화면 이미지로 지정하고 결과를 확인해 보세요.

Do it! 〈video〉 태그의 속성 추가하기   **예제 파일:** 02\02-6\video2.html

```
(... 생략 ...)
<body>
  <video src="img/cloud.mp4" poster="img/rose.jpg" controls></video>
</body>
(... 생략 ...)
```

결과 화면

지정한 이미지 파일이
동영상 플레이어의
초기 화면으로 적용됩니다.

03장

CSS 기본 문법 빠르게 끝내기

02장에서는 HTML 문법을 이용하여 웹 페이지의 기본 문서를 만들어 보았습니다. 웹 페이지 제작을 건축에 비유한다면 지금까지는 기초 공사만 한 셈이죠. 집의 기초를 만든 후에는 내부 인테리어 작업을 해서 보기 좋게 꾸며야 합니다. 이 작업은 웹 문서를 스타일링해 주는 CSS를 사용합니다. 지금부터 CSS의 기본 문법과 HTML의 요소를 선택해 웹 문서를 꾸미는 방법을 살펴보겠습니다.

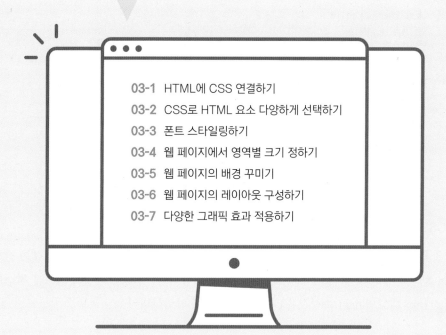

03-1 HTML에 CSS 연결하기

03-2 CSS로 HTML 요소 다양하게 선택하기

03-3 폰트 스타일링하기

03-4 웹 페이지에서 영역별 크기 정하기

03-5 웹 페이지의 배경 꾸미기

03-6 웹 페이지의 레이아웃 구성하기

03-7 다양한 그래픽 효과 적용하기

03-1 HTML에 CSS 연결하기

CSS로 스타일링을 하려면 먼저 HTML 파일과 CSS 파일을 연결해야 합니다. 이번 실습에서는 HTML 파일에 외부 CSS 파일을 연결하는 방법을 알아보겠습니다.

🖱 Do it! 실습 HTML 파일에 외부 CSS 파일 연결하기

1단계 **에디터에서 외부 CSS 파일 입력하기**

에디터에서 03\03-1\index.html 파일을 열어 보세요. 다음 그림처럼 `<title>` 태그 아래에 `link:css`를 입력하면 외부 style.css 파일을 연결하는 자동 완성 구문이 나타납니다. 이 구문을 선택하고 Enter 를 누르세요.

```
index.html > 🔷 html > 🔷 head
  1  <!DOCTYPE html>
  2  <html lang="ko">
  3  <head>
  4      <meta charset="UTF-8">
  5      <meta http-equiv="X-UA-Compatible" content="IE=edge">
  6      <meta name="viewport" content="width=device-width, initial-scale=1.0">
  7      <meta http-equiv="X-UA-Compatible" content="ie=edge">
  8      <title>Document</title>
  9      link:css
 10  </head>        🖉 link:css                          Emmet Abbreviation          ×
 11  <body>
 12                 여기를 선택해 Enter 를 누르세요.       <link rel="stylesheet"
 13  </body>
 14  </html>
```

그림 3-1 외부 CSS 파일을 연결하는 자동 완성 구문

2단계 **CSS 파일의 경로 수정하기**

에디터 왼쪽에 있는 폴더 경로를 보면 현재 작성하는 index.html 파일을 기준으로 같은 경로에는 css 폴더가 있고 이 폴더 안에 style.css 파일이 있습니다. 이 CSS 파일의 경로를 지정하기 위해 `<link>` 태그의 `href` 속성값을 css/style.css로 입력합니다.

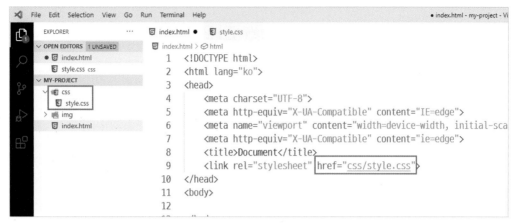

그림 3-2 link 태그의 href 속성값 수정

3단계 **CSS 파일의 문자 인코딩 방식 지정하기**

이번에는 에디터에서 style.css 파일을 열어서 다음과 같이 1행에 CSS를 입력하기 위한 문서 인코딩 방식을 작성합니다.

예제 파일: 03\03-1\css\style.css

```
@charset "utf-8";
```

이 코드는 웹 문서에서 한글을 지원한다는 인코딩 방식을 의미합니다. 이제 HTML 파일을 스타일링하기 위한 기본 준비를 모두 마쳤습니다.

03-2 CSS로 HTML 요소 다양하게 선택하기

CSS는 HTML 요소에 접근하여 다양한 스타일을 지정하는 작업을 합니다. CSS 선택자를 사용하는 방법은 간단합니다. 선택할 HTML 요소를 선택자로 지정하고 이 요소의 바꿀 속성명에 속성값을 대입하면 됩니다. 예를 들어 제목 태그인 <h1>을 선택자로 사용하려면 다음과 같이 쓸 수 있습니다. 선택자는 h1이고, 속성명은 color, 속성값은 red입니다.

```
선택자 ◀── h1 {
            color: red;
          }
            속성명   속성값
```

위의 예시는 태그 선택자를 사용하는 간단한 방법인데, 이 외에도 다양한 선택자를 활용해 보다 세밀하게 HTML 요소에 접근할 수 있습니다. 지금부터 어떤 CSS 선택자들이 있는지 하나씩 알아보겠습니다.

CSS에서 주석 사용하기

여기서 잠깐!

다음과 같이 CSS에서 /* */를 사용하면 코드나 설명을 주석으로 묶을 수 있습니다.

```
/*
  이렇게 CSS를 주석으로 묶어서
  설명 글을 넣거나 특정 CSS 코드를 비활성화할 수 있습니다.
*/
```

전체 선택자 — 모든 HTML 요소를 한꺼번에 선택하기

가장 먼저 알아볼 선택자는 전체 선택자입니다. 전체 선택자는 HTML 파일의 <body> 태그를 포함하여 태그 전체를 선택할 수 있습니다. 다음은 전체 선택자를 사용하는 예제입니다.

```
(... 생략 ...)
<body>
  <div>
    <h1>HELLO</h1>
    <p>Lorem ipsum dolor sit amet.</p>
    <a href="#">link</a>
  </div>
</body>
(... 생략 ...)
```

위와 같이 HTML 파일에서 <div> 태그를 작성하고 그 안에 자식 태그로 <h1>, <p>, <a> 태그를 입력합니다.

```
* {
  border: 1px solid red;
}
```

그리고 CSS 파일에서는 전체 선택자 기호인 *를 입력한 후 { }로 그룹을 지정하여 그 안에 border: 1px solid red를 입력합니다. 입력한 CSS 코드는 모든 HTML 요소의 테두리를 1px 굵기의 빨간색 실선으로 적용하라는 의미입니다.

결과 화면처럼 전체 선택자 *를 사용해 모든 요소를 선택했으므로 HTML 파일에 있는 <body>, <div>, <h1>, <p>, <a> 태그에 빨간색 실선 테두리가 생겼습니다.

태그 선택자 — 태그명을 이용하여 선택하기

태그 선택자는 HTML 파일의 특정 태그 요소를 선택하여 사용할 수 있습니다. 다음 예제에서 태그 선택자를 사용하는 방법을 알아보겠습니다.

Do it! 태그 선택자 사용하기(HTML 파일)　　　　　　　　　예제 파일: 03\03-2\tag.html

```
(... 생략 ...)
<body>
    <h1>제목1</h1>
    <h2>제목2</h2>
    <h3>제목3</h3>
</body>
(... 생략 ...)
```

위와 같이 HTML 파일에는 제목을 나타내는 <h1>, <h2>, <h3> 태그를 작성합니다.

Do it! 태그 선택자 사용하기(CSS 파일)　　　　　　　　　예제 파일: 03\03-2\css\tag.css

```
(... 생략 ...)
h1 {
    border: 1px solid red;
}
h2 {
    border: 1px solid green;
}
h3 {
    border: 1px solid blue;
}
```

그리고 CSS 파일에는 각 태그 요소를 선택해 테두리 속성과 속성값을 입력합니다.

결과 화면

제목1

제목2

제목3

결과 화면처럼 선택한 제목 요소에 각각 빨강, 초록, 파랑 테두리가 생긴 것을 확인할 수 있습니다.

자손 선택자 — 자식과 하위 요소를 모두 선택하기

자손 선택자는 특정 HTML 요소의 자식 요소를 포함하여 그 하위에 있는 모든 요소를 선택하여 CSS를 지정할 수 있습니다.

Do it! 자손 선택자 사용하기(HTML 파일)　　　　　예제 파일: 03\03-2\descendant.html

```
(... 생략 ...)
<body>
  <strong>그냥 텍스트 요소</strong>

  <p>
    <strong>자손 텍스트 요소</strong>
  </p>
</body>
(... 생략 ...)
```

위와 같이 HTML 파일에서 <strong> 태그를 2개 입력하는데 2번째 <strong> 태그는 <p>의 자손 태그로 만듭니다.

Do it! 자손 선택자 사용하기(CSS 파일)　　　　　예제 파일: 03\03-2\css\descendant.css

```
(... 생략 ...)
p strong {
  border: 1px solid blue;
}
```

그리고 CSS 파일에는 p 요소 다음에 한 칸 띄어서 strong 요소를 입력하고 파랑 테두리를 지정하는 CSS 속성을 넣습니다.

결과 화면

그냥 텍스트 요소

자손 텍스트 요소

결과 화면처럼 p의 자손 요소인 **strong**에만 테두리가 표시된 것을 확인할 수 있습니다.

자식 선택자 — 직계 자식 요소만 선택하기

자식 선택자는 특정 HTML 요소의 직계 자식 요소를 선택하여 사용합니다. 자식 선택자를 사용하는 방법은 부모와 자식 선택자 사이에 > 기호를 삽입해 주면 됩니다. 앞에서 배운 자손 선택자와 어떤 점이 다른지 예제를 통해 알아보겠습니다.

Do it! 중첩 목록에서 자식 선택자 사용하기(HTML 파일)   예제 파일: 03\03-2\child.html

```
(... 생략 ...)
<body>
  <ul>
    <li>
       자식 요소
       <ol>
         <li>자손 요소</li>
       </ol>
    </li>
  </ul>
</body>
(... 생략 ...)
```

위와 같은 중첩 목록에서 자식 요소인 <li> 태그에만 테두리를 적용하려면 어떻게 해야 할까요? 먼저 자손 선택자를 사용하여 CSS를 작성해 보겠습니다.

Do it! 자손 선택자 사용하기(CSS 파일)   예제 파일: 03\03-2\css\child.css

```
(... 생략 ...)
ul li {
   border: 1px solid blue;
}
```

위와 같이 CSS 파일에서 ul의 자손인 li 요소를 선택하고 테두리를 지정합니다.

- 자식 요소
  1. 자손 요소

결과 화면처럼 자식 요소와 자손 요소에도 테두리가 적용되었죠? 이처럼 자손 선택자를 사용하면 부모 요소의 자식을 포함한 모든 자손 요소를 선택합니다.

이번에는 CSS 파일에서 부모 요소인 ul과 자식 요소인 li 사이에 자식 선택자 기호인 >를 넣어보세요.

Do it! 자식 선택자로 바꾸기(CSS 파일)   예제 파일: 03\03-2\css\child.css

```
(… 생략 …)
ul > li {
  border: 1px solid blue;
}
```

- 자식 요소
  1. 자손 요소

결과 화면을 보면 부모의 직계 자식 요소인 li에만 테두리가 적용되었습니다.

그룹 선택자 ─ 여러 개의 요소를 그룹으로 선택하기

같은 CSS를 사용하는 HTML 요소가 여러 개 있다면 그룹 선택자로 묶어서 쓸 수 있습니다.

Do it! 그룹 선택자 사용하기(HTML 파일)   예제 파일: 03\03-2\group.html

```
(… 생략 …)
<body>
  <h1>제목1</h1>
  <h2>제목2</h2>
  <h3>제목3</h3>
</body>
(… 생략 …)
```

위 예제와 같이 HTML 파일에는 <h1>, <h2>, <h3>의 제목 태그를 작성합니다.

Do it! 그룹 선택자 사용하기(CSS 파일)　　　　　　　　　예제 파일: 03\03-2\css\group.css

```
(... 생략 ...)
h1, h2, h3 {
  border: 1px solid blue;
}
```

CSS 파일에는 그룹 선택자를 나타내는 콤마를 사용하여 그룹으로 지정합니다.

결과 화면

제목1

제목2

제목3

결과 화면처럼 제목 3개 요소에 파란색 테두리가 모두 적용되었습니다.

순서 선택자 — 형제 요소의 순서를 이용하여 선택하기

순서 선택자는 HTML 요소의 순서를 이용하여 필요한 요소만 선택할 수 있습니다.

Do it! 순서 선택자 사용하기(HTML 파일)　　　　　　　　예제 파일: 03\03-2\order.html

```
(... 생략 ...)
<body>
  <ul>
    <li>item1</li>
    <li>item2</li>
    <li>item3</li>
    <li>item4</li>
  </ul>
</body>
(... 생략 ...)
```

위 예제처럼 HTML 파일에는 `<li>` 태그 4개에 목록 내용을 입력합니다.

```
ul li:nth-of-type(1) {
  border: 1px solid red;
}
ul li:nth-of-type(2) {
  border: 1px solid green;
}
ul li:nth-of-type(3) {
  border: 1px solid blue;
}
ul li:nth-of-type(4) {
  border: 1px solid violet;
}
```

CSS 파일에는 각 `<li>` 태그 선택자 뒤에 `:nth-of-type()` 속성을 붙여 괄호 안에 선택하고 싶은 번호를 입력합니다.

결과 화면

- item1
- item2
- item3
- item4

결과 화면처럼 번호로 선택한 li 요소의 테두리 색이 각각 다르게 적용됩니다.

수열 선택자 — 수식을 이용하여 선택하기

배수 또는 특정한 규칙에 따라 요소를 선택하는 수열 선택자를 알아보겠습니다.

```
(... 생략 ...)
<body>
  <ul>
    <li>item1</li>
```

```
        <li>item2</li>
        <li>item3</li>
        <li>item4</li>
        <li>item5</li>
        <li>item6</li>
        <li>item7</li>
        <li>item8</li>
        <li>item9</li>
        <li>item10</li>
    </ul>
</body>
(... 생략 ...)
```

HTML 파일에 `<li>` 태그를 10개 만들어 목록을 입력합니다.

Do it! 짝수 요소 선택하기(CSS 파일)　　　　　　　　예제 파일: 03\03-2\css\sequence.css

```
(... 생략 ...)
ul li:nth-of-type(2n) {
    border: 1px solid blue;
}
(... 생략 ...)
```

위와 같이 CSS 파일에는 순서 선택자인 `li:nth-of-type`을 쓰고 괄호 안에 2n을 입력하는데, 이 구문은 2의 배수인 `li` 요소를 모두 선택하라는 의미입니다.

결과 화면처럼 2의 배수, 즉 짝수인 `li` 요소에만 파란색 테두리가 적용되었습니다.

이번에는 2n 대신 3n을 입력해 볼까요? 다음과 같이 CSS 파일을 수정하면 3의 배수인 `li` 요소를 모두 선택하여 파란색 테두리가 적용됩니다.

Do it! 3의 배수인 요소 선택하기(CSS 파일)　　　　　　　예제 파일: 03\03-2\css\sequence.css

```
(... 생략 ...)
ul li:nth-of-type(3n) {
  border: 1px solid blue;
}
(... 생략 ...)
```

결과 화면

- item1
- item2
- item3
- item4
- item5
- item6
- item7
- item8
- item9
- item10

그렇다면 2n-1로 수정하면 어떻게 달라질까요? 2의 배수에서 1을 빼므로 홀수를 선택합니다.

Do it! 홀수 요소 선택하기(CSS 파일)　　　　　　　예제 파일: 03\03-2\css\sequence.css

```
(... 생략 ...)
ul li:nth-of-type(2n-1) {
  border: 1px solid blue;
}
(... 생략 ...)
```

결과 화면

- item1
- item2
- item3
- item4
- item5
- item6
- item7
- item8
- item9
- item10

결과 화면을 보면 홀수인 li 요소만 골라서 테두리가 적용되었죠? 이렇게 수열 선택자를 사용하면 수열에 맞는 요소를 선택하여 CSS를 적용할 수 있습니다.

마지막 요소 선택자 ─ 형제 요소 중 마지막 요소를 선택하기

이번에는 특정 태그의 마지막 요소만 선택하는 방법을 알아보겠습니다. 다음과 같이 `li:last-child`로 작성하면 여러 개의 `<li>` 태그 가운데 마지막 요소를 선택하여 스타일을 지정합니다.

Do it! 마지막 요소 선택하기(CSS 파일)　　　　　　　　예제 파일: 03\03-2\css\sequence.css

```
(... 생략 ...)
ul li:last-child {
  border: 1px solid blue;
}
(... 생략 ...)
```

결과 화면

- item1
- item2
- item3
- item4
- item5
- item6
- item7
- item8
- item9
- item10

위의 결과 화면처럼 마지막 li 요소만 파란색 테두리가 적용됩니다.

홀수, 짝수 선택자 ─ 홀수 또는 짝수 요소를 선택하기

수열 선택자보다 쉽게 홀수, 짝수 요소를 선택하는 방법도 있습니다. 바로 `nth-of-type()`을 쓰고 괄호 안에 `odd` 또는 `even`을 넣으면 됩니다. `odd`는 홀수를, `even`은 짝수를 의미합니다.
다음 CSS 파일은 홀수인 li 요소에는 파란색 테두리를, 짝수인 li 요소에는 빨간색 테두리를 지정한 결과를 보여줍니다.

```
(... 생략 ...)
ul li:nth-of-type(odd) {   /* 홀수 선택자 */
  border : 1px solid blue;
}
ul li:nth-of-type(even) {   /* 짝수 선택자 */
  border: 1px solid red;
}
```

결과 화면

- item1
- item2
- item3
- item4
- item5
- item6
- item7
- item8
- item9
- item10

속성 선택자 — 속성값을 이용하여 선택하기

이번에 알아볼 속성 선택자는 HTML 요소의 속성을 선택하여 스타일을 적용할 수 있습니다.

```
(... 생략 ...)
<body>
  <form>
    <input type="text">
    <input type="password">
  </form>
</body>
(... 생략 ...)
```

위 예제와 같이 HTML 파일에서 <form> 안에 <input> 태그를 2개 작성하고 type 속성을 각각
text와 password로 지정합니다.

```
(... 생략 ...)
input[type="text"] {
  border: 1px solid blue;
}
input[type="password"] {
  border: 1px solid red;
}
```

CSS 파일에서 속성 선택자로 사용하려면 대괄호를 이용하여 속성값을 작성하고 각각 파란색, 빨간색 테두리로 설정합니다.

결과 화면

결과 화면처럼 두 input 요소의 속성값에 따라 지정한 색으로 테두리가 만들어졌습니다.

가상 선택자 — 가상의 요소를 선택하기

이번에는 실제 HTML 요소가 아닌 가상의 요소를 선택하는 방법을 알아보겠습니다.

```
(... 생략 ...)
<body>
  <h1>HELLO</h1>
</body>
(... 생략 ...)
```

HTML 파일에서 제목을 나타내는 <h1> 태그를 작성합니다.

```
(... 생략 ...)
h1 {
  border: 1px solid blue;
```

```
  }
h1:hover {
  border: 1px solid red;
}
```

그리고 CSS 파일에서 1번째 h1 요소에는 파란색 테두리를, 2번째 h1 요소에는 :hover라는 가상 선택자를 붙이고 빨간색 테두리를 지정합니다. :hover는 선택한 요소 위에 마우스 포인터를 올렸을 때 스타일을 적용하라는 의미입니다.

결과 화면처럼 처음에는 파란색 테두리가 나타지만 마우스 포인터를 글자 위에 올리면 빨간색 테두리로 변합니다.

이번에는 가상 선택자인 :before, :after를 사용하여 HTML 파일이 아닌 CSS에서 가상의 콘텐츠로 나타내겠습니다. 다음과 같이 h1 요소를 :before, :after 가상 선택자와 연결하고, content 속성을 사용하여 텍스트를 입력한 뒤 글자색을 지정합니다.

Do it! 가상 선택자 :before와 :after 사용하기(CSS 파일)　　　　예제 파일: 03\03-2\css\pseudo.css

```
(... 생략 ...)
h1:before {
  content: "before content";
  color: blue;
}
h1:after {
  content: "after content";
  color: red;
}
```

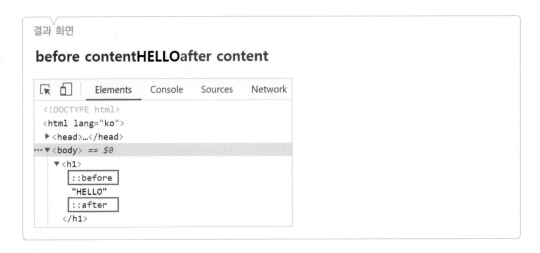

결과 화면을 보기 위해 HTML 파일을 크롬에서 열고, F12 를 눌러 개발자 도구를 실행합니다. [Elements] 탭에서 h1 요소 안을 살펴보면 HTML 파일에서 입력하지 않은 ::before와 ::after라는 가상의 요소가 생성되었습니다. CSS 파일에서 content 속성에 입력한 before content, after content가 HELLO 앞뒤에 붙어서 나타난 것입니다. 이처럼 :before는 요소 앞에 가상 콘텐츠를 만들고, :after는 요소 뒤에 가상 콘텐츠를 만듭니다.

▶ :before와 ::before, :after와 ::after처럼 앞에 콜론을 1개 또는 2개를 모두 사용할 수 있습니다. 하지만 :hover는 무조건 1개의 콜론만 입력해야 합니다.

클래스 선택자 ─ 클래스명으로 요소를 선택하기

만약 같은 태그가 여러 개 있을 때 각각 다른 효과를 주고 싶다면 태그마다 class를 붙여서 사용하면 됩니다. 이 책에서는 클래스 선택자를 가장 많이 사용하므로 다음 예제를 직접 작성하여 클래스 선택자 사용법을 충분히 익히기 바랍니다.

다음과 같이 HTML에서 class=클래스명으로 클래스 선택자를 만듭니다. 이렇게 만든 클래스를 선택할 때는 CSS에서 태그명.클래스명과 같이 씁니다. 이때 태그명은 생략할 수 있습니다.

HTML에서 클래스 지정
```
<p class="클래스명"> </p>
```

```
태그명.클래스명{
    CSS 속성
}
```
CSS에서 클래스 선택

다음 예제와 같이 HTML 파일에는 <p> 태그를 2개 작성하고 각각 text1, text2라는 클래스명을 지정합니다. 그리고 CSS에서는 **p.text1** 또는 **.text2**로 작성하여 클래스 선택자를 사용합니다. 2번째 클래스 선택자처럼 태그명을 생략하고 작성할 수도 있습니다.

Do it! 클래스 선택자 사용하기(HTML 파일)　　　　　예제 파일: 03\03-2\class.html

```
(... 생략 ...)
<body>
  <p class="text1">lorem Ipsum</p>
  <p class="text2">lorem Ipsum</p>
</body>
(... 생략 ...)
```

Do it! 클래스 선택자 사용하기(CSS 파일)　　　　　예제 파일: 03\03-2\css\class.css

```
(... 생략 ...)
p.text1 {
  border: 1px solid blue;
}
.text2 {
  border: 1px solid red;
}
```

결과 화면

lorem Ipsum

lorem Ipsum

같은 <p> 태그이지만 클래스명을 지정하면 서로 다른 CSS를 적용할 수 있습니다. 참고로 태그가 여러 개일 때에도 같은 클래스를 반복해서 사용할 수 있습니다.

아이디 선택자 — 아이디명으로 요소를 선택하기

클래스 선택자와 마찬가지로 아이디 선택자를 이용하여 HTML 요소를 선택할 수 있습니다. 클래스 선택자는 단순히 CSS의 스타일링을 위해 태그에 이름을 붙이지만, 아이디 선택자는 태그에 고유한 이름을 붙여 특정 기능을 개발하기 위해 사용합니다. 또한 아이디는 고유의 값이므로 이름이 같은 아이디를 여러 개 지정할 수 없습니다.

▶ 아이디명은 중복 사용이 불가능하므로 꼭 필요한 곳에 신중하게 사용해야 합니다. 따라서 아이디 선택자는 주로 HTML의 구조를 나누는 시맨틱 태그에서 사용합니다.

아이디 선택자를 사용하는 방법은 클래스 선택자와 비슷합니다. HTML에서는 id=아이디명 처럼 아이디 선택자를 만들고, CSS에서는 #으로 아이디 선택자를 사용합니다.

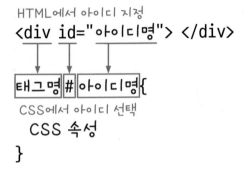

아이디 속성은 웹 페이지에서 중요하거나 특정 영역을 지정할 때 자주 씁니다. 예를 들어 웹 페이지 요소에 고유 주소를 주는 것을 생각해 볼 수 있습니다. 우체부가 특정 지역의 고유 주소를 알아야 편지를 배달할 수 있듯이, 웹 페이지에서 중요한 영역마다 고유 id값을 넣으면 추후 개발자가 해당 요소를 쉽게 탐색할 수 있습니다.

다음 예제와 같이 시맨틱 태그를 이용하여 HTML 파일의 영역을 지정하고 아이디 선택자를 설정해 보세요. 그리고 CSS 파일에서는 #을 이용해서 HTML 요소를 아이디 선택자로 만들어 테두리를 설정합니다. 클래스 선택자와 마찬가지로 id 앞의 태그명은 생략할 수 있습니다.

Do it! 아이디 선택자 사용하기(HTML 파일)　　　　　　　　　　예제 파일: 03\03-2\id.html

```
(... 생략 ...)
<body>
  <header id="header">header</header>
  <section id="section">section</section>
  <footer id="footer">footer</footer>
</body>
(... 생략 ...)
```

```
(… 생략 …)
#header {
  border: 1px solid red;
}
#section {
  border: 1px solid green;
}
#footer {
  border: 1px solid violet;
}
```

결과 화면

```
header
section
footer
```

결과 화면처럼 아이디 선택자로 지정한 각 영역에 테두리가 적용된 것을 확인할 수 있습니다.

03-3 폰트 스타일링하기

여기에서는 웹 사이트 전체 영역에서 두루 사용하는 폰트의 스타일을 어떻게 바꾸는지 알아봅니다. 폰트 스타일을 설정하면 평범했던 웹 페이지의 텍스트를 멋지게 꾸밀 수 있고 사용자의 가독성도 높아집니다.

폰트 굵기 바꾸기

font-weight 속성을 사용해 폰트의 굵기를 간단하게 변경할 수 있습니다. 이 속성은 다음 표와 같은 속성값을 사용합니다. 예제를 통해 더 자세히 알아보겠습니다.

표 3-1 폰트 굵기 속성

속성명	속성값	설명
font-weight	normal	폰트를 보통 굵기로 표시합니다.
	bold	폰트를 굵게 표시합니다.

Do it! 폰트 굵기 바꾸기(HTML 파일)　　　　　　　　　　예제 파일: 03\03-3\font1.html

```
(... 생략 ...)
<body>
  <h1>HELLO</h1>
  <p>Lorem <span>ipsum</span> dolor sit amet.</p>
</body>
(... 생략 ...)
```

위와 같이 HTML 파일을 열어 `<h1>` 태그로 제목을, `<p>` 태그로 문장을 입력하세요. 그리고 2번째 단어를 `<span>` 태그로 구분해 줍니다. 제목 태그는 폰트가 굵게 표시되도록 기본 설정되어 있습니다.

```
(... 생략 ...)
h1 {
  font-weight: normal;
}
p span {
  font-weight: bold;
}
```

CSS 파일에서 h1 요소는 font-weight: normal로 입력해 기본 설정된 굵기를 제거하고, span 요소는 font-weight: bold로 입력해 굵게 적용합니다.

결과 화면

HELLO

Lorem **ipsum** dolor sit amet.

결과 화면을 보면 <h1> 태그의 폰트 굵기가 보통이 되었고, <span> 태그는 반대로 굵게 나타납니다.

폰트 크기 바꾸기

웹 페이지는 픽셀로 구성되므로 px이라는 기본 단위를 사용합니다. 폰트 크기도 px 단위를 주로 쓰지만 가끔 rem이나 em 단위를 쓰기도 합니다. 폰트 크기를 조절할 때는 font-size 속성을 사용합니다.

표 3-2 폰트 크기 속성

속성명	속성값	설명
font-size	px	픽셀 단위로 폰트 크기를 설정합니다.
	rem	최상위 부모인 <html> 태그를 기준으로 폰트 크기를 설정합니다.
	em	부모 요소를 기준으로 폰트 크기를 설정합니다.

▶ 속성값은 폰트 크기의 단위를 의미합니다.

다음 예제에서 **font-size** 속성과 단위를 사용해 폰트의 크기를 다양하게 변경해 보겠습니다.

```
(... 생략 ...)
<body>
  <article>
    <h1>TITLE</h1>
    <p>Lorem ipsum dolor sit amet.</p>
    <a href="#">view</a>
  </article>
</body>
(... 생략 ...)
```

위와 같이 HTML 파일에서 <article> 태그 안에 <h1>, <p>, <a> 태그를 입력해 제목과 본문, 링크를 만듭니다.

```
(... 생략 ...)
article h1 {
  font-size: 60px;
}
article p {
  font-size: 30px;
}
article a {
  font-size: 15px;
}
```

그리고 CSS 파일에는 <p> 태그의 폰트 크기를 30px로, <h1> 태그의 폰트 크기는 60px로 지정합니다. 마지막으로 <a> 태그는 <p> 태그의 절반 크기인 15px로 지정합니다.

결과 화면

TITLE

Lorem ipsum dolor sit amet.

view

결과 화면처럼 본문을 나타내는 <p> 태그를 기준으로 제목은 2배로, 링크는 절반 크기로 출력됩니다.

px 단위는 실무에서 폰트 크기를 지정하기 위해 가장 많이 사용하는 방법이지만, 한 가지 고려할 점이 있습니다. 만약 수백의 웹 페이지마다 대제목, 중제목, 본문 등의 폰트 요소가 있다고 가정해 봅시다. 이런 상황에서 모든 폰트의 크기를 px 단위로 지정한다면 수정하기가 매우 어렵습니다. 예를 들어 웹 페이지의 본문 크기를 기준으로 대제목은 3배로, 중제목은 2배로 크기를 키워야 할 때 px 단위로 지정했다면 모든 폰트 태그의 CSS를 찾아서 크기를 일일이 수정해야 하기 때문입니다. 상상만 해도 머리가 지끈지끈 아프죠? 바로 이러한 문제점을 해결하기 위해 rem 단위가 나왔습니다.

그럼 폰트 크기를 rem 단위로 지정하면 어떤 점이 좋은지 살펴보겠습니다. rem 단위를 쓰려면 html 요소에서 기준이 될 폰트 크기를 설정해야 합니다.

Do it! 폰트 크기 바꾸기(CSS 파일) — rem 단위 사용   예제 파일: 03\03-3\css\font2.css

```
(... 생략 ...)
html {
  font-size: 16px;
}
article h1 {
  font-size: 3rem;
}
article p {
  font-size: 1rem;
}
article a {
  font-size: 0.8rem;
}
```

위의 예제에서는 최상위 요소인 html의 폰트 크기를 16px로 지정했습니다. 그리고 <h1> 태그는 3rem으로 설정합니다. 제목 폰트 크기를 html 요소 기준으로 3배 키우라는 뜻이죠. 이어서 본문은 1rem으로, 링크는 0.8rem으로 폰트 크기를 지정합니다.

TITLE

Lorem ipsum dolor sit amet.

view

본문 폰트 크기를 기준으로 제목 폰트는 3배로, 링크 폰트는 0.8배로 설정되었습니다.

rem 단위을 사용하면 html 요소의 font-size만 변경하여 다른 요소의 폰트 크기를 한꺼번에 수정할 수 있습니다. 따라서 구조가 복잡한 웹 문서에서 폰트 크기를 효율적으로 관리할 수 있습니다.

이번에는 부모 요소 기준으로 폰트 크기를 정하는 em 단위를 알아보겠습니다. 참고로 실무에서는 rem 단위가 나온 후 em 단위를 잘 쓰지 않으니 다음 예제를 가볍게 살펴보고 넘어가 겠습니다.

Do it! 폰트 크기 바꾸기(CSS 파일) — em 단위 사용 예제 파일: 03\03-3\css\font2.css

```css
(... 생략 ...)
html {
  font-size: 16px;
}
article {
  font-size: 40px;
}
article h1 {
  font-size: 3em;
}
article p {
  font-size: 1em;
}
article a {
  font-size: 0.8em;
}
```

위와 같이 html 요소의 기본 폰트 크기를 16px로, article 요소는 40px로 지정합니다. 그리고 h1, p, a 요소는 em 단위를 사용합니다. rem 단위와 어떻게 다른지 결과 화면을 확인해 보세요.

TITLE

Lorem ipsum dolor sit amet.

view

결과 화면처럼 em 단위로 지정한 h1, p, a 요소의 크기는 html 요소가 아니라 부모 태그인 `<article>`을 기준으로 적용됩니다.

rem 단위는 무조건 html 요소의 크기를 기준으로 설정하지만, em 단위는 부모 태그의 크기를 기준으로 세웁니다. 따라서 같은 단위로 em 크기를 설정해도 해당 요소의 부모 태그 크기에 따라 페이지별로 폰트 크기가 각각 달라질 수 있습니다.

rem, em 단위의 개념을 이해하기 어렵다면!

여기서 잠깐!

rem, em 단위를 당장 사용하기 어렵다면 간단하고 쉬운 px 단위를 쓰면 됩니다. 그리고 요즘 실무에서는 em 단위를 거의 쓰지 않습니다. 단, rem 단위는 대규모 프로젝트에서 자주 쓰므로 미리 알아 두면 유용합니다. 익숙하지 않은 단위라서 어렵다고 느낄 수 있으나 조금씩 실력을 키우다 보면 충분히 사용할 수 있습니다. 지금 단계에서는 rem, em 단위의 개념을 완벽히 이해하지 않아도 괜찮습니다.

폰트 모양 바꾸기

`font-family` 속성을 사용하면 폰트 모양을 다양하게 바꿀 수 있습니다.

표 3-3 폰트 모양 속성

속성명	속성값	설명
font-family	"폰트명"	폰트의 모양을 설정합니다.

다음 예제에서 폰트 모양 바꾸는 방법을 자세히 알아보겠습니다.

```
(... 생략 ...)
<body>
  <ul>
    <li>글자 서체</li>
    <li>글자 서체</li>
    <li>FONT FAMILY</li>
    <li>FONT FAMILY</li>
  </ul>
</body>
(... 생략 ...)
```

HTML 파일에서 `<li>` 태그를 4개 입력하고, 한글과 영어 텍스트를 각각 2개씩 넣습니다.

```
(... 생략 ...)
ul li {
  font-size: 40px;
}
ul li:nth-of-type(1) {
  font-family: "돋움";
}
ul li:nth-of-type(2) {
  font-family: "굴림";
}
ul li:nth-of-type(3) {
  font-family: serif;
}
ul li:nth-of-type(4) {
  font-family: arial;
}
```

CSS 파일에서는 순서 선택자를 이용하여 폰트 이름을 각각 **돋움**, **굴림**, serif, arial로 지정합니다. 시스템 폰트란 웹 브라우저를 실행하는 컴퓨터에 기본으로 내장된 폰트를 의미합니다. 실무에서 한글은 돋움 폰트를, 영어는 arial 폰트를 주로 사용합니다. 이때 한글 폰트는 영어 폰트와 달리 큰따옴표로 감싸서 표기합니다.

- 글자 서체
- 글자 서체
- FONT FAMILY
- **FONT FAMILY**

여기서 잠깐!

내 컴퓨터에 있는 나눔 고딕, 배달의 민족 폰트를 사용해도 될까요?

사용할 수는 있지만 추천하진 않습니다. 내 컴퓨터에서 사용한 폰트가 다른 사용자의 컴퓨터에 없으면 제대로 나타나지 않을 수도 있으니까요. 따라서 실무에서 웹 페이지를 만들 때는 한글은 돋움, 영어는 arial처럼 모든 사용자의 컴퓨터에 설치되어 있는 폰트를 씁니다. 하지만 이런 기본 폰트로는 웹 페이지를 멋지게 꾸밀 수 없겠죠. 그렇다면 지금부터 배울 구글 웹 폰트를 사용해 보세요.

Do it! 실습 구글 웹 폰트 사용하기

1단계 구글 폰트 웹 사이트 접속하기

구글 웹 폰트를 사용하면 여러 가지 폰트를 웹 페이지에 쉽게 적용할 수 있습니다. 먼저 구글 웹 폰트를 연결하기 위해 구글 폰트 웹 사이트(fonts.google.com)로 접속합니다.

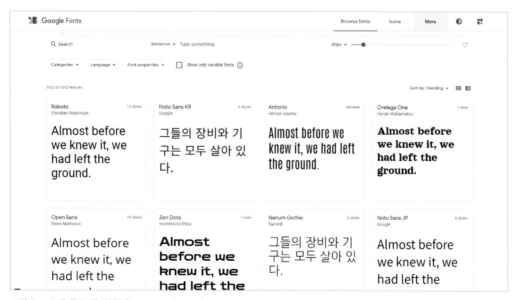

그림 3-3 구글 폰트 웹 사이트(fonts.google.com)

폰트 검색해서 찾기

구글 폰트 웹 사이트에 접속하면 사용할 수 있는 웹 폰트를 미리보기로 확인할 수 있습니다. 목록에 있는 폰트를 바로 선택하거나 이미 알고 있는 폰트 이름을 검색할 수도 있습니다. 여기에서는 독특한 폰트를 사용하기 위해 다음과 같이 monoton을 입력한 뒤 검색 결과에서 폰트 이름을 찾아 선택합니다.

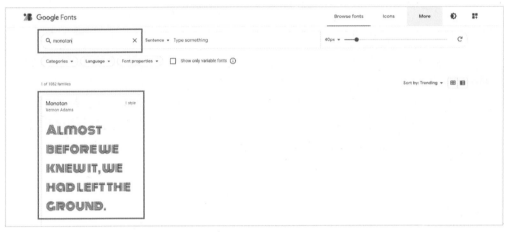

그림 3-4 구글 폰트 검색 창에서 폰트 이름 검색하기

3단계 **폰트 스타일 복사하기**

다음 그림과 같이 오른쪽 중간에 보이는 [Select this style]을 클릭합니다. 그러면 오른쪽에 해당 웹 폰트의 스타일이 나타납니다. [@import]를 선택하면 보이는 **\<style>**, **\</style>** 안의 웹 폰트 코드와 그 아래의 **font-family** 코드도 복사합니다.

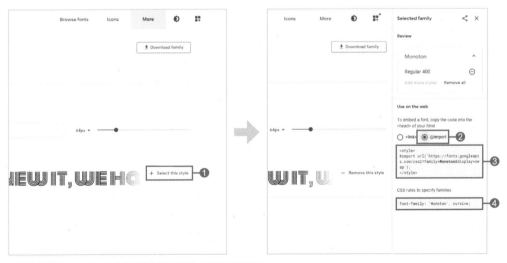

그림 3-5 [Select this style] 클릭하고 웹 폰트의 스타일 복사하기

4단계 HTML, CSS 파일 만들기

다음과 같이 HTML 파일에 웹 폰트를 적용할 `<p>` 태그와 **id** 속성을 지정하고 그 안에 임의로 텍스트를 입력합니다.

예제 파일: 03\03-3\googlefont.html

```
(... 생략 ...)
<body>
  <p id="txt">LOREM IPSUM</p>
</body>
(... 생략 ...)
```

그리고 3단계에서 복사한 웹 폰트의 스타일을 CSS 파일에 붙여 넣습니다. 그리고 p 요소의 크기는 100px로 지정하고, **font-family** 속성의 폰트명도 작성합니다.

예제 파일: 03\03-3\css\googlefont.css

```
@charset "utf-8";
@import url('https://fonts.googleapis.com/css2?family=Monoton&display=swap');

p#txt {
  font-size: 100px;
  font-family: 'Monoton', cursive;
}
```

이제 HTML 파일을 웹 브라우저에서 실행하면 구글 웹 폰트가 적용된 것을 확인할 수 있습니다.

그림 3-6 구글 웹 폰트를 적용한 결과 화면

Do it! 실습 웹 폰트 아이콘 적용하기

1단계
폰트 어썸 웹 사이트 접속하기

이번에는 폰트 어썸 웹 사이트를 이용하여 아이콘을 웹 폰트로 적용하는 방법을 알아보겠습니다. 다음과 같이 폰트 어썸 웹 사이트(fontawesome.com)에 접속합니다. 화면 오른쪽 상단에서 [Sign In]을 선택하면 회원 가입 페이지로 이동합니다.

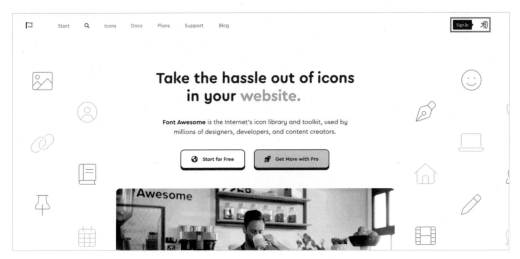

그림 3-7 폰트 어썸 웹 사이트(fontawesome.com)

2단계 **회원 가입하기**

회원 가입을 완료해야 폰트 어썸 웹 사이트의 서비스를 이용할 수 있습니다. 그림 3-8과 같이 Sign In 화면 아래쪽의 링크를 클릭하면 회원 가입 페이지로 이동합니다.

폰트 어썸의 회원 가입 절차는 복잡하지 않으니 웹 사이트의 지시를 따라 직접 진행해 보세요.

Sign In
and let's get you to the Awesome!

Email Address

e.g. tchalla@wakanda.gov

Password

☑ Remember me   Forgot your password?

Sign In →

Create a Free Font Awesome Account

그림 3-8 회원 가입 링크 선택하기

100   **Do it!** 인터랙티브 웹 페이지 만들기

회원 가입 후 로그인을 하면 메인 화면 중앙에 [Your Kits]가 나타납니다. 그리고 다음과 같이 [Create Your First Kit]을 선택합니다.

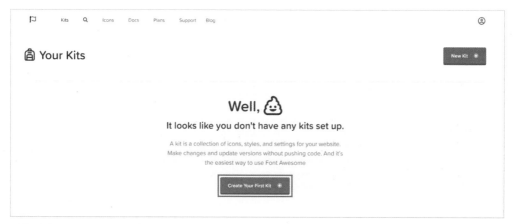

그림 3-9 [Create Your First Kit] 선택하기

그림 3-10 화면에서 HTML 문서에 삽입할 수 있는 킷 코드를 확인한 뒤, 상단의 [Settings]를 클릭하여 옵션 설정으로 넘어갑니다.

▶ 참고로 무료 버전에서는 하나의 킷 코드만 발급받을 수 있으며, 추가 코드를 받으려면 유료 서비스를 이용해야 합니다.

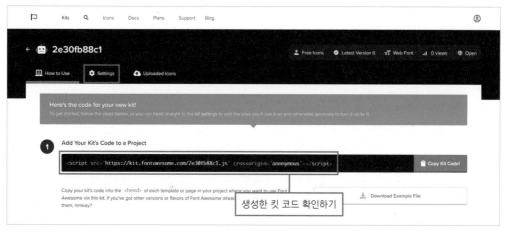

그림 3-10 [Settings] 선택하기

그림 3-11과 같이 옵션 설정에서 Icons 항목은 [Free]로 선택하고 Technology는 [Web Font]로 지정합니다. 그리고 Version은 최신 버전인 [Latest 6.x] 항목으로 설정합니다. 만약 이전 버전의 호환이 필요하다면 5.x 버전을 선택하세요. 모든 설정이 완료되면 [Save Changes]를 클릭합니다.

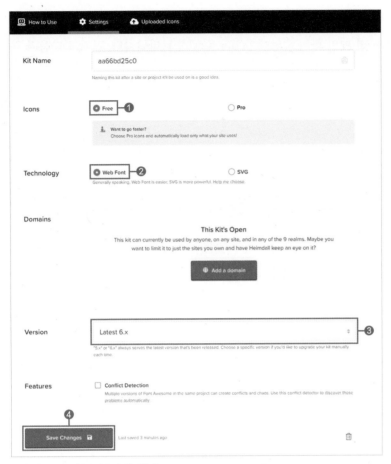

그림 3-11 폰트 어썸의 옵션 설정하기

마지막으로 상단의 [How to Use] 탭을 선택하고, 오른쪽 아래에 있는 [Copy Kit Code]를 누르면 웹 폰트 아이콘 연결 코드가 복사됩니다.

그림 3-12 폰트 어썸 웹 아이콘 코드 복사하기

4단계 HTML, CSS 파일 수정하기

HTML 파일을 열고 `<title>` 태그 안에 3단계에서 복사한 킷 코드를 붙여 넣습니다. 이제 웹 아이콘을 연결하기 위한 모든 준비를 마쳤습니다.

예제 파일: 03\03-3\fontawesome.html

```
<!DOCTYPE html>
<html lang="ko">
<head>
    <meta charset="UTF-8">
    <meta http-equiv="X-UA-Compatible" content="IE=edge">
    <meta name="viewport" content="width=device-width, initial-scale=1.0">
    <title>Font</title>
    <script src="https://kit.fontawesome.com/7ae3a6a91c.js" crossorigin="anonymous">
</script>
    <link rel="stylesheet" href="css/fontawesome.css">
</head>
(... 생략 ...)
```

본인 계정에서 생성한 킷 코드를 넣으세요!

`<body>` 태그 안에 웹 아이콘을 작성하는 방법을 알아보겠습니다. 먼저 웹 아이콘은 무조건 폰트 어썸의 전용 태그인 `<i>` 태그로 작성합니다. 그림과 3-13과 같이 `<i>` 태그에 클래스명을 `fa-`까지만 입력하면 사용할 수 있는 웹 아이콘의 클래스명이 알파벳 순서로 나타납니다. 화살표 키로 하나씩 이동하면서 오른쪽 미리보기 창에서 웹 아이콘의 모양을 확인한 뒤 선택할 수 있습니다. 여기에서는 안드로이드 아이콘을 선택해 보겠습니다.

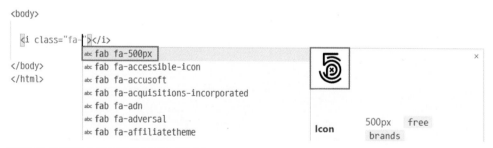

그림 3-13 에디터에서 폰트 어썸의 아이콘 미리보기

▶ 그림 3-13은 01장에서 설치한 'Font Awesome Auto-complete & Preview'라는 에디터 확장 기능을 사용해야 나타납니다. 에디터에서 지원하는 기본 기능이 아닙니다.

다음과 같이 폰트 어썸의 전용 태그인 `<i>` 태그를 입력하고 `fab fa-android` 클래스를 작성합니다. 이렇게 폰트 어썸의 `<i>` 태그와 클래스명만 입력해도 웹 페이지에 아이콘을 바로 출력할 수 있습니다.

```
(... 생략 ...)
<body>
  <i class="fab fa-android"></i>
</body>
(... 생략 ...)
```

웹 아이콘도 웹 폰트의 한 종류이므로 아이콘 크기를 font-size로 변경할 수 있습니다. 다음
과 같이 아이콘 크기를 100px로 지정합니다. 이제 HTML 파일을 웹 브라우저에서 확인해 보
면 안드로이드 아이콘이 출력됩니다.

```
(... 생략 ...)
i.fa-android {
  font-size: 100px;
}
```

결과 화면

여기서 잠깐!

폰트 어썸의 무료 웹 아이콘 확인하기!

앞에서 알아본 것처럼 웹 아이콘은 에디터에서 미리보기 창을 통해 선택할 수 있지만, 폰트 어
썸 웹 사이트에서도 확인할 수 있습니다. 또한 상단에 있는 [Icons]를 선택하고 카테고리 항
목에서 [Solid, Regular, Brands]를 지정한 뒤, 왼쪽의 [free]를 클릭하면 무료로 사용할
수 있는 웹 아이콘 목록을 볼 수 있습니다.

그림 3-14 폰트 어썸의 무료 아이콘

폰트 색상 바꾸기

이번에는 폰트 색상을 바꾸는 방법을 알아보겠습니다. 폰트 색상은 다음 표에 나타낸 속성값을 사용해 지정할 수 있습니다.

표 3-4 폰트 색상 속성

속성명	속성값	설명
color	영문명	폰트 색상을 영어 색상명으로 표기합니다.
	#000000	폰트 색상을 16진수로 표기합니다.
	rgb(0, 0, 0)	폰트 색상을 RGB로 표기합니다.

다음 예제에서 폰트 색상을 바꾸는 방법을 더 자세히 알아보겠습니다.

Do it! 폰트 색상 바꾸기(HTML 파일)   예제 파일: 03\03-3\font4.html

```
(... 생략 ...)
<body>
  <ul>
    <li>색상명 표기법</li>
    <li>16진수 표기법</li>
    <li>RGB 표기법</li>
  </ul>
</body>
(... 생략 ...)
```

HTML 파일에서는 `<li>` 태그를 3개 만듭니다.

Do it! 폰트 색상 바꾸기(CSS 파일) — 색상명 표기법   예제 파일: 03\03-3\css\font4.css

```
(... 생략 ...)
li:nth-of-type(1) {
  color: red;
}
(... 생략 ...)
```

CSS 파일에서는 1번째 `<li>` 태그를 선택해 color값을 red로 지정합니다.

결과 화면

- 색상명 표기법

결과 화면을 보면 1번째 <li> 태그의 폰트만 빨간색으로 변경되었습니다. 이렇게 우리가 알고 있는 색상이라면 영어로 입력해 지정할 수 있습니다. 하지만 단순한 빨간색이 아니라 밝은 빨강, 진한 빨강, 채도가 높은 빨강 등 색상을 세밀하게 설정하려면 16진수나 RGB로 표기해야 합니다.

다음 예제에서는 16진수 표기법과 RGB 표기법을 알아보겠습니다.

Do it! 폰트 색상 바꾸기(CSS 파일) — 16진수, RGB 표기법　　　　예제 파일: 03\03-3\css\font4.css

```
(... 생략 ...)
li:nth-of-type(2) {
  color: #ff0000;          ── 16진수 표기법
}
li:nth-of-type(3) {
  color: rgb(255, 0, 0);   ── RGB 표기법
}
```

CSS 파일에서 2번째, 3번째 li 요소를 선택하고 위와 같이 color 속성을 입력합니다.

이 상태에서 2번째 li 요소의 속성값 위에 마우스 포인터를 올리면 16진수 색상 팔레트가 나타납니다. 여기에서 원하는 색상을 선택할 수도 있습니다. 같은 방식으로 3번째 li 요소의 속성값 위에 마우스 포인터를 올려서 RGB 표기법의 색상을 선택합니다.

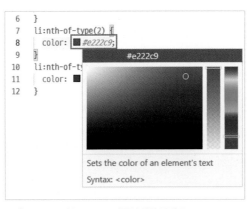

그림 3-15 16진수, RGB 표기법의 색상 팔레트

결과 화면

- 16진수 표기법
- RGB 표기법

RGB 표기법과 16진수 표기법을 더 알아볼까요?

영문명으로 모든 색상을 세밀하게 지정하는 데는 한계가 있으므로 RGB 표기법과 16진수 표기법이 나왔습니다. RGB 표기법은 빛의 삼원색을 의미하는 Red, Green, Blue를 기본으로 하며 이 삼원색을 혼합해서 색상을 만듭니다. 따라서 RGB 표기법에서 괄호 안에는 삼원색의 비율을 수치로 입력합니다. 그리고 16진수 표기법은 #을 시작으로 아라비아 숫자 12개와 알파벳 6개를 조합해 16진수 코드로 색상을 입력하는 방식입니다.

텍스트 줄 간격 바꾸기

텍스트의 줄 간격을 바꾸는 line-height 속성을 알아보겠습니다. 다음과 같이 font-size는 텍스트 자체의 높잇값을 의미하지만 line-height는 줄 간격 전체 높잇값을 나타냅니다.

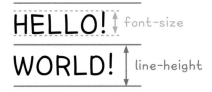

표 3-5 줄 간격 속성

속성명	속성값	설명
line-height	실숫값	줄 간격을 폰트 크기에 맞추어 실수 배율로 지정합니다.
	픽셀값	줄 간격을 고정된 px 단위로 지정합니다.

다음 예제에서 두 속성값을 사용해 보겠습니다.

Do it! 줄 간격 바꾸기(HTML 파일) 예제 파일: 03\03-3\line-height.html

```
(... 생략 ...)
<body>
  <p class="text1">
  Lorem ipsum dolor sit amet consectetur adipisicing elit.
  (... 생략 ...)
  </p>

  <p class="text2">
  Lorem ipsum dolor sit amet consectetur adipisicing elit.
```

```
   (... 생략 ...)
   </p>
</body>
(... 생략 ...)
```

HTML 파일에는 `<p>` 태그를 2개 작성하고 텍스트를 여러 줄 입력합니다. 1번째 태그의 클래스명은 text1로, 2번째 태그의 클래스명은 text2로 지정합니다.

Do it! 줄 간격 바꾸기(CSS 파일)　　　　　　　　**예제 파일:** 03\03-3\css\line-height.css

```css
(... 생략 ...)
.text1 {
  font-size: 20px;
  line-height: 40px;
  border: 1px solid red;
}
.text2 {
  font-size: 20px;
  line-height: 1.5;
  border: 1px solid blue;
}
```

CSS 파일에서 `.text1`의 `font-size`를 20px로, `line-height`는 40px로 지정합니다. 그리고 `.text2`는 `font-size`는 같지만 `line-height`를 실숫값 1.5로 지정합니다.

결과 화면

Lorem ipsum dolor sit amet consectetur adipisicing elit. Eligendi ut, ab quisquam harum numquam iusto dolor distinctio possimus explicabo enim dolorum deserunt molestiae! Minus unde obcaecati perspiciatis quisquam eius. Placeat.

Lorem ipsum dolor sit amet consectetur adipisicing elit. Magni doloribus, dolore accusantium fuga at tenetur reiciendis ratione, commodi expedita, eaque placeat dolorem eveniet iusto unde qui molestiae libero? Suscipit, cupiditate.

결과 화면처럼 첫 문단의 줄 간격은 폰트 크기와 상관없는 고정된 px 단위지만, 2번째 문단의 줄 간격은 폰트 크기를 기준으로 1.5배로 설정되었습니다.

텍스트 정렬 방향 지정하기

텍스트의 가로 정렬 방향을 지정하는 방법을 알아봅시다. 다음 표와 같이 **text-align** 속성을
사용해서 원하는 정렬 방향의 속성값을 입력하면 됩니다.

표 3-6 텍스트 정렬 방향 속성

속성명	속성값	설명
text-align	left	텍스트를 왼쪽 방향으로 정렬합니다.
	center	텍스트를 중앙 정렬합니다.
	right	텍스트를 오른쪽 방향으로 정렬합니다.
	justify	텍스트를 양쪽 정렬합니다.

Do it! 텍스트 정렬 방향 바꾸기(HTML 파일) 예제 파일: 03\03-3\text-align.html

```
(... 생략 ...)
<body>
  <p>
    Lorem ipsum dolor, sit amet consectetur adipisicing elit.
    (... 생략 ...)
  </p>

  <p>
    Lorem ipsum dolor, sit amet consectetur adipisicing elit.
    (... 생략 ...)
  </p>

  <p>
    Lorem ipsum dolor, sit amet consectetur adipisicing elit.
    (... 생략 ...)
  </p>

  <p>
    Lorem ipsum dolor, sit amet consectetur adipisicing elit.
    (... 생략 ...)
  </p>
</body>
(... 생략 ...)
```

이번에는 HTML 파일에서 **<p>** 태그로 문단을 4개 만듭니다.

```
(... 생략 ...)
p {
  border: 1px solid blue;
}
p:nth-of-type(1) {
  text-align: left;
}
p:nth-of-type(2) {
  text-align: center;
}
p:nth-of-type(3) {
  text-align: right;
}
p:nth-of-type(4) {
  text-align: justify;
}
```

CSS 파일에서 모든 p 요소에 파란색 테두리를 설정하고 text-align을 사용해 각각 left, center, right, justify로 지정합니다.

결과 화면

Lorem ipsum dolor, sit amet consectetur adipisicing elit. Aperiam mollitia, doloribus earum tempora facere, odit veritatis ex corrupti expedita molestiae eligendi libero accusantium voluptate aliquam minima fugit culpa est eum?

Lorem ipsum dolor, sit amet consectetur adipisicing elit. Aperiam mollitia, doloribus earum tempora facere, odit veritatis ex corrupti expedita molestiae eligendi libero accusantium voluptate aliquam minima fugit culpa est eum?

Lorem ipsum dolor, sit amet consectetur adipisicing elit. Aperiam mollitia, doloribus earum tempora facere, odit veritatis ex corrupti expedita molestiae eligendi libero accusantium voluptate aliquam minima fugit culpa est eum?

Lorem ipsum dolor, sit amet consectetur adipisicing elit. Aperiam mollitia, doloribus earum tempora facere, odit veritatis ex corrupti expedita molestiae eligendi libero accusantium voluptate aliquam minima fugit culpa est eum?

결과 화면처럼 1번째, 2번째, 3번째 문단은 각각 왼쪽·중앙·오른쪽으로 정렬되었고, 마지막 문단은 양쪽 정렬되었습니다.

▶ 문단을 세로 방향으로 정렬하려면 flex 레이아웃을 사용하면 됩니다. 이 방법은 05장에서 자세히 다루겠습니다.

텍스트 자간 지정하기

이번에는 텍스트의 자간을 지정하는 방법을 알아보겠습니다. 자간은 px 단위를 사용해서 설정합니다.

표 3-7 텍스트 자간 속성

속성명	속성값	설명
letter-spacing	1px	텍스트의 간격을 px 단위로 지정합니다.

▶ 만약 letter-spacing의 속성값을 따로 입력하지 않으면 기본값 0px이 자동 지정됩니다.

Do it! 텍스트 자간 지정하기(HTML 파일)　　　　　　예제 파일: 03\03-3\letter-spacing.html

```
(... 생략 ...)
<body>
  <ul>
    <li>lorem</li>
    <li>lorem</li>
    <li>lorem</li>
  </ul>
</body>
(... 생략 ...)
```

위와 같이 HTML 파일에서 `<li>` 태그를 3개 만듭니다.

Do it! 텍스트 자간 지정하기(CSS 파일)　　　　　　예제 파일: 03\03-3\css\letter-spacing.css

```
(... 생략 ...)
li:nth-of-type(1) {
  letter-spacing: 0px;
}
li:nth-of-type(2) {
  letter-spacing: 2px;
}
li:nth-of-type(3) {
  letter-spacing: -2px;
}
```

CSS 파일에서 1번째 li 요소의 `letter-spacing` 속성값을 0px로 설정합니다. 그리고 2번째 li 요소는 2px, 3번째 li 요소는 -2px로 지정합니다.

- lorem
- lorem
- lorem

결과 화면을 보면 1번째 목록은 텍스트 간격이 0px이라서 아무 변화가 없지만, 2번째 목록은 텍스트 간격이 2px만큼 벌어졌습니다. 마지막 목록은 –2px로 설정해서 자간이 줄어들어 바짝 붙었습니다.

03-4 웹 페이지에서 영역별 크기 정하기

HTML 태그의 영역별 크기와 바깥쪽, 안쪽 여백을 지정하는 방법을 알아봅니다. 하지만 모든 태그의 영역과 여백 크기를 지정할 수는 없습니다. 그 이유는 블록 요소와 인라인 요소 때문인데, 여기에서는 두 요소의 차이점을 알아보고 각 요소마다 크기를 지정하는 방법을 살펴보겠습니다.

너비와 높이 지정하기

태그 영역 크기는 width, height 속성을 사용하여 너빗값과 높잇값으로 설정할 수 있습니다.

표 3-8 너비와 높이 속성

속성명	속성값	설명
width, height	px	너빗값과 높잇값을 px 단위로 지정합니다.
	%	부모 태그를 기준으로 너빗값과 높잇값을 % 단위로 지정합니다.
	vw	웹 브라우저의 너비를 기준으로 너빗값과 높잇값을 백분율로 지정합니다.
	vh	웹 브라우저의 높이를 기준으로 너빗값과 높잇값을 백분율로 지정합니다.

Do it! 태그의 너빗값과 높잇값 지정하기(HTML 파일)　　　　예제 파일: 03\03-4\width-height.html

```
(... 생략 ...)
<body>
  <article>100px</article>
  <article>20%</article>
  <article>10vw</article>
  <article>10vh</article>
</body>
(... 생략 ...)
```

위와 같이 HTML 파일에서 <article> 태그를 4개 만들고 텍스트를 입력합니다.

```css
article {
  border: 1px solid red;
}
article:nth-of-type(1) {
  width: 100px;
  height: 100px;
}
article:nth-of-type(2) {
  width: 20%;
  height: 20%;
}
article:nth-of-type(3) {
  width: 10vw;
  height: 10vw;
}
article:nth-of-type(4) {
  width: 10vh;
  height: 10vh;
}
```

CSS 파일에서 모든 aritlce 요소에 빨간색 테두리를 지정한 뒤 너빗값과 높잇값을 1번째 요소는 100px로, 2번째 요소는 20%로, 3번째 요소는 10vw로, 마지막 요소는 10vh로 각각 설정합니다.

결과 화면

결과 화면처럼 1번째 요소는 px 단위로 지정하여 너빗값과 높잇값이 고정되므로 웹 브라우저의 크기를 줄이거나 늘려도 변하지 않습니다. 그러나 2번째 요소는 웹 브라우저의 크기가 달라질 때마다 <body> 태그를 기준으로 너빗값이 변합니다. 이때 높잇값은 제대로 동작하지 않는데, % 단위는 부모 요소 크기에 비례해서 크기를 정하기 때문입니다. 따라서 <body> 태그 안에 있는 직계 자식 요소는 너빗값을 % 단위로 지정할 수 있지만 높잇값은 동작하지 않습니다.

이러한 문제점을 개선하기 위해 vw^{viewport width} 와 vh^{viewport height} 단위가 나왔습니다. vw와 vh는 %처럼 태그의 너비와 높이를 각각 백분율 단위로 정하지만, 부모 태그가 아니라 웹 브라우저의 크기를 기준으로 합니다. vw는 웹 브라우저의 너빗값을 백분율로 환산하고, vh는 웹 브라우저의 높잇값을 백분율로 환산하여 크기를 결정합니다. 두 단위의 개념을 잘 이해하기 위해 앞 예제의 vw값과 vh값을 다양하게 변경하며 테스트해 보세요.

바깥쪽 여백 지정하기

태그의 바깥쪽 여백은 `margin` 속성을 사용해 지정합니다.

표 3-9 바깥쪽 여백 속성

속성명	속성값	설명
margin	px	태그의 바깥쪽 여백을 px 단위로 지정합니다.
	%	부모 태그 기준으로 태그의 바깥쪽 여백을 % 단위로 지정합니다.
	vw	웹 브라우저의 너비를 기준으로 태그의 바깥쪽 여백을 백분율로 지정합니다.
	vh	웹 브라우저의 높이를 기준으로 태그의 바깥쪽 여백을 백분율로 지정합니다.

Do it! 바깥쪽 여백 지정하기(HTML 파일)   예제 파일: 03\03-4\margin.html

```
(... 생략 ...)
<body>
  <article>box1</article>
  <article>box2</article>
  <article>box3</article>
  <article>box4</article>
  <article>box5</article>
  <article>box6</article>
  <article>box7</article>
```

```
  <article>box8</article>
  <article>box9</article>
</body>
(... 생략 ...)
```

위 예제와 같이 HTML 파일에서 **<article>** 태그를 6개 만듭니다.

Do it! 바깥쪽 여백 지정하기(CSS 파일)　　　　　예제 파일: 03\03-4\css\margin.css

```
article {
  width: 50px;
  height: 30px;
  border: 1px solid red;
}
/* 바깥쪽 여백을 상하좌우 20px만큼 지정 */
article:nth-of-type(1) {
  margin: 20px;
}
/* 바깥쪽 여백을 상하는 20px, 좌우는 50px만큼 지정 */
article:nth-of-type(2) {
  margin: 20px 50px;
}
/* 바깥쪽 여백을 상하는 20px만큼, 좌우는 무조건 중앙으로 지정 */
article:nth-of-type(3) {
  margin: 20px auto;
}
/* 바깥쪽 여백을 위쪽은 20px, 좌우는 중앙, 아래쪽은 40px만큼 지정 */
article:nth-of-type(4) {
  margin: 20px auto 40px;
}
/* 바깥쪽 여백을 시계 방향으로 위쪽, 오른쪽, 아래쪽, 왼쪽으로 각각 지정 */
article:nth-of-type(5) {
  margin: 0px 10px 20px 30px;
}
/* 바깥쪽 여백을 왼쪽으로 20px만큼 지정 */
article:nth-of-type(6) {
  margin-left: 20px;
}
/* 바깥쪽 여백을 오른쪽으로 20px만큼 설정 */
article:nth-of-type(7) {
```

```
    margin-right: 20px;
}
/* 바깥쪽 여백을 위쪽으로 20px만큼 설정 */
article:nth-of-type(8) {
    margin-top: 20px;
}
/* 바깥쪽 여백을 아래쪽으로 20px만큼 설정 */
article:nth-of-type(9) {
    margin-bottom: 20px;
}
```

CSS 파일에서는 바깥쪽 여백을 6가지 방식으로 설정합니다. 실무에서는 box3, box4 요소처럼 위쪽, 아래쪽의 바깥쪽 여백을 지정한 후 2번째 값만 auto로 설정하여 웹 요소를 항상 중앙에 배치하는 방법을 가장 많이 사용합니다.

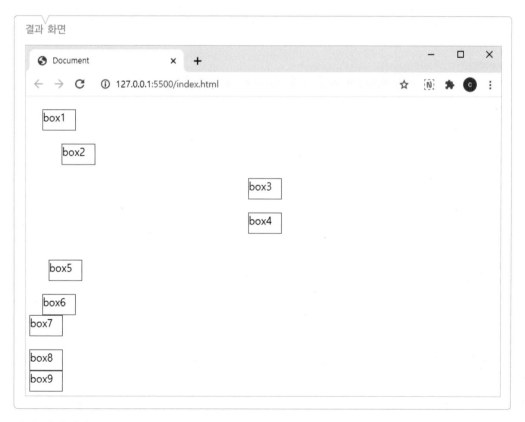

결과 화면처럼 box3과 box4 요소는 웹 브라우저의 중앙에 위치합니다. 이 예제를 좀 더 수정하면서 요소마다 바깥쪽 여백을 다양하게 지정해 보세요.

안쪽 여백 지정하기

태그의 바깥쪽 여백과 마찬가지로 안쪽 여백도 지정할 수 있습니다. padding 속성은 margin 속성과 이름만 다를 뿐 사용 방법은 같습니다.

표 3-10 안쪽 여백 속성

속성명	속성값	설명
padding	px	태그의 안쪽 여백을 px 단위로 지정합니다.
	%	부모 태그 기준으로 태그의 안쪽 여백을 % 단위로 지정합니다.
	vw	웹 브라우저의 너비를 기준으로 태그의 안쪽 여백을 100등분한 단위로 지정합니다.
	vh	웹 브라우저의 높이를 기준으로 태그의 안쪽 여백을 100등분한 단위로 지정합니다.

Do it! 안쪽 여백 지정하기(HTML 파일)　　　　　　　　예제 파일: 03\03-4\padding.html

```
(… 생략 …)
<body>
  <article>box1</article>
  <article>box2</article>
</body>
(… 생략 …)
```

HTML 파일에는 위과 같이 \<article\> 태그를 2개 만듭니다.

Do it! 안쪽 여백 지정하기(CSS 파일)　　　　　　　예제 파일: 03\03-4\css\padding.css

```
article {
  width: 100px;
  height: 100px;
  border: 1px solid red;
}
article:nth-of-type(1) {
  padding: 0px;
}
article:nth-of-type(2) {
  padding: 30px;
}
(… 생략 …)
```

CSS 파일에는 공통된 너빗값과 높잇값으로 100px을 지정하고 빨간색 테두리를 넣습니다. box1 요소의 안쪽 여백은 0px로, box2 요소의 안쪽 여백은 30px로 지정합니다.

box1, box2 요소의 너빗값과 높잇값은 똑같지만, box2 요소의 padding값이 30px로 지정되어 안쪽 여백 때문에 박스 크기가 커졌습니다. 이처럼 padding은 기존 요소 크기에 안쪽 여백을 추가해 줍니다. 그래서 box2 요소의 너빗값과 높잇값은 각각 160px입니다.

그렇다면 기존 박스의 크기는 그대로 유지하면서 안쪽 여백만 추가하고 싶다면 어떻게 해야 할까요? 추가된 padding값만큼 너빗값과 높잇값을 다시 빼면 기존 박스 크기는 유지하면서 안쪽 여백만 설정할 수 있습니다.

Do it! 안쪽 여백 지정하기(CSS 파일) — 기존 박스 크기 유지   **예제 파일:** 03\03-4\css\padding.css

```
(... 생략 ...)
article:nth-of-type(2) {
  padding: 30px;
  width: 40px;
  height: 40px;
}
```

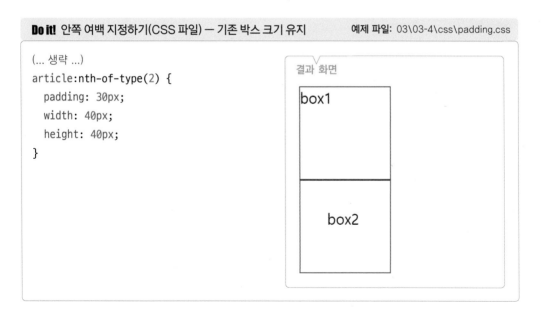

box2 요소는 안쪽 여백이 상하좌우 30px씩 추가되었으므로 기존 너빗값과 높잇값인 100px에서 각각 60px씩 뺀 40px로 width와 height를 지정합니다.

결과 화면처럼 2개의 박스 크기가 같은 상태에서 box2 요소에만 30px씩 안쪽 여백이 생겼습니다.

기존 박스 크기를 유지하면서 안쪽 여백 지정하기

앞의 예제에서 살펴본 것처럼 기존 박스의 크기를 유지하면서 padding값을 적용하려면 늘어난 너빗값과 높잇값을 다시 빼야 해서 번거로웠죠? 이번에는 box-sizing 속성을 이용하여 태그의 padding값을 적용할 때 기존 너빗값과 높잇값을 자동으로 포함시켜 보겠습니다.

> **Do it!** box-sizing 속성으로 안쪽 여백 지정하기(HTML 파일)　　　예제 파일: 03\03-4\box-sizing.html

```
(... 생략 ...)
<body>
  <article>box1</article>
  <article>box2</article>
</body>
(... 생략 ...)
```

위와 같이 <article> 태그를 2개 만듭니다.

> **Do it!** box-sizing 속성으로 안쪽 여백 지정하기(CSS 파일)　　　예제 파일: 03\03-4\css\box-sizing.css

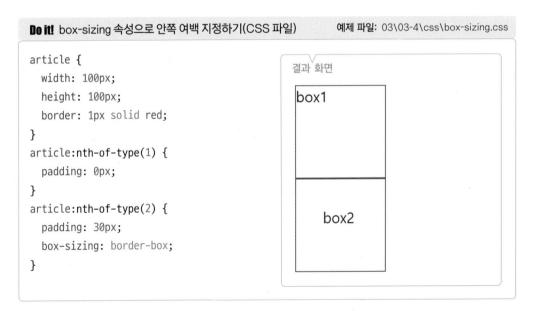

```
article {
  width: 100px;
  height: 100px;
  border: 1px solid red;
}
article:nth-of-type(1) {
  padding: 0px;
}
article:nth-of-type(2) {
  padding: 30px;
  box-sizing: border-box;
}
```

CSS에서는 box2 요소에 안쪽 여백을 지정하고 **box-sizing: border-box** 속성을 추가합니다. 이렇게 하면 아주 간단하게 기존 박스의 크기를 유지하면서 여백을 지정할 수 있습니다.

테두리의 형태 지정하기

이번에는 태그 영역의 테두리 형태를 지정하는 방법을 알아봅시다. 다음 표와 같이 각 속성에 따라 테두리의 굵기, 모양, 색상을 지정할 수 있습니다.

표 3-11 테두리 속성

속성명	속성값	설명
border-width	px	테두리의 굵기를 지정합니다.
border-style	solid, dashed, dotted	테두리의 모양을 지정합니다.
border-color	색상명, 16진수, rgb	테두리의 색상을 지정합니다.
border	width style color	테두리의 굵기, 모양, 색상을 한꺼번에 지정하는 축약형입니다.

다음 예제에서 더 자세히 살펴보겠습니다.

Do it! 여러 가지 테두리 모양 지정하기(HTML 파일)　　　　　예제 파일: 03\03-4\border.html

```
(... 생략 ...)
<body>
  <div></div>
  <div></div>
  <div></div>
</body>
(... 생략 ...)
```

HTML 파일에는 위와 같이 **<div>** 태그를 3개 생성합니다.

```css
div {
  width: 300px;
  height: 200px;
  margin: 50px;
}
div:nth-of-type(1) {
  border-width: 1px;
  border-style: solid;
  border-color: red;
}
div:nth-of-type(2) {
  border-width: 5px;
  border-style: dashed;
  border-color: green;
}
div:nth-of-type(3) {
  border-width: 10px;
  border-style: dotted;
  border-color: blue
}
```

결과 화면

CSS 파일에서는 div 요소의 기본 크기와 모양을 잡아 준 뒤 테두리의 속성값을 각각 다르게 입력합니다. 이때 border-style값을 각각 solid, dashed, dotted로 다르게 입력한 것에 주의하세요. 결과 화면처럼 solid는 실선, dashed는 짧은 직선, dotted는 점선으로 표시되고, 굵기와 색상도 각각 다르게 나타납니다.

실무에서는 테두리의 굵기, 모양, 색상을 한꺼번에 지정할 수 있는 축약형을 많이 사용합니다. 어떻게 사용하는지 다음 CSS 코드를 확인해 보세요. 이렇게 속성을 한꺼번에 지정하면 코드를 깔끔하게 작성할 수 있습니다.

```css
div:nth-of-type(1) {
  border: 1px solid red;
}
```

결과 화면

블록 요소와 인라인 요소 태그

HTML 태그를 선택해서 태그의 크기와 테두리 등을 지정할 때는 블록 요소와 인라인 요소의 태그에 따라 다르게 적용됩니다. 먼저 다음 표에서 블록 요소와 인라인 요소의 종류와 특징을 살펴보겠습니다.

표 3-12 블록 요소와 인라인 요소의 차이점

분류	태그	특징
블록 요소	h1~h6, p, ol, ul, dl, div, header, footer, section, article, aside, nav	1. 줄을 자동으로 바꿉니다. 2. 너비와 높이를 지정할 수 있습니다. 3. 너비를 지정하지 않으면 부모 요소 너빗값의 100%를 상속받습니다. 4. 블록 요소와 인라인 요소 모두 묶을 수 있습니다.
인라인 요소	strong, em, a, span	1. 자동 줄 바꿈이 되지 않고 옆으로 나열됩니다. 2. 너비와 높이를 지정할 수 없습니다. 3. 인라인 태그를 사용한 텍스트의 크기가 해당 요소의 크기가 됩니다. 4. 인라인 요소만 묶을 수 있습니다.

블록 요소는 웹 페이지의 영역을 구분하는 레이아웃과 관련되고, 인라인 요소는 글의 서식과 관련된다는 특징이 있습니다. 아직 감이 잘 잡히지 않죠? 다음 예제에서 더 자세히 알아보겠습니다.

Do it! 블록 요소와 인라인 요소 비교하기(HTML 파일)　　　예제 파일: 03\03-4\block-inline.html

```
(... 생략 ...)
<body>
  <p>
    블록 요소 태그는 자동 줄 바꿈 됩니다.
  </p>
  <p>
    <span>
      <strong>인라인 요소 태그</strong>들은 <em>좌우로</em> 배치됩니다.
    </span>
  </p>
</body>
(... 생략 ...)
```

HTML 파일에 블록 요소인 <p> 태그를 2개 작성하고, 2번째 <p> 태그 안에는 인라인 요소인 <strong>, <em> 태그를 넣습니다. 그리고 2번째 <p> 태그의 모든 텍스트는 다시 인라인 요소인 <span>태그로 묶습니다.

```
(… 생략 …)
p {
  border: 1px solid red;
}
strong, em {
  border: 1px solid blue;
}
```

CSS 파일에서 p 요소는 빨간색 테두리로, strong 요소와 em 요소는 파란색 테두리로 지정합니다.

결과 화면

| 블록 요소 태그는 자동 줄 바꿈 됩니다. |

| **인라인 요소 태그**들은 *좌·우로* 배치됩니다. |

결과 화면처럼 블록 요소인 <p> 태그는 따로 너빗값을 지정하지 않아도 부모 태그인 <body> 태그, 즉 브라우저의 전체 너비를 그대로 상속받습니다. 인라인 요소인 <strong>, <em> 태그는 줄 바꿈 없이 좌우로 나열되고 그 크기는 태그로 감싼 텍스트로 지정됩니다. 그리고 2번째 <p> 태그에서 블록 요소는 인라인 요소와 블록 요소를 모두 묶을 수 있지만 인라인 요소는 인라인 요소만 묶을 수 있습니다.

그럼 이번에는 블록 요소와 인라인 요소의 크기를 설정해 보겠습니다.

```
(… 생략 …)
p {
  border: 1px solid red;
  height: 100px;
}
strong, em {
  border: 1px solid blue;
  height: 50px;
}
```

위와 같이 p 요소의 높잇값은 100px로, strong, em 요소의 높잇값은 50px로 추가 입력합니다.

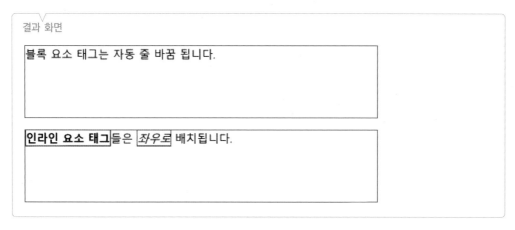

블록 요소인 <p> 태그는 높잇값이 제대로 적용되지만 인라인 요소인 <strong>, <em> 태그는 높잇값이 적용되지 않습니다.

하지만 실무에서는 인라인 요소에 너빗값과 높잇값을 강제로 지정해야 할 때가 있습니다. 이럴 때는 인라인, 블록 요소를 같이 쓰는 속성을 지정하거나, 인라인 요소를 블록 요소로 만들 수 있습니다. 다음 예제를 살펴보겠습니다.

Do it! 인라인, 블록 요소의 속성 모두 사용하기(CSS 파일)　　　예제 파일: 03\03-4\css\block-inline.css

```
(... 생략 ...)
strong, em {
  border: 1px solid blue;
  height: 50px;
  display: inline-block;
}
```

strong, em 요소에 display: inline-block 속성을 추가합니다. 이 속성은 인라인 요소와 블록 요소의 속성을 모두 사용한다는 의미입니다.

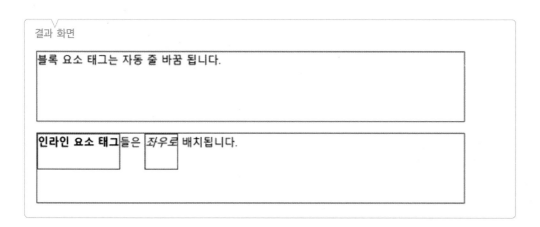

결과 화면처럼 인라인 요소인 `<strong>`, `<em>` 태그의 높잇값이 적용되었습니다. 이처럼 display: inline-block을 쓰면 인라인과 블록 요소의 속성을 모두 사용할 수 있습니다.

이번에는 인라인 요소 태그를 블록 요소로 강제 변환해 보겠습니다. 다음과 같이 `display` 속성에 block을 지정합니다.

Do it! 블록 요소로 강제 변환하기(CSS 파일)　　　　　예제 파일: 03\03-4\css\block-inline.css

```
(... 생략 ...)
strong, em {
  border: 1px solid blue;
  height: 50px;
  display: block;
}
```

결과 화면

> **블록 요소 태그는 자동 줄 바꿈 됩니다.**
>
> **인라인 요소 태그**
>
> 들은
>
> *좌우로*
>
> 배치됩니다.

인라인 요소의 `<strong>`, `<em>` 태그가 블록 요소로 변환되었습니다. 그래서 인라인 요소의 너 빗값이 부모인 `<p>` 태그의 100%로 자동 변경되고 줄 바꿈도 되었죠. 다만 결과 화면처럼 기존 글이 줄 바꿈 되면서 레이아웃이 어색하게 틀어진 것을 확인할 수 있습니다. 그 이유는 블록 요소로 바뀐 `<strong>`, `<em>` 태그를 인라인 요소인 `<span>` 태그가 감쌌기 때문입니다. 인라인 요소는 인라인 요소만 감쌀 수 있으니, 이렇게 인라인 요소를 강제로 블록 요소로 만들 때에는 주의해야 합니다.

03-5 웹 페이지의 배경 꾸미기

집의 내부를 페인트칠하거나 벽지로 꾸미는 것처럼 웹 페이지에도 태그 영역마다 배경색과 이미지를 넣을 수 있습니다. 여기에서는 다양한 배경 속성을 이용하여 웹 페이지 공간을 보기 좋게 만드는 방법을 알아보겠습니다.

배경색 지정하기

배경색은 background-color 속성을 사용해 태그에 직접 지정할 수 있습니다. 폰트 색상을 바꿀 때처럼 영어 색상명을 사용하거나 RGB, 16진수 표기법으로 지정할 수 있습니다.

표 3-13 배경 색상 속성

속성명	속성값	설명
background-color	영문명	배경색을 영어 색상명으로 지정합니다.
	rgb(0, 0, 0)	배경색을 RGB 표기법으로 지정합니다.
	#000000	배경색을 16진수 표기법으로 지정합니다.

다음 예제는 16진수 표기법을 사용하여 배경색을 검은색에서 흰색까지 단계별로 지정합니다.

Do it! 배경색 지정하기(HTML 파일)   예제 파일: 03\03-5\background-color.html

```
(... 생략 ...)
<body>
  <ul>
    <li>#000</li>
    <li>#111</li>
    <li>#222</li>
    <li>#333</li>
    <li>#444</li>
    <li>#555</li>
    <li>#666</li>
```

```
        <li>#777</li>
        <li>#888</li>
        <li>#999</li>
        <li>#aaa</li>
        <li>#bbb</li>
        <li>#ccc</li>
        <li>#ddd</li>
        <li>#eee</li>
        <li>#fff</li>
      </ul>
    </body>
    (... 생략 ...)
```

HTML 파일에서 `<li>` 태그를 16개 만들고 위와 같이 목록을 입력합니다.

Do it! 배경색 지정하기(CSS 파일)   예제 파일: 03\03-5\css\background-color.css

```
(... 생략 ...)
li { color: #000; }
li:nth-of-type(1) { background-color: #000; }
li:nth-of-type(2) { background-color: #111; }
li:nth-of-type(3) { background-color: #222; }
li:nth-of-type(4) { background-color: #333; }
li:nth-of-type(5) { background-color: #444; }
li:nth-of-type(6) { background-color: #555; }
li:nth-of-type(7) { background-color: #666; }
li:nth-of-type(8) { background-color: #777; }
li:nth-of-type(9) { background-color: #888; }
li:nth-of-type(10) { background-color: #999; }
li:nth-of-type(11) { background-color: #aaa; }
li:nth-of-type(12) { background-color: #bbb; }
li:nth-of-type(13) { background-color: #ccc; }
li:nth-of-type(14) { background-color: #ddd; }
li:nth-of-type(15) { background-color: #eee; }
li:nth-of-type(16) { background-color: #fff; }
```

CSS 파일에서 `li` 요소의 순서를 각각 지정하여 `background-color`값을 입력합니다. 16진수 표기법을 사용할 때는 # 뒤에 색상값을 6개 입력하는 것이 정석이지만 같은 숫자나 알파벳이 반복되면 3개로 줄여서 쓸 수 있습니다.

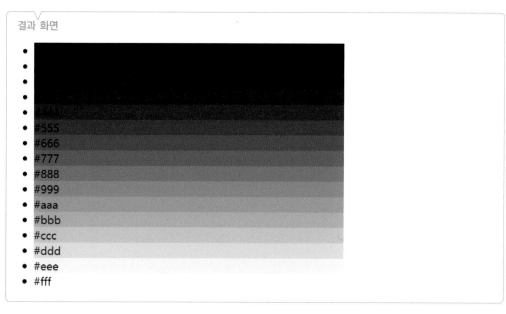

결과 화면

- #555
- #666
- #777
- #888
- #999
- #aaa
- #bbb
- #ccc
- #ddd
- #eee
- #fff

결과 화면처럼 배경색이 검은색에서 흰색까지 단계별로 지정됩니다. #000은 검은색인데 숫자가 커질수록 점차 밝아지고 #fff가 되면 흰색이 됩니다. 16진수 표기법을 모두 외울 수는 없지만, 16단계 색상 코드 정도는 어렵지 않으므로 기억해 두는 것을 추천합니다.

배경 이미지 삽입하기

배경 이미지를 삽입할 때는 속성값을 여러 개 같이 지정해야 합니다. 다음 표에서 배경 이미지의 속성을 살펴보세요.

표 3-14 배경 이미지 속성

속성명	속성값	설명
background-image	url(이미지 경로)	배경 이미지를 삽입합니다.
background-repeat	repeat, repeat-x, repeat-y, no-repeat	배경 이미지를 반복합니다.
background-position	가로축, 세로축	배경 이미지의 위치를 지정합니다.
background-size	contain, cover	배경 이미지의 크기를 지정합니다.
background-attachment	fixed	배경 이미지가 움직이지 않게 고정합니다.

배경 이미지의 속성은 다른 CSS 속성에 비해 사용하기가 복잡합니다. 다음 예제에서 배경 이미지의 속성을 사용하는 방법을 자세히 알아보겠습니다.

Do it! 배경 이미지 삽입하기(HTML 파일)　　　　예제 파일: 03\03-5\background-image.html

```
(... 생략 ...)
<body>
  <section></section>
</body>
</html>
(... 생략 ...)
```

HTML 파일에는 배경 이미지를 넣을 <section> 태그를 만듭니다.

Do it! 배경 이미지 삽입하기(CSS 파일)　　　　예제 파일: 03\03-5\css\background-image.css

```
(... 생략 ...)
section {
  width: 200px;
  height: 200px;
  border: 1px solid #000;
  background-image: url(../img/pattern.png);
}
```

CSS 파일에는 section 요소의 너빗값과 높잇값을 각각 200px로 설정하고 검은색 테두리를
지정합니다. background-image 속성을 이용하여 pattern.png 이미지의 경로를 입력합니다.
이때 이미지 경로를 작성 중인 파일을 기준으로 상대 경로를 입력해야 합니다. 현재 코드를
작성하는 파일이 style.css이므로 이 폴더에서 상위 경로로 한 번 올라와야 img 폴더에 접근
할 수 있습니다. 따라서 이미지 파일의 경로는 ../img/pattern.png입니다.

결과 화면

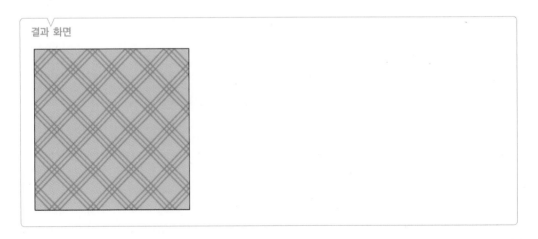

<section> 태그 영역에 지정한 배경 이미지가 제대로 나타납니다. 그런데 원래 pattern.png

이미지의 크기가 아니라 <section> 태그 영역에서 자동 반복되어 나타납니다. 그렇다면 배경 이미지를 반복하지 않고 나타내는 속성을 알아볼까요?

다음과 같이 section 요소의 마지막에 background-repeat 속성을 추가하고 속성값은 no-repeat으로 입력합니다. 결과 화면을 보면 배경 이미지가 반복되지 않고 하나만 나타납니다.

Do it! 배경 이미지 반복하지 않고 삽입하기(CSS 파일)　　예제 파일: 03\03-5\css\background-image.css

이미지를 가로축이나 세로축으로만 반복시키고 싶으면 repeat-x, repeat-y를 지정하면 됩니다. 이번에는 background-repeat 속성값을 다음과 같이 repeat-x로 수정해 보겠습니다. 결과 화면을 확인하면 가로축으로만 배경 이미지가 반복됩니다.

Do it! 배경 이미지를 가로축으로 반복하기(CSS 파일)　　예제 파일: 03\03-5\css\background-image.css

같은 방식으로 세로축으로 배경 이미지를 반복하려면 속성값을 repeat-y라고 수정합니다. 그러면 세로축으로만 배경 이미지가 반복되는 것을 확인할 수 있습니다.

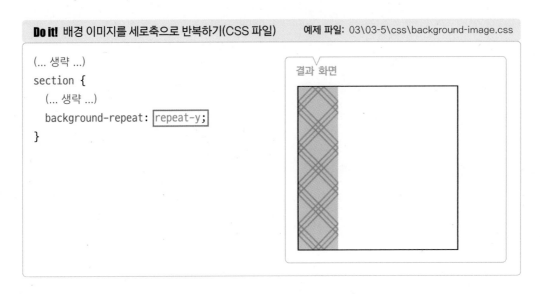

이번에는 배경 이미지의 위치를 지정해 보겠습니다. 마지막 행에 background-position 속성을 추가하는데 1번째 center는 가로축의 중앙을, 2번째 center는 세로축의 중앙을 나타냅니다. 결과 화면처럼 배경 이미지가 영역 태그의 정중앙에 위치합니다.

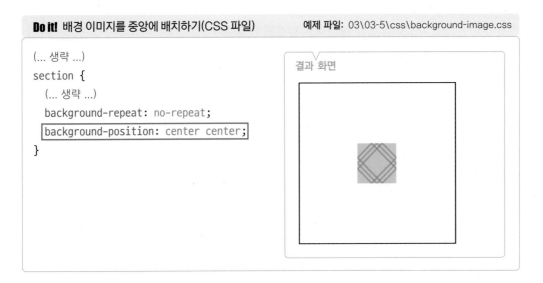

만약 배경 이미지를 오른쪽 아래에 배치하고 싶다면 background-position 속성값을 right bottom으로 변경하면 됩니다. 다음과 같이 속성값을 수정하고 결과를 확인하면 오른쪽 아래에 배경 이미지가 배치됩니다.

Do it! 배경 이미지를 오른쪽 아래에 배치하기(CSS 파일)　　예제 파일: 03\03-5\css\background-image.css

```
(... 생략 ...)
section {
  (... 생략 ...)
  background-repeat: no-repeat;
  background-position: right bottom;
}
```

이번에는 px 단위로 입력하여 배경 이미지의 위치를 설정해 보겠습니다. 다음과 같이 20px, 60px를 입력하면 결과 화면처럼 배경 이미지가 왼쪽으로 20px만큼 이동하고 세로로 60px만큼 이동합니다.

Do it! 배경 이미지를 px로 배치하기(CSS 파일)　　예제 파일: 03\03-5\css\background-image.css

```
(... 생략 ...)
section {
  (... 생략 ...)
  background-repeat: no-repeat;
  background-position: 20px 60px;
}
```

그렇다면 백분율로 배경 이미지 위치를 지정할 수 있을까요? 다음과 같이 가로축을 100%, 세로축을 50%로 지정하면 배경 이미지가 왼쪽 중앙에 배치됩니다.

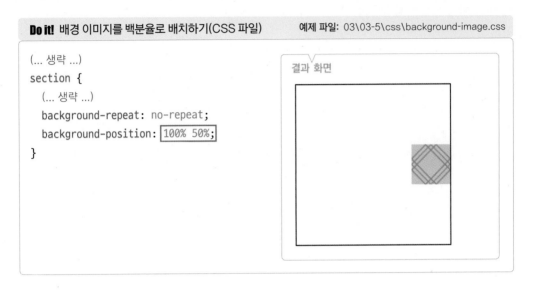

Do it! 배경 이미지를 백분율로 배치하기(CSS 파일) 예제 파일: 03\03-5\css\background-image.css

```
(... 생략 ...)
section {
  (... 생략 ...)
  background-repeat: no-repeat;
  background-position: 100% 50%;
}
```

결과 화면

배경 이미지 크기 조절하기

앞의 예제에서 section 요소의 배경 이미지를 rose.jpg로 바꾸고 크기를 조절해 보겠습니다.

Do it! 배경 이미지를 원본 비율로 채우기(CSS 파일) 예제 파일: 03\03-5\css\background-image.css

```
(... 생략 ...)
section {
  width: 300px;
  height: 200px;
  border: 1px solid #000;
  background-image: url(../img/rose.jpg);
  background-repeat: no-repeat;
  background-position: center center;
  background-size: contain;
}
```

위와 같이 section 요소의 너빗값을 300px로 지정하고 배경 이미지를 rose.jpg로 수정합니다. 마지막 행에 background-size의 속성값을 contain으로 입력합니다. 이 속성은 원래 이미지의 비율을 유지하면서 영역 안을 전체 이미지로 가득 채워서 보여 줍니다.

결과 화면

결과 화면처럼 section 영역의 왼쪽과 오른쪽에 여백은 생겼지만 배경 이미지가 잘리지 않았습니다. 하지만 실무에서는 배경 이미지가 조금 잘리더라도 영역을 가득 채워서 배치하는 다음 방식을 더 많이 사용합니다.

앞에서 추가한 background-size 속성값을 cover로 변경하고 결과를 확인해 보세요.

Do it! 배경 이미지를 여백 없이 채우기(CSS 파일)　　　예제 파일: 03\03-5\css\background-image.css

```css
(... 생략 ...)
section {
  width: 300px;
  height: 200px;
  border: 1px solid #000;
  background-image: url(../img/rose.jpg);
  background-repeat: no-repeat;
  background-position: center center;
  background-size: cover;
}
```

결과 화면

원래 이미지의 위쪽과 아래쪽이 조금 잘렸지만, 배경 이미지가 section 영역 전체에 배치되었습니다. 이 속성값은 실무에서 배경 이미지를 웹 페이지에 가득 채울 때 많이 쓰는 방법이므로 잘 기억해 두세요.

Do it! 실습 │ 두 배경 이미지를 웹 브라우저에 고정하기

1단계 HTML 파일 만들기

배경 이미지를 웹 브라우저에 고정하는 방법을 알아보겠습니다. 배경 이미지를 고정한다는 게 무슨 뜻인지 이 예제에서 자세히 살펴보겠습니다.

예제 파일: 03\03-5\backgroundfixinghtml

```
(... 생략 ...)
<body>
  <section>
    <article></article>
    <article></article>
  </section>
</body>
(... 생략 ...)
```

위와 같이 HTML 파일을 만들어 <section> 태그로 그룹을 만들고 <article> 태그를 2개 입력합니다.

2단계 CSS 파일 만들기

예제 파일: 03\03-5\css\backgroundfixing.css

```
(... 생략 ...)
section {
  width: 90vw;
  height: 90vh;
  margin: 4vh auto;
  border: 1px solid #000;
}
section article {
```

```
    width: 100%;
    height: 50%;
    background-repeat: no-repeat;
    background-position: center center;
  }
  section article:nth-of-type(1) {
    background-image: url(../img/car1.jpg);
  }
  section article:nth-of-type(2) {
    background-image: url(../img/car2.jpg);
  }
```

CSS 파일에서는 배경 이미지의 너빗값과 높잇값을 각각 90vw, 90vh로 지정합니다. 그리고 margin: 4vh auto로 입력하여 section 요소를 화면 가운데에 위치시키고 테두리를 설정합니다. 2개의 article 요소는 section 요소를 기준으로 높잇값을 절반 크기로 하고, 배경 속성은 background-repeat: no-repeat와 background-position: center center로 지정하여 배경 이미지를 정중앙에 배치합니다.

그림 3-16 배경 이미지를 가운데로 배치한 결과 화면

결과 화면처럼 배경 이미지가 각 article 영역의 안쪽 정중앙에 배치된 것을 확인할 수 있습니다.

3단계 CSS 파일 수정하기

배경 이미지를 고정하기 위해 article 요소 마지막 행에 background-attachment: fixed 속

성을 추가합니다. 이 속성을 사용하면 배경 이미지가 물리적으로 어떤 태그에 종속되어 있든 지 상관없이 무조건 웹 브라우저를 기준으로 고정됩니다.

다음과 같이 background-attachment 속성을 추가하고 결과를 확인해 보세요.

예제 파일: 03\03-5\css\backgroundfixing.css

```
(... 생략 ...)
section article {
  width: 100%;
  height: 50%;
  background-repeat: no-repeat;
  background-position: center center;
  background-attachment: fixed;
}
(... 생략 ...)
```

그림 3-17 배경 이미지를 겹치게 배치한 결과 화면

결과 화면처럼 배경 이미지는 물리적으로 각 <article> 태그 안에 종속되어 있어도 배경 이 미지의 위치 기준점이 웹 브라우저에 고정되어서 마치 두 배경 이미지가 겹친 듯한 효과를 나 타낼 수 있습니다.

03-6 웹 페이지의 레이아웃 구성하기

이번에는 블록 요소 태그를 이용하여 CSS로 웹 페이지의 레이아웃을 만드는 방법을 알아봅니다. 집의 공간을 거실, 주방, 서재 등으로 사용 목적에 맞게 나누듯이 웹 페이지도 시맨틱 태그와 여러 속성을 사용하여 레이아웃을 지정할 수 있습니다.

CSS 초기화하기

웹 페이지의 레이아웃을 나누기 전에 CSS 초기화를 해야 합니다. 모든 태그에는 고유의 여백과 폰트 크기 등이 기본 설정되어 있어서 원하는 값으로 세밀하게 조절하려면 불편한 점이 생깁니다. 따라서 태그의 여백이나 크기 등의 설정값을 미리 초기화하는 작업이 필요합니다.

우선 CSS를 초기화하지 않으면 어떤 문제점이 있는지 확인해 보겠습니다.

Do it! CSS 초기화하기(HTML 파일)　　　　　　**예제 파일:** 03\03-6\cssreset.html

```
(... 생략 ...)
<body>
  <article>
    <ul>
      <li>list</li>
      <li>list</li>
    </ul>
    <a href="#">link</a>
  </article>
</body>
(... 생략 ...)
```

위와 같이 \<article\> 태그 안에 \<ul\>과 \<a\> 태그를 입력합니다.

```
(... 생략 ...)
article {
  border: 1px solid red;
}
ul li {
  border: 1px solid blue;
}
```

CSS 파일에서는 article, ul, li 요소에 각각 빨간색과 파란색 테두리를 지정합니다.

결과 화면

- list
- list

link

결과 화면처럼 `<article>` 태그에는 기본 여백이 설정되어 있어서 안쪽 `<ul>` 태그 사이에 빈 공간이 생깁니다. 만약 이 상태에서 `<article>`과 `<ul>` 태그 사이의 안쪽 여백을 **10px**로 설정한다면 현재 태그 사이에 기본으로 지정된 여백값을 알 수 없으므로 수치를 정확하게 적용하기 어렵습니다. 또한 목록마다 맨 앞에 붙어 있는 기호와 링크에 밑줄이 그어져 있어서 특정 모양을 적용하기도 힘든 상태입니다.

그럼 이러한 CSS의 기본값을 초기화하는 속성을 추가해 보겠습니다.

```
(... 생략 ...)
* {
  margin: 0px;
  padding: 0px;
}
ul, ol {
  list-style: none;
}
a {
  text-decoration: none;
}
```

CSS 파일에서 전체 선택자 *를 이용해 태그를 모두 선택한 뒤 바깥쪽, 안쪽 여백을 0px로 초기화합니다. 그리고 ul, ol 요소를 선택해 list-style: none 속성을 적용하여 목록 앞의 ● 기호를 없앱니다. 마지막으로 a 요소를 선택해서 밑줄을 제거합니다.

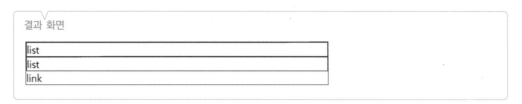

초기화하기 전의 결과 화면과 어떻게 바뀌었는지 비교해 봅시다. 모든 간격이 사라지고 목록 앞에 있던 ● 기호와 링크의 밑줄이 사라졌습니다. 이제는 모든 HTML 요소에 불필요하게 적용된 기본값을 모두 제거하여 사용자가 원하는 여백과 모양을 더 세밀하게 설정할 수 있습니다.

float — 블록 요소 좌우로 배치하기

float 속성을 알아보기 전에 앞에서 배운 블록 요소의 특징을 다시 살펴볼 필요가 있습니다. 블록 요소는 화면의 레이아웃을 배치할 때 사용하는데, 자동 줄 바꿈하는 특징 때문에 한 줄에 하나의 블록 요소만 넣을 수 있습니다. 그래서 2개 이상의 블록 요소를 한 줄에 배치하려면 float 속성을 사용해야 합니다. float를 사전에서 찾아보면 '물이나 공중에 뜨다'라는 의미가 담겨 있듯이 float 속성은 블록 요소를 강제로 띄워서 화면에 좌우로 배치합니다.

표 3-15 float 속성

속성명	속성값	설명
float	left	요소를 띄워서 왼쪽에 배치합니다.
	right	요소를 띄워서 오른쪽에 배치합니다.

다음 예제에서 float 속성을 자세히 살펴보겠습니다.

Do it! float 속성 사용하기(HTML 파일)　　　　　　　　예제 파일: 03\03-6\float.html

```
(... 생략 ...)
<body>
  <div class="wrap">
    <section class="left"></section>
    <section class="right"></section>
```

```
    </div>
  </body>
(... 생략 ...)
```

블록 요소 태그 3개를 만드는데, <div> 태그의 클래스명은 wrap으로 지정하여 프레임을 만듭니다. 그리고 <section> 태그 2개의 클래스명은 각각 left, right로 입력합니다.

Do it! 블록 요소 만들기(CSS 파일)　　　　　　　　　　　　예제 파일: 03\03-6\css\float.css

```
(... 생략 ...)
.wrap {
  width: 800px;
  margin: 100px auto;
  border: 5px solid black;
}
.wrap .left {
  width: 400px;
  height: 400px;
  background-color: pink;
}
.wrap .right {
  width: 400px;
  height: 400px;
  background-color: lightblue;
}
(... 생략 ...)
```

CSS 파일은 프레임인 .wrap의 너빗값을 800px로 지정하고 검은색 테두리를 설정하여 화면 가운데에 배치합니다. 자식인 .left와 .right의 너빗값과 높잇값은 각각 400px로, 색상은 pink와 lightblue로 지정해 주었습니다. 일반적으로 블록 요소 안에 자식 요소를 넣으면 부모의 블록 요소에는 높잇값을 지정하지 않습니다. 왜냐하면 부모 요소가 자식 요소의 높잇값을 자동으로 인지하여 감싸 주기 때문입니다.

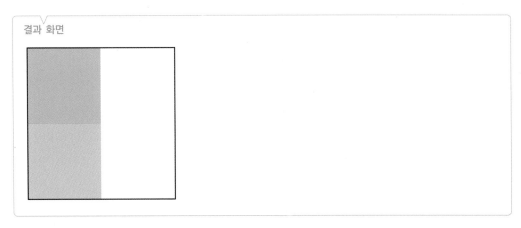

결과 화면을 보면 .wrap 안에 .left와 .right 요소가 나타납니다. .wrap에 높잇값을 따로 지정하지 않아도 자식 요소인 .left와 .right의 전체 높잇값만큼 자동으로 설정되었습니다.

그럼 이제부터 float를 이용해서 블록 요소들을 좌우로 띄워 보겠습니다.

Do it! float 속성 추가하기(CSS 파일)　　　　　　　　예제 파일: 03\03-6\css\float.css

```
(... 생략 ...)
.wrap .left {
  width: 400px;
  height: 400px;
  background-color: pink;
  float: left;
}
.wrap .right {
  width: 400px;
  height: 400px;
  background-color: lightblue;
  float: left;
}
(... 생략 ...)
```

좌우 요소인 .left와 .right에 각각 float: left를 추가합니다.

section 요소가 좌우로 배치되었지만 부모 요소인 .wrap이 자식 요소의 높잇값을 인식하지 못해 테두리를 제대로 감싸지 못했습니다. 이처럼 float 속성을 이용해서 블록 요소를 강제로 띄우면 부모 요소는 float 속성이 적용된 요소의 높잇값을 인식할 수 없습니다.

그렇다면 자식 요소에 float 속성이 적용되더라도 부모 요소가 자식 요소의 높잇값을 인식할 수 있도록 수정해 보겠습니다.

Do it! float 속성을 추가해서 블록 요소 띄우기(CSS 파일)   예제 파일: 03\03-6\css\float.css

```css
(... 생략 ...)
.wrap::after {
  content: '';
  display: block;
  clear: both;
}
```

위와 같이 .wrap에 가상 선택자 ::after를 생성하고 content는 빈 문자를 삽입한 뒤 block 속성으로 강제 변경합니다. 마지막으로 clear: both를 적용하면 부모 요소에 float의 영향을 해제해서 높잇값을 제대로 인식할 수 있습니다.

결과 화면

결과 화면처럼 부모 요소인 .wrap이 .left와 .right를 감싸서 테두리가 모두 나타난 것을 확인할 수 있습니다.

position — 요소를 자유롭게 배치하기

position 속성을 이용하면 여러 요소를 순서와 상관없이 화면에 가로세로 좌푯값을 직접 설정해서 자유롭게 배치할 수 있습니다. 앞에서 배운 float가 큰 영역의 덩어리를 좌우로 배치하는 역할을 한다면, position은 특정 영역 안에서 위치 조절을 더욱 자유롭게 할 수 있습니다.

표 3-16 position 속성

속성명	속성값	설명
position	relative	적용된 요소의 현재 위칫값을 기준으로 상대 위치를 지정합니다.
	absolute	부모 요소의 특정 구간을 기준으로 절대 위치를 지정합니다.
	fixed	웹 브라우저를 기준으로 절대 위치를 지정합니다.

위 표에서 정리한 3가지 속성값에 따라 요소의 위치가 어떻게 달라지는지 알아보겠습니다.

Do it! position 속성 사용하기(HTML 파일)　　　　예제 파일: 03\03-6\position-relative.html

```
(... 생략 ...)
  <section></section>
  <section></section>
</body>
(... 생략 ...)
```

HTML 파일에는 <section> 태그를 2개 생성합니다.

Do it! position의 relative 속성값 사용하기(CSS 파일)　　　　예제 파일: 03\03-6\css\position-relative.css

```
(... 생략 ...)
section {
  width: 600px;
  height: 200px;
}
section:nth-of-type(1) {
  background-color: pink;
}
```

```
section:nth-of-type(2) {
  background-color: lightblue;
  position: relative;
  top: -100px;
  left: 100px;
}
```

공통된 section 요소의 너빗값을 600px, 높잇값을 200px로 설정합니다. 그리고 2번째 section 요소만 position: relative로 설정하고 좌푯값을 입력합니다. 좌푯값은 가로축과 세로축을 설정해야 하는데 가로축은 left 또는 right, 세로축은 top 또는 bottom으로 지정할 수 있습니다. 이 값을 양수로 설정하면 해당 방향에서 바라보는 쪽으로 이동하고, 음수로 설정하면 반대 방향으로 이동합니다. 위와 같이 top을 -100px로, left를 100px로 설정합니다.

결과 화면

하늘색 박스는 position 속성을 relative로 지정했으므로 원래 위치에서 상대 좌푯값으로 이동합니다. top값은 -100px이므로 기존 위치에서 위로 100px만큼 이동하고, left값은 100px 이므로 왼쪽에서 오른쪽 방향으로 100px만큼 이동합니다.

여기서 잠깐!

relative에도 좌푯값을 넣어서 요소를 이동시킬 수 있나요?

relative 속성에도 좌푯값을 입력할 수 있지만 원래 위치한 값을 유지한 상태에서 상대적으로 이동한다는 점에 주의해야 합니다. 따라서 좌푯값을 바꿨을 때 눈으로는 움직이는 것처럼 보여도 기존 레이아웃에는 아무런 영향을 미치지 못합니다. 실무에서 relative 속성은 특정 요소의 위치를 배치하는 것보다 absolute 속성의 기준점을 설정하는 용도로 많이 사용합니다.

이번에는 absolute 속성값을 사용해서 특정 요소의 위치를 변경해 보겠습니다.

```
(... 생략 ...)
<body>
  <div class="wrap">
    <div class="left">
    </div>

    <div class="right">
      <p class="box"></p>
    </div>

    <div class="bottom">
    </div>
  </div>
</body>
(... 생략 ...)
```

HTML 파일에서는 <div> 태그로 .left, .right, .bottom을 생성하고 .wrap으로 감쌉니다. 그리고 .right 안에는 <p> 태그인 box를 생성합니다.

```
(... 생략 ...)
.wrap {
  width: 800px;
  border: 5px solid black;
  margin: 50px auto;
}
.wrap::after {
  content: '';
  display: block;
  clear: both;
}
.wrap .left {
  width: 400px;
  height: 400px;
  background-color: lightgreen;
  float: left;
}
```

```
.wrap .right {
  width: 400px;
  height: 400px;
  background-color: lightblue;
  float: left;
}
.wrap .right .box {
  width: 100px;
  height: 100px;
  background-color: red;
}
.wrap .bottom {
  width: 800px;
  height: 100px;
  background-color: pink;
  float: left;
}
```

CSS 파일에는 float 속성을 사용해서 .wrap 요소 안에 .left, .right, .bottom 요소를 좌우로 배치하고 .wrap::after 가상 선택자로 float의 영향을 해제합니다. 이때 주의할 점은 .bottom 요소는 좌우로 배치되지는 않지만 float가 해제된 부모 요소 안에 float되는 요소가 하나라도 있다면 형제 요소들은 모두 float를 설정해야 부모 요소가 해당 자식 요소의 전체 높잇값을 제대로 인식할 수 있습니다. 어차피 .bottom에 float: left를 설정하더라도 옆으로 공간이 없기 때문에 자연스럽게 아래쪽에 배치됩니다. .bottom에 float를 적용하지 않으면 어떤 결과가 나타나는지 직접 테스트해 보기 바랍니다.

마지막으로 .right 안쪽의 p.box 크기를 지정하고 배경색은 red로 입력합니다.

결과 화면

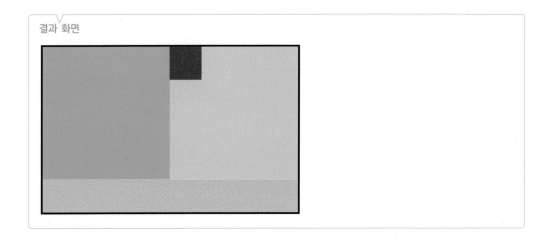

결과 화면처럼 연두색, 하늘색, 분홍색 박스의 영역이 float로 배치되고 .right 영역 안에는 빨간색 .box가 생성되었습니다.

그런데 .right 영역 안의 빨간색 박스를 오른쪽에서 20px만큼, 아래쪽에서 30px만큼 이동시켜야 할 경우 padding과 margin으로 설정하려면 매우 불편합니다. 이때 absolute 속성을 사용하면 아주 쉽게 특정 영역 안에서 원하는 위치로 설정할 수 있습니다. 다음과 같이 .box에 CSS를 추가해 보겠습니다.

Do it! position의 absolute 속성값 사용하기(CSS 파일) 2

예제 파일: 03\03-6\css\position-absolute.css

```
(... 생략 ...)
.wrap .right .box {
  width: 100px;
  height: 100px;
  background-color: red;
  position: absolute;
  right: 20px;
  bottom: 30px;
}
(... 생략 ...)
```

position: absolute를 입력한 후 right값은 20px로, bottom값은 30px로 지정했습니다. 이제 우리가 예상하는 결과 화면이 제대로 출력되는지 확인해 보겠습니다.

결과 화면

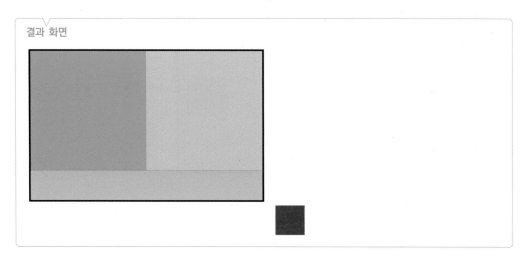

빨간색 박스가 .right 영역을 벗어나 브라우저의 오른쪽 아래로 배치되었습니다. 기본적으로 HTML 요소에 absolute를 적용하면 해당 요소는 화면에서 강제로 나와서 설정한 좌푯값

으로 배치됩니다. 여기에서 중요한 점은 좌푯값의 기준점이 바로 부모 요소 중 position을 적용한 요소로 설정된다는 것입니다. 현재 .box를 기준으로 부모 태그에 position 속성을 적용한 요소가 없기 때문에 최상위 태그인 <body>를 기준으로 요소를 오른쪽으로 20px, 아래쪽으로 30px 이동해서 배치됩니다.

그럼 이번에는 .box가 .right 영역을 기준으로 좌푯값이 설정되도록 position: relative를 추가합니다. 다음과 같이 .right에 position: relative를 입력합니다.

Do it! position의 absolute 속성값 사용하기(CSS 파일) 3

예제 파일: 03\03-6\css\position-absolute.css

```
(... 생략 ...)
.wrap .right {
  width: 400px;
  height: 400px;
  background-color: lightblue;
  float: left;
  position: relative;
}
(... 생략 ...)
```

결과 화면

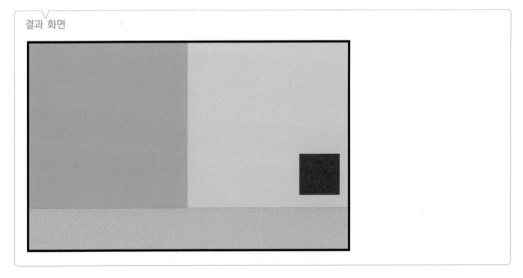

.box가 부모 요소인 .right를 기준으로 좌푯값이 설정되었습니다. 이처럼 position: relative는 자식 요소의 좌푯값 기준을 설정할 때 주로 쓰입니다.

마지막으로 position: fixed 속성을 알아보겠습니다. fixed는 무조건 웹 브라우저를 기준으로 좌푯값이 고정됩니다. 다음 예제를 살펴보겠습니다.

Do it! position의 fixed 속성값 사용하기(HTML 파일) 예제 파일: 03\03-6\position-fixed.html

```
(... 생략 ...)
<body>
  <section>
    <article></article>
  </section>

  <section>
  </section>

  <section>
  </section>
</body>
(... 생략 ...)
```

HTML 파일은 <section> 태그 3개를 작성하고, 1번째 <section> 태그 안에는 자식 요소로 <article> 태그를 만듭니다.

Do it! position의 fixed 속성값 사용하기(CSS 파일) 예제 파일: 03\03-6\css\position-fixed.css

```
(... 생략 ...)
section {
  width: 100%;
  height: 100vh;
}
section article {
  width: 200px;
  height: 200px;
  background-color: #000;
  position: fixed;
  bottom: 50px;
  right: 50px;
}
section:nth-of-type(1) {
  background-color: orange;
}
section:nth-of-type(2) {
  background-color: lightblue;
}
```

```
section:nth-of-type(3) {
  background-color: pink;
}
```

CSS에서는 공통의 section 요소를 width: 100%; height: 100vh로 지정하여 각 section의 크기를 웹 브라우저 전체 크기와 똑같이 입력합니다. 1번째 자식 요소인 article의 크기와 색상을 지정하고 position: fixed; bottom: 50px; right: 50px을 추가합니다.

결과 화면

결과 화면처럼 웹 브라우저를 스크롤하면 article 요소는 1번째 section 요소의 자식으로 종속되어 있지만 fixed의 좌푯값이 무조건 브라우저를 기준으로 설정되기 때문에 bottom은 50px, right는 50px 위치에 고정되었습니다.

object-fit — 콘텐츠를 특정 영역에 채우기

object-fit 속성을 사용하면 부모 요소 영역에서 자식 요소로 지정한 이미지, 동영상 같은 콘텐츠의 비율을 설정할 수 있습니다.

표 3-17 object-fit 속성

속성명	속성값	설명
object-fit	fill	요소의 비율을 무시하고 가득 채웁니다.
	cover	요소의 비율을 유지하면서 여백 없이 가득 채웁니다.
	contain	요소의 비율을 유지하면서 콘텐츠가 잘리지 않게 가득 채웁니다.

```
(... 생략 ...)
<body>
  <div class="box1">
    <img src="img/car1.jpg" alt="자동차">
  </div>

  <div class="box2">
    <img src="img/car1.jpg" alt="자동차">
  </div>

  <div class="box3">
    <img src="img/car1.jpg" alt="자동차">
  </div>
</body>
(... 생략 ...)
```

HTML 파일에서 **\<div\>** 태그를 3개 생성하고 클래스명을 입력한 뒤, 자식 요소인 **\<img\>** 태그로 이미지를 삽입합니다.

```
(... 생략 ...)
div {
  width: 400px;
  height: 400px;
  border: 1px solid #000;
  float: left;
  margin: 50px;
}
div img {
  width: 100%;
  height: 100%;
}
.box1 img {
  object-fit: fill;
}
.box2 img {
  object-fit: cover;
}
```

```
.box3 img {
  object-fit: contain;
}
(... 생략 ...)
```

CSS 파일에서 div 요소는 정사각형으로 지정하고 img 요소는 너비와 높이를 각각 **100%**로 설정합니다. 그리고 클래스명을 이용해 이미지의 `object-fit` 속성값을 각각 `fill`, `cover`, `contain`으로 적용합니다.

> 결과 화면
>
>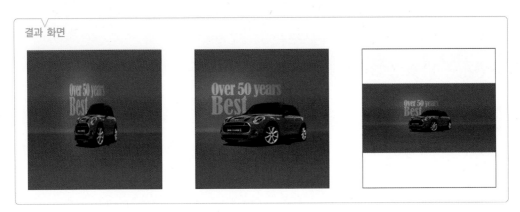

`object-fit` 속성값을 `fill`로 지정한 1번째 이미지는 원래 비율을 무시하고 영역을 채웠지만, `cover`로 지정한 2번째 이미지는 원래 비율을 유지하면서 좌우가 잘린 채 영역을 채웁니다. 마지막으로 `contain`으로 지정한 이미지는 원래 비율을 유지하면서 잘리지 않고 위아래에 여백이 생겼습니다.

z-index — 겹쳐 있는 요소의 z축 순서 지정하기

z-index를 이용하면 겹친 요소의 z축 순서를 강제로 지정해 줄 수 있습니다.

표 3-18 z-index 속성

속성명	속성값	설명
z-index	순섯값	요소에 z축의 순서를 지정합니다. 값이 큰 요소가 위로 올라갑니다.

```
(... 생략 ...)
<body>
  <div class="wrap">
    <div class="left"></div>
    <div class="right"></div>
  </div>
</body>
(... 생략 ...)
```

위와 같이 부모 프레임을 만들고 자식으로 `<div>` 태그를 2개 생성해 줍니다.

```
(... 생략 ...)
.wrap {
  width: 400px;
  height: 400px;
  border: 1px solid #000;
  margin: 100px auto;
  position: relative;
}
.wrap .left {
  width: 200px;
  height: 200px;
  background-color: blue;
  position: absolute;
  top: 50px;
  left: 50px;
}
.wrap .right {
  width: 200px;
  height: 200px;
  background-color: red;
  position: absolute;
}
```

결과 화면

CSS 파일에서는 부모 요소인 **.wrap**에 크기를 지정하고 **relative**를 설정하여 자식 absolute 요소의 기준을 잡습니다. 자식 div 요소 2개에 **absolute**를 설정하고 서로 겹치도록 값을 지정 합니다.

결과 화면처럼 absolute를 이용하면 기본적으로 먼저 작성한 파란색 박스가 아래쪽에 깔리고 나중에 작성한 빨간색 박스가 위로 올라갑니다.

이번에는 z-index 속성을 추가하여 앞에서 작성한 .left 요소를 강제로 위로 올려 보겠습니다.

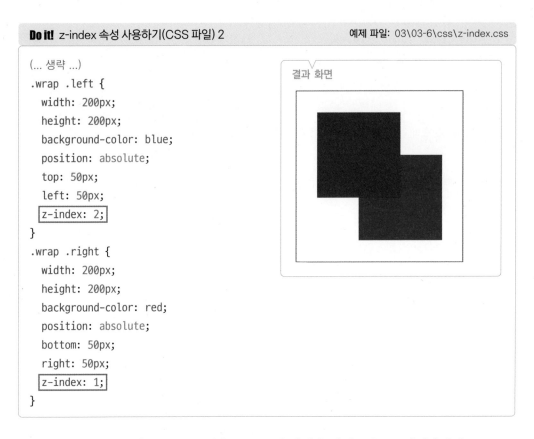

Do it! z-index 속성 사용하기(CSS 파일) 2   예제 파일: 03\03-6\css\z-index.css

```
(... 생략 ...)
.wrap .left {
  width: 200px;
  height: 200px;
  background-color: blue;
  position: absolute;
  top: 50px;
  left: 50px;
  z-index: 2;
}
.wrap .right {
  width: 200px;
  height: 200px;
  background-color: red;
  position: absolute;
  bottom: 50px;
  right: 50px;
  z-index: 1;
}
```

결과 화면

위와 같이 .left 요소와 .right 요소의 z-index 속성값을 각각 2와 1로 설정합니다. z-index 속성은 작성 순서와 상관없이 값이 큰 요소를 무조건 위로 올립니다.
결과 화면을 보면 .left의 z-index값이 더 크기 때문에 파란색 박스가 빨간색 박스 위로 올라온 것을 확인할 수 있습니다.

opacity — 요소의 투명도 설정하기

특정 요소에 opacity 속성을 사용하면 투명에서 불투명까지 단계별로 투명도를 지정할 수 있습니다.

표 3-19 opacity 속성

속성명	속성값	설명
opacity	0~1	요소의 투명도를 지정합니다.

Do it! opacity 속성 사용하기(HTML 파일)　　　　　예제 파일: 03\03-6\opacity.html

```
(... 생략 ...)
<body>
  <div class="wrap">
    <div class="left"></div>
    <div class="right"></div>
  </div>
</body>
(... 생략 ...)
```

위와 같이 **wrap** 안에 **<div>** 태그를 2개 만듭니다.

Do it! opacity 속성 사용하기(CSS 파일)　　　　　예제 파일: 03\03-6\css\opacity.css

```
(... 생략 ...)
.wrap {
  width: 400px;
  height: 400px;
  border: 1px solid #000;
  margin: 100px auto;
  position: relative;
}
.wrap .left {
  width: 200px;
  height: 200px;
  background-color: blue;
  position: absolute;
  top: 50px;
  left: 50px;
}
.wrap .right {
  width: 200px;
  height: 200px;
  background-color: red;
```

> 결과 화면

```
    position: absolute;
    bottom: 50px;
    right: 50px;
    opacity: 0.5;
}
```

div 요소 2개가 겹치도록 absolute를 지정해 줍니다. 이때 .right 요소에는 opacity값을 0.5
로 설정합니다. 0은 완전 투명, 1은 완전 불투명을 의미하므로 0.5는 반투명한 상태입니다.

결과 화면을 보면 .right 요소에 opacity를 0.5로 지정했으므로 겹친 부분에 반투명한 상태
가 적용됩니다.

03-7 다양한 그래픽 효과 적용하기

CSS의 그래픽 효과를 요소에 적용하는 방법을 알아보겠습니다. 예전에는 웹 페이지에 디자인 효과를 적용하려면 포토샵이나 일러스트레이터 등의 그래픽 프로그램을 사용해야 했지만, 이제는 CSS만으로도 그래픽 효과를 넣고 인터랙티브한 콘텐츠를 바로 만들 수 있습니다.

box-shadow, text-shadow — 요소의 그림자 만들기

box-shadow와 text-shadow 속성을 사용하면 블록 요소와 텍스트에 그림자 효과를 적용할 수 있습니다.

표 3-20 box-shadow와 text-shadow 속성

속성명	속성값	설명
box-shadow	가로축 / 세로축 / 퍼짐 정도 / 색상	블록 요소의 그림자를 만듭니다.
text-shadow	가로축 / 세로축 / 퍼짐 정도 / 색상	텍스트의 그림자를 만듭니다.

다음 예제에서 블록 요소의 그림자 효과를 넣는 방법을 익혀 보겠습니다.

Do it! 블록 요소의 그림자 만들기(HTML 파일)　　　　　예제 파일: 03\03-7\box-shadow.html

```
(... 생략 ...)
<body>
  <div class="box1"></div>
  <div class="box2"></div>
</body>
(... 생략 ...)
```

HTML 파일에는 <div> 태그를 2개 만들고 각각 .box1, .box2 클래스명을 적용합니다.

```
(... 생략 ...)
.box1 {
  width: 300px;
  height: 300px;
  background: blue;
  margin: 100px;
  float: left;
  box-shadow: 10px 10px 30px black;
}
.box2 {
  width: 300px;
  height: 300px;
  background: red;
  margin: 100px;
  float: left;
  box-shadow: -20px -20px 0px pink;
}
```

CSS 파일에서는 각 박스의 크기를 지정하고 좌우로 배치한 뒤 위와 같이 box-shadow값을 설정합니다. box-shadow의 1번째와 2번째 속성값은 각각 그림자의 가로축과 세로축을 나타내는데, box1 요소에 10px,10px을 설정하여 그림자가 오른쪽과 아래쪽으로 각각 10px만큼 이동하게 합니다. 그리고 3번째와 4번째 속성값은 그림자의 퍼짐 정도와 그림자 색상을 나타내는데, box1 요소에 30px을 설정하여 검은색 그림자가 그 크기만큼 은은하게 퍼지게 합니다.

box2 요소는 그림자의 방향을 마이너스로 설정해서 반대 방향인 왼쪽 위로 움직이게 하고 퍼짐 정도를 0으로 설정해서 퍼지지 않는 형태의 분홍색 그림자가 되도록 합니다.

결과 화면

결과 화면과 같이 box-shadow의 속성값에 따라 다양한 그림자를 만들 수 있습니다.

이번에는 **text-shadow** 속성을 이용하여 텍스트 그림자를 설정해 보겠습니다.

Do it! 텍스트의 그림자 만들기(HTML 파일)　　　　　　예제 파일: 03\03-7\text-shadow.html

```
(... 생략 ...)
<body>
  <p>HELLO WORLD!!</p>
</body>
(... 생략 ...)
```

위와 같이 `<p>` 태그 안에 텍스트를 입력합니다.

Do it! 텍스트의 그림자 만들기(CSS 파일)　　　　　　예제 파일: 03\03-7\css\text-shadow.css

```
(... 생략 ...)
p {
  font-weight: bold;
  font-size: 100px;
  font-family: "arial";
  color: #111;
  margin: 100px;
  text-shadow: 30px 30px 10px #aaa;
}
```

CSS 파일에서 폰트의 크기와 모양을 지정하고 text-shadow 속성값을 설정합니다. 입력값은 box-shadow 속성값과 같으니 앞의 예제를 참고하여 설정해 보세요.

결과 화면

HELLO WORLD!!

결과 화면과 같이 텍스트에 회색 그림자가 생성되었습니다.

border-radius — 모서리를 둥글게 만들기

요소에 **border-radius** 속성을 사용하면 모서리를 둥글게 설정할 수 있으며 다양한 효과도 추가로 적용할 수 있습니다.

표 3-21 border-radius 속성

속성명	속성값	설명
border-radius	px, %	모서리를 속성값만큼 둥글게 만듭니다.

다음 예제에서 **border-radius** 속성을 사용하는 방법을 알아보겠습니다.

Do it! 모서리를 둥글게 만들기(HTML 파일)　　　예제 파일: 03\03-7\border-radius.html

```
(... 생략 ...)
<body>
  <div class="box1"></div>
  <div class="box2"></div>
</body>
(... 생략 ...)
```

위와 같이 **<div>** 태그를 2개 생성하고 클래스를 지정해 줍니다.

Do it! 모서리를 둥글게 만들기(CSS 파일)　　　예제 파일: 03\03-7\css\border-radius.css

```
(... 생략 ...)
.box1 {
  width: 200px;
  height: 200px;
  background-color: blue;
  margin: 100px;
  float: left;
  border-radius: 30px;
}
.box2 {
  width: 200px;
  height: 200px;
  background-color: red;
  margin: 100px;
```

```
    float: left;
    border-radius: 50%;
  }
```

CSS 파일에는 박스 2개의 크기를 똑같이 설정한 뒤 배경색을 각각 파란색과 빨간색으로 지정해 주었습니다. 그리고 `border-radius`를 설정하는데 1번째 박스에는 30px로, 2번째 박스에는 50%로 입력해 줍니다.

결과 화면처럼 파란색 박스는 모서리를 **30px** 크기만큼 둥글게 만들었고, 빨간색 박스는 전체 테두리 크기의 절반인 **50%**를 둥글게 만들었으므로 원 모양이 되었습니다.

linear-gradient, radial-gradient — 그레이디언트 적용하기

태그 영역에 배경색을 지정할 때 `background-color`처럼 단색을 사용할 수도 있지만, 지금부터 배울 gradient 속성을 이용하면 한쪽은 짙게 하고 다른 쪽으로 갈수록 차츰 엷어지는 그레이디언트로 지정할 수 있습니다. 그레이디언트의 모양은 직선 또는 타원으로 지정합니다.

표 3-22 그레이디언트 속성

속성명	속성값	설명
gradient	linear-gradient(방향, 색상1, 색상2)	직선 모양의 그레이디언트를 적용합니다.
	radial-gradient(색상1, 색상2)	타원 모양의 그레이디언트를 적용합니다.

다음 예제에서 직선 모양의 그레이디언트를 적용해 보겠습니다.

```
(... 생략 ...)
<body>
  <div></div>
  <div></div>
  <div></div>
  <div></div>
  <div></div>
</body>
(... 생략 ...)
```

HTML 파일에서는 **\<div\>** 태그를 5개 생성합니다.

```
(... 생략 ...)
div {
  width: 200px;
  height: 200px;
  float: left;
  margin: 50px;
}
div:nth-of-type(1) {
  background: linear-gradient(to bottom, blue, red); /* 아래쪽 방향으로 */
}
div:nth-of-type(2) {
  background: linear-gradient(to top, blue, red);    /* 위쪽 방향으로 */
}
div:nth-of-type(3) {
  background: linear-gradient(to right, blue, red);  /* 오른쪽 방향으로 */
}
div:nth-of-type(4) {
  background: linear-gradient(to left, blue, red);   /* 왼쪽 방향으로 */
}
div:nth-of-type(5) {
  background: linear-gradient(45deg, blue, red);     /* 45도 방향 */
}
```

CSS 파일에는 **\<div\>**의 너빗값과 높잇값을 지정한 뒤 모두 한 줄로 배치합니다. nth-of-type

을 이용해서 blue와 red 그레이디언트를 적용해 줍니다. 이때 그레이디언트를 적용할 방향을
다르게 지정합니다.

결과 화면

1번째 박스의 그레이디언트 방향은 to bottom으로 지정했으므로 위에서 아래로 적용되었습니
다. 같은 방법으로 2~4번째 박스도 그레이디언트의 방향을 각각 다르게 지정했습니다. 마
지막 5번째 박스의 방향은 각도를 45deg로 지정하여 45° 사선인 그레이디언트가 생성되었습
니다. 이번 예제에서는 색상을 2개만 사용해서 그레이디언트를 적용했지만 여러 개 사용할
수도 있습니다.

filter — 특수 효과 사용하기

filter 속성을 이용하면 포토샵에서 이미지를 리터칭한 듯한 효과를 낼 수 있습니다. filter
속성은 지금까지 배운 CSS와는 다르게 웹 페이지를 제작할 때 꼭 필요한 기능은 아니지만 알
아 두면 더 다양한 인터랙티브 기능을 적용할 수 있습니다.

표 3-23 filter 속성

속성명	속성값	설명
filter	blur	요소의 흐림 효과를 조절합니다.
	brightness	요소의 밝기를 조절합니다.
	contrast	요소의 명도 대비를 조절합니다.
	grayscale	요소의 흑백을 지정합니다.
	hue-rotate	요소의 색상 단계를 조절합니다.
	invert	요소의 색상 반전 단계를 조절합니다.
	saturate	요소의 채도를 조절합니다.
	sepia	요소의 갈색 톤 단계를 조절합니다.

다음 예제에서 filter 속성의 사용 방법을 알아보겠습니다.

```
(... 생략 ...)
<body>
  <div>
    <img src="img/rose.jpg" alt="장미">
    <img src="img/rose.jpg" alt="장미">
    <img src="img/rose.jpg" alt="장미">
    <img src="img/rose.jpg" alt="장미">
    <img src="img/rose.jpg" alt="장미">
    <img src="img/rose.jpg" alt="장미">
    <img src="img/rose.jpg" alt="장미">
    <img src="img/rose.jpg" alt="장미">
    <img src="img/rose.jpg" alt="장미">
  </div>
</body>
(... 생략 ...)
```

HTML 파일에서 `<div>` 태그로 프레임을 만들고 `filter` 속성을 설정할 `<img>` 태그를 9개 생성합니다.

```
(... 생략 ...)
div {
  width: 650px; margin: 100px auto;
  border: 1px solid #ccc;
  padding: 10px;
}
div img {
  width: 200px;   margin:6px;
}
/* 값이 커질수록 blur 효과가 커짐 */
div img:nth-of-type(2) {
  filter: blur(3px);
}

/* 1보다 작아지면 어두워지고 커지면 밝아짐 */
div img:nth-of-type(3) {
```

```
      filter: brightness(0.5);
}


/* 100%에서 작아지면 명암 대비 효과 감소, 커지면 증가 */
div img:nth-of-type(4) {
    filter: contrast(150%);
}


/* 100%에 가까울수록 흑백으로 전환 */
div img:nth-of-type(5) {
    filter: grayscale(100%);
}


/* 0deg는 원래 이미지 색상. 0~360deg까지 색상 변경 가능 */
div img:nth-of-type(6) {
    filter: hue-rotate(180deg);
}


/* 100%에 가까울수록 색이 반대로 변환됨 */
div img:nth-of-type(7) {
    filter: invert(100%);
}


/* 0에 가까울수록 채도가 낮아짐 */
div img:nth-of-type(8) {
    filter: saturate(0.5);
}


/* 100%에 가까울수록 갈색 톤으로 변경됨 */
div img:nth-of-type(9) {
    filter: sepia(100%);
}
```

CSS 파일에서는 div 요소의 모양을 잡아 주고 img의 크기를 공통으로 지정합니다. filter 속성을 사용하기 전의 원본 이미지와 비교해 보기 위해 2번째 이미지부터 8개의 filter 효과를 각각 적용해 보겠습니다.

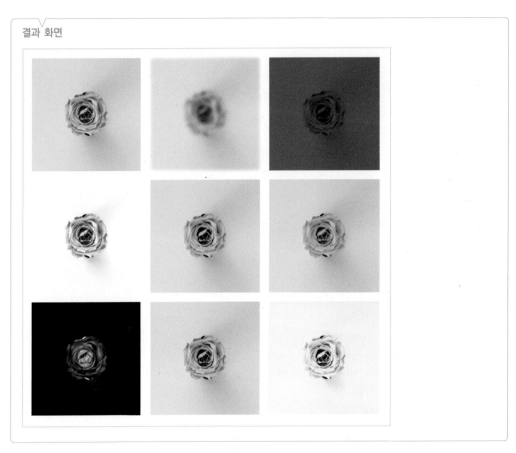

결과 화면에서 1번째 원본 이미지와 filter 효과를 적용한 나머지 8개 이미지를 비교하면서 살펴보세요.

04장

인터랙티브 웹을 위한 CSS 다루기

02, 03장에서는 간단한 웹 문서를 만들고 스타일링하는 방법을 배웠습니다. 이 정도만 알아도 웹 페이지를 충분히 만들 수 있지만 더 많은 사용자에게 매력적으로 보이려면 CSS3의 인터랙티브 모션 기능을 적용하는 것이 좋습니다. 이제부터는 CSS3를 이용하여 사용자 행동에 따라 반응하는 인터랙티브 웹 콘텐츠를 어떻게 만드는지 알아보겠습니다.

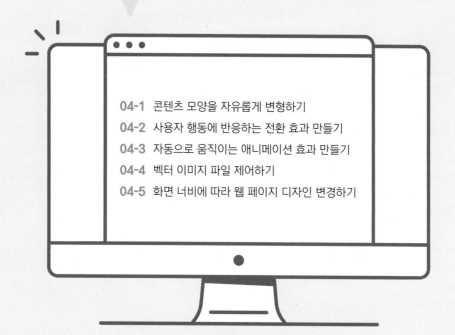

04-1 콘텐츠 모양을 자유롭게 변형하기

04-2 사용자 행동에 반응하는 전환 효과 만들기

04-3 자동으로 움직이는 애니메이션 효과 만들기

04-4 벡터 이미지 파일 제어하기

04-5 화면 너비에 따라 웹 페이지 디자인 변경하기

04-1 콘텐츠 모양을 자유롭게 변형하기

CSS3의 transform 속성을 이용하면 HTML 요소를 다양하게 변형한 효과를 적용할 수 있습니다. 다음은 transform 속성을 정리한 표입니다.

표 4-1 transform 속성

속성명	속성값	설명
transform (2D)	scale	선택한 요소의 크기를 확대·축소합니다. 현재 크기의 비율을 기준으로 1보다 크면 확대하고, 1보다 작으면 축소합니다.
	skew	선택한 요소를 x축 또는 y축으로 비틀어서 변형합니다. 원하는 각도를 지정하여 기울기를 조절할 수 있습니다.
	translate	선택한 요소를 현재 위치 기준에서 x축 또는 y축으로 이동할 수 있습니다.
	rotate	선택한 요소를 회전시킵니다. 원하는 각도를 지정하여 회전할 수 있습니다.
transform (3D)	rotateX, rotateY	선택한 요소를 x축 또는 y축으로 입체감 있게 회전합니다.
	translateZ	선택한 요소를 z축으로 입체감 있게 보이면서 이동시킵니다.
perspective	px	3D 효과가 적용된 요소가 입체감 있게 보이도록 부모 요소에 perspective 속성을 적용하여 원근감을 부여합니다.
transform-style	preserve-3d	3D 효과가 적용된 요소에 모션 처리를 하면 해당 3D 효과가 풀리는데, 이때 부모 요소에 preserve-3d 속성을 적용하여 3D 효과를 유지시킬 수 있습니다.
transform-origin	가로축, 세로축	요소의 변형이 일어나는 중심축을 가로축, 세로축 기준으로 변경할 수 있습니다.

다음 예제에서 HTML 요소를 어떻게 변형할 수 있는지 확인해 보겠습니다.

Do it! 2D 변형 속성 사용하기(HTML 파일)　　　　　예제 파일: 04\04-1\transform2d.html

```
(... 생략 ...)
<body>
  <section>
    <article></article>
  </section>
  <section>
    <article></article>
```

```
    </section>
    <section>
      <article></article>
    </section>
    <section>
      <article></article>
    </section>
  </body>
(... 생략 ...)
```

위 코드와 같이 <section> 태그를 4개 생성하고 자식 태그로 <article>을 각각 추가합니다.

Do it! 2D 변형 속성 사용하기(CSS 파일)   예제 파일: 04\04-1\css\transform2d.css

```
(... 생략 ...)
section {
  width: 200px;
  height: 200px;
  border: 1px solid #000;
  float: left;
  margin: 50px;
}
section article {
  width: 100%;
  height: 100%;
  background: blue;
  opacity: 0.3;    /* 배경색의 불투명도 지정 */
}
section:nth-of-type(1) article {
  transform: scale(1.3);         /* 요소를 1.3배 확대 */
}
section:nth-of-type(2) article {
  transform: skewX(20deg);       /* 요소를 20도만큼 비틈 */
}
section:nth-of-type(3) article {
  transform: translateY(50px);    /* 요소를 50px만큼 오른쪽으로 이동 */
}
section:nth-of-type(4) article {
transform: rotate(45deg);        /* 요소를 45도만큼 회전 */
}
```

section 요소의 크기와 테두리를 검은색으로 지정하고 float 속성을 사용해 좌우로 배치합니다. 이때 section 요소는 변형하기 전의 모양을 확인하기 위해 만들었고, 그 안에 있는 article 요소에 transform 속성을 적용하여 변형된 결과를 비교해 보겠습니다.

article 요소의 크기는 부모인 section과 같게 100%로 지정합니다. 그리고 section의 테두리를 보면서 변형된 정도를 확인하기 위해 전체 article 요소의 opacity 속성을 0.3으로 지정합니다. 마지막으로 article 요소를 차례대로 선택하여 scale, skew, translate, rotate 속성을 적용합니다.

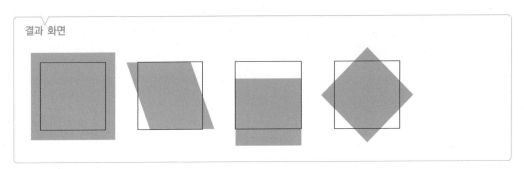

결과 화면

결과 화면처럼 1번째 article 요소는 원래 모양보다 1.3배 확대되고, 2번째 article 요소는 20° 기울어집니다. 만약 각도를 음숫값으로 지정하면 반대 방향으로 기웁니다. 3번째 요소는 아래쪽으로 50px 이동했는데 마찬가지로 음숫값이면 반대 방향인 위쪽으로 이동합니다. 마지막 요소는 시계 방향으로 45° 회전했는데 음숫값으로 지정하면 시계 반대 방향으로 회전합니다.

이번에는 transform 속성을 이용하여 요소를 입체감 나도록 변형하겠습니다.

Do it! 3D 변형 속성 사용하기(HTML 파일)　　　　예제 파일: 04\04-1\transform3d1.html

```
(... 생략 ...)
<body>
  <section>
    <article></article>
  </section>
  <section>
    <article></article>
  </section>
  <section>
    <article></article>
```

```
  </section>
  <section>
    <article></article>
  </section>
</body>
(... 생략 ...)
```

이전 예제와 마찬가지로 HTML 파일에 <section> 태그를 4개 만들고 자식 태그인 <article>
을 각각 추가합니다.

Do it! 3D 변형 속성 사용하기(CSS 파일)　　　　　　예제 파일: 04\04-1\css\transform3d1.css

```
(... 생략 ...)
section {
  width: 200px;
  height: 200px;
  border: 1px solid #000;
  float: left;
  margin: 50px;
  perspective: 400px; /* 원근감을 지정 */
}
section article {
  width: 100%;
  height: 100%;
  background: blue;
  opacity: 0.3;
}
section:nth-of-type(1) article {
  transform: rotateX(45deg);      /* x축으로 45도 회전 */
}
section:nth-of-type(2) article {
  transform: rotateY(45deg);      /* y축으로 45도 회전 */
}
section:nth-of-type(3) article {
  transform: translateZ(100px);  /* z축으로 100px만큼 이동 */
}
section:nth-of-type(4) article {
  transform: translateZ(-100px); /* z축으로 -100px만큼 이동 */
}
(... 생략 ...)
```

변형이 일어나기 전의 모양을 확인하기 위해 section에 테두리를 지정하고, 자식인 article 요소는 부모의 크기를 그대로 적용하고 투명도를 0.3으로 설정합니다. 1번째 article 요소는 x축으로 45° 회전하고, 2번째 article 요소는 y축으로 45° 회전합니다. 그리고 3번째와 4번째 요소는 translateZ의 속성값을 각각 100px과 -100px로 지정합니다. 이때 부모 요소인 section에 perspective 속성을 추가하여 원근감을 지정합니다. perspective 속성값이 작을수록 3D 요소의 왜곡이 심하게 나타나고, 값이 클수록 완만해집니다.

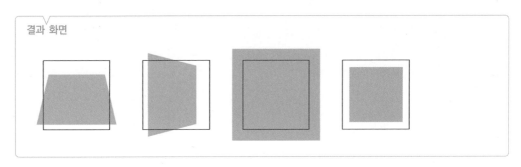

결과 화면

결과 화면처럼 요소가 입체감 있게 회전하면서 이동한 것을 확인할 수 있습니다. transform과 perspective의 속성값을 조금씩 변경하면서 요소가 어떻게 변하는지 확인해 보세요.

여기서 잠깐!

transform의 3D 속성 외에 perspective는 왜 적용할까요?

이론으로는 transform의 3D 속성을 적용하면 perspective 속성값을 추가하지 않아도 입체 효과가 나타나는 것이 맞습니다. 다만 사람이 어떤 물체를 보고 입체적이라고 느끼는 가장 큰 이유는 소실점이 생겨 공간이 왜곡되기 때문입니다. 하지만 웹 브라우저는 단지 수칫값만으로 입체 효과를 내야 하므로 perspective 속성값을 추가하여 사람의 눈이 느끼는 왜곡 현상을 강제로 적용해 줘야 합니다. 이때 속성값(px)은 물체를 바라보는 거리의 값이라고 이해하면 쉽습니다. 똑같은 물체를 가까운 곳에서 보면 왜곡이 커지고, 멀리서 보면 왜곡이 완만해지는 원리와 같습니다.

이번에는 변형이 일어나는 요소의 중심축을 바꾸면 어떤 변화가 생기는지 알아보겠습니다.

Do it! 3D 변형 속성 사용하기(HTML 파일) — 중심축 이동   예제 파일: 04\04-1\transform3d2.html

```
(... 생략 ...)
<body>
  <section>
    <article></article>
  </section>
```

```
    <section>
      <article></article>
    </section>
  </body>
(... 생략 ...)
```

<section> 태그를 2개 작성하고 그 안에 각각 <article> 태그를 만듭니다.

Do it! 3D 변형 속성 사용하기(CSS 파일) — 중심축 이동　　　예제 파일: 04\04-1\css\transform3d2.css

```
(... 생략 ...)
section {
  width: 200px;
  height: 200px;
  border: 1px solid #000;
  float: left;
  margin: 100px;
  perspective: 600px; /* 원근감을 지정 */
}
section article {
  width: 100%;
  height: 100%;
  background: blue;
  opacity: 0.3;
}
section:nth-of-type(1) article {
  transform: rotateY(120deg);
  transform-origin: center center;
}
section:nth-of-type(2) article {
  transform: rotateY(120deg);
  transform-origin: right center;
}
(... 생략 ...)
```

section 요소에 공통된 크기를 지정하고 원근감을 설정해 줍니다. 자식 요소는 부모의 크기를 그대로 상속받고, 배경색을 지정하고 투명도를 0.3으로 낮춥니다. 1번째, 2번째 section의 자식인 article 모두 transform: rotateY(120deg)를 지정하여 y축 기준으로 입체감 나게 120° 회전시킵니다.

transform-origin 속성값은 다르게 지정하는데 1번째 article 요소에는 transform-origin:

center center를 입력합니다. 이 속성의 1번째 값은 가로축을, 2번째 값은 세로축을 의미합니다. transform-origin 속성값을 지정하지 않으면 기본값인 center center가 자동 적용되므로 여기서는 두 요소의 결과를 비교하기 위해 명시적으로 작성했습니다.

그리고 2번째 article 요소에는 transform-origin: right center로 작성해서 가로축의 기준점은 오른쪽으로, 세로축의 기준점은 중앙으로 변경합니다. 중심축이 이동함에 따라 결과가 어떻게 달라지는지 확인해 보세요.

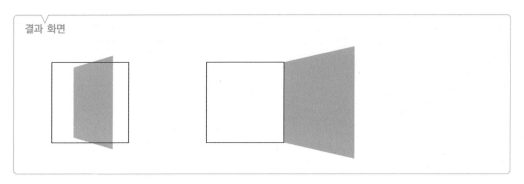

결과 화면

1번째 article 요소의 기준점이 가로, 세로 중앙이므로 section 요소의 가운데에서 회전하지만, 2번째 article 요소는 가로 기준점이 오른쪽으로 이동했으므로 section 요소의 오른쪽 변을 기준으로 회전합니다. article 요소의 가로축과 세로축의 기준점을 top, bottom, left, right의 값으로 변경하면서 테스트해 보세요.

04-2 사용자 행동에 반응하는 전환 효과 만들기

CSS3 기능 중에서 가장 재미있고 신기한 transition 속성을 이용해 인터랙션을 구현하는 방법을 소개하겠습니다. transition 속성은 요소의 속성값이 변경될 때 시간을 지정하여 일정 시간 동안 부드러운 모션 처리를 합니다. 지금부터 transition 속성으로 어떤 모션 효과를 만들 수 있는지 알아봅시다.

표 4-2 transition 속성

속성명	속성값	설명
transition-property	속성명	전환 효과를 줄 CSS 속성명을 지정합니다. 속성명은 여러 개 지정할 수 있고, all을 입력하면 전체 속성을 사용할 수 있습니다.
transition-duration	지속 시간(초 단위)	전환 효과가 발생할 때 지속할 시간을 나타냅니다. 지속 시간은 초(s) 단위로 지정하는데 예를 들어 0.5s는 0.5초, 1s는 1초를 의미합니다.
transition-delay	지연 시간(초 단위)	전환 효과가 발생할 때 지연할 시간을 나타냅니다. 지연 시간은 초 단위로 지정하고, 이 속성을 사용하면 지연 시간 이후에 전환 효과가 나타납니다.
transition-timing-function	가속도	전환 효과의 가속도를 나타냅니다. 가속도 효과는 다음의 키워드를 입력하여 적용합니다. • linear: 등속 효과 • ease: 가속 효과 • ease-in: 모션 시작 시 가속 • ease-out: 모션 종료 시 가속 • ease-in-out: 모션 시작, 종료 시 모두 가속 • cubic-bezier: 사용자가 지정한 가속 효과 적용
transition	속성명 / 전환 시간 / 가속도 / 지연 시간	모든 전환 효과 관련 속성값을 한꺼번에 축약해서 사용할 수 있습니다.

여기서 잠깐!

cubic-bezier 구문을 쉽게 만들어 주는 사이트 알아 두기

사용자가 가속도 함수를 직접 지정하려면 복잡한 수학 연산을 해야 합니다. 이때 cubic-bezier 웹 사이트(cubic-bezier.com)를 활용하면 복잡한 연산 과정 없이 가속도 구문을 쉽게 만들 수 있습니다. cubic-bezier 웹 사이트는 간단한 커브 조작으로 가속도 함수를 생성해 주는 서비스입니다. 다음 그림처럼 왼쪽의 막대그래프를 조절하여 가속 커브를 원하는 형태로 만든 뒤 화면 위쪽에서 [COPY]를 클릭하여 속성값을 복사해 사용하면 됩니다.

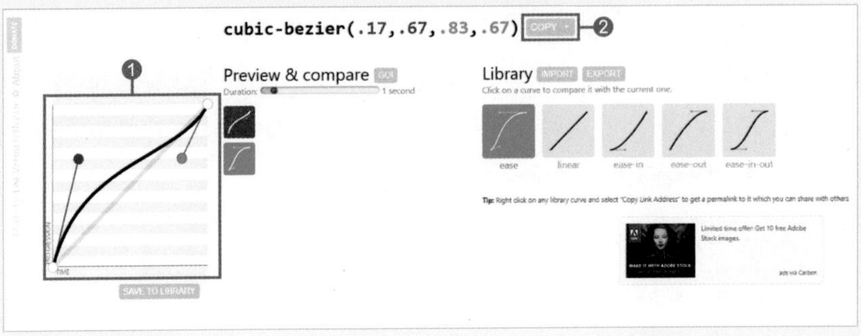

그림 4-1 cubic-bezier 웹 사이트(cubic-bezier.com)

다음 예제에서 transition 속성을 사용해 보겠습니다.

Do it! transition 속성 사용하기(HTML 파일) **예제 파일:** 04\04-2\transition.html

```
(... 생략 ...)
<body>
  <section>
    <article></article>
  </section>
</body>
(... 생략 ...)
```

<section> 태그 안에 자식 태그로 <article>을 만듭니다.

Do it! transition 속성 사용하기(CSS 파일) **예제 파일:** 04\04-2\css\transition.css

```
(... 생략 ...)
section {
  width: 200px;
  height: 200px;
  border: 1px solid #000;
  float: left;
```

```
    margin: 50px;
    perspective: 400px;
}
section article {
    width: 100%;
    height: 100%;
    background: blue;
    opacity: 0.3;
    transform: rotateY(0deg);
    transition-property: transform opacity;
    transition-duration: 1s;
    transition-delay: 0s;
    transition-timing-function: cubic-bezier(.46, -0.64, .58, 1.39);
}
section:hover article {
    transform: rotateY(45deg);
    background: red;
}
```

section 요소의 크기와 테두리를 설정한 후 article 요소의 transform 속성값은 rotateY(0deg)로 지정하고 배경색은 파란색으로 입력합니다. 이때 article 요소의 transition-property 속성 값으로 transform과 opacity를 적용해 변형과 투명도 효과에만 전환 속성을 지정합니다. 그리고 지속 시간은 1초, 지연 시간은 0초를 주고 가속도는 cubic-bezier를 사용하여 지정합니다. 마지막으로 section:hover를 적용하여 자식 요소인 article을 y축으로 45° 회전하면서 배경색을 변경합니다.

결과 화면

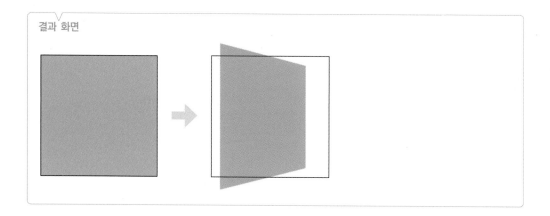

결과 화면처럼 section 영역에 마우스 포인터를 올리면 자식 요소인 **article**이 1초 동안 y축으로 45° 회전하면서 배경색이 빨간색으로 변경됩니다.

여기서 잠깐! transition 속성 간단하게 사용하기

transition 속성을 하나씩 나열하지 않고 간단히 줄여서 작성할 수 있습니다. transition-property, transition-duration, transition-timing-function, transition-delay 순서로 쓰는데, 앞 예제의 transition 속성을 축약하면 다음과 같이 작성할 수 있습니다.

```
transition: all 1s cubic-bezier(.46, -0.64, .58, 1.39) 0s;
```

04-3 자동으로 움직이는 애니메이션 효과 만들기

앞에서 배운 transition 속성은 사용자의 특정 동작에 반응하는 인터랙션을 기반으로 한 모션 기법입니다. 이번에는 사용자가 어떤 동작을 하지 않아도 미리 지정한 조건에 맞게 자동으로 반복하는 애니메이션 효과를 만들어 보겠습니다. 다음은 animation 속성을 보기 좋게 정리한 표입니다.

표 4-3 animation 속성

속성명	속성값	설명
@keyframes	애니메이션 세트 지정	애니메이션의 시작과 끝을 등록하여 사용자 모션을 등록합니다. 0%는 시작 지점이고 100%는 끝 지점을 의미하는데, 중간 지점은 여러 개 추가할 수 있습니다. 단계별로 동작 방식을 지정해서 특정 이름을 붙여 키프레임을 등록할 수 있습니다.
animation-name	이름	키프레임으로 등록한 모션의 이름을 호출합니다.
animation-duration	지속 시간(초 단위)	키프레임 모션 한 세트를 얼마 동안 동작하게 할지 초 단위로 등록합니다.
animation-timing-function	가속도	키프레임 모션을 실행할 때 가속도를 설정합니다. 가속도의 사용 방법은 transition 속성과 같습니다.
animation-iteration-count	횟수	키프레임 모션 한 세트가 몇 번 동작하는지 횟수를 숫자로 설정합니다. 무한 반복하고 싶다면 속성값을 infinite로 지정하면 됩니다.
animation-delay	지연 시간(초 단위)	키프레임 모션을 실행할 때 지연 시간을 지정합니다.
animation-play-state	running / paused	키프레임 모션을 실행할 때 동작 상태를 지정합니다. running은 모션을 그대로 진행하는 것을, paused는 일시 정지하는 것을 나타냅니다.
animation	이름 / 진행 시간 / 가속도 / 지연 시간 / 반복 횟수	애니메이션 속성을 축약해서 작성할 수 있습니다.

▶ animation-timing-function 속성에서 사용할 수 있는 속성값은 04-2절에서 다룬 transition-timing-function 속성과 마찬가지로 linear, ease, ease-in, ease-out, ease-in-out, cubic-bezier를 사용할 수 있습니다.

다음 예제에서 animation 속성을 사용해 애니메이션 효과를 만들겠습니다.

Do it! 애니메이션 효과 만들기(HTML 파일) 　　　　　　　　　예제 파일: 04\04-3\animation.html

```
(... 생략 ...)
<body>
  <article></article>
</body>
(... 생략 ...)
```

애니메이션을 적용할 <article> 태그를 1개 입력합니다.

Do it! 애니메이션 효과 만들기(CSS 파일) 1 　　　　　　　　예제 파일: 04\04-3\css\animation.css

```
(... 생략 ...)
@keyframes rotation {
  0% {
    transform: rotate(0deg);
  }
  100% {
    transform: rotate(360deg);
  }
}

article {
  width: 400px; height:400px; background: blue; margin: 100px auto;
  animation-name: rotation;
  animation-duration: 2s;
  animation-timing-function: linear;
  animation-iteration-count: 2;
  animation-delay: 0s;
}
```

먼저 @keyframes를 사용하여 등록할 애니메이션의 모션 이름을 rotation으로 만들고, 모션의
시작 지점과 끝 지점을 각각 0%, 100%로 지정해 줍니다. 여기서는 시작 지점의 속성값으로
transform: rotate(0deg)를, 끝 지점의 속성값으로 transform: rotate(360deg)를 입력합니다.
이렇게 만든 키프레임을 article 요소에 적용합니다. animation-name을 rotation으로 입력
하고, 한 세트의 지속 시간은 2초, 가속도는 등속을 나타내는 linear로 지정합니다. 그리고 반
복 횟수는 2회, 지연 시간은 0초를 적용합니다.

결과 화면과 같이 웹 브라우저에서 HTML 파일을 실행하면 사용자가 특별한 행동을 하지 않아도 article 요소가 자동으로 2초 동안 2번 회전하고 종료합니다.

이번에는 마우스 포인터를 요소 위에 올리면 애니메이션 효과가 일시 정지되도록 만들겠습니다. 다음과 같이 animation-play-state 속성을 추가하면 모션을 정지하거나 다시 실행할 수 있습니다.

Do it! 애니메이션 효과 만들기(CSS 파일) 2   **예제 파일:** 04\04-3\css\animation.css

```
(... 생략 ...)
article {
  width: 400px;
  height: 400px;
  background: blue;
  margin: 100px auto;
  animation-name: rotation;
  animation-duration: 2s;
  animation-timing-function: linear;
  animation-iteration-count: infinite;
  animation-delay: 0s;
  animation-play-state: running;
  transform: rotate(50deg);
}
article:hover {
  animation-play-state: paused;
}
```

반복 횟수는 infinite로 지정하여 무한 반복하게 만듭니다. article 요소의 animate-play-state 속성값은 running으로, article:hover 요소의 animate-play-state 속성값은 paused로 지정하여 결과를 확인해 보세요.

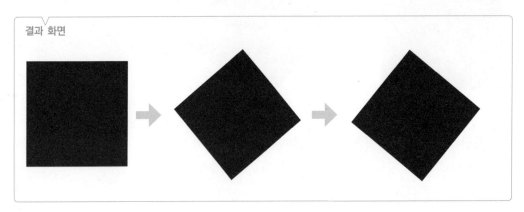

결과 화면처럼 처음에는 article 요소가 반복해서 회전하다가 마우스 포인터를 요소 위에 올리면 일시 정지하고 내리면 다시 회전합니다.

 여기서 잠깐!

animation 속성 간단하게 사용하기

transition 속성과 마찬가지로 animation 속성도 간단히 줄여서 사용할 수 있습니다. 입력하는 순서는 animation-name, animation-duration, animation-timing-function, animation-iteration-count, animation-delay입니다. 앞 예제의 animation 속성을 축약하면 다음과 같이 한 줄로 작성할 수 있습니다.

```
animation: rotation 2s linear 0s infinite;
```

04-4 벡터 이미지 파일 제어하기

과거의 웹 브라우저에서 이미지를 출력하려면 비트맵 이미지 파일을 태그 안에 넣어서 나타 냈습니다. 하지만 CSS3이 나온 후 벡터 이미지나 아이콘을 간단한 코드로 입력해 나타낼 수 있고, CSS 속성을 변경해 이미지 제어도 할 수 있습니다. 이번에는 벡터 형식의 SVG 파일을 웹 브라우저에 출력하고, CSS로 모양을 제어하면서 간단한 인터랙션 예제를 만들어 보겠습니다.

비트맵 이미지와 벡터 이미지의 차이

웹 브라우저에서 이미지를 출력하려면 크게 비트맵, 벡터 방식을 사용합니다. **비트맵 이미지** 는 수많은 픽셀 단위로 구성되어서 웹 브라우저에서 이미지를 크게 확대하면 픽셀이 두드러 지면서 품질이 떨어져 보입니다. 그래서 비트맵 이미지의 품질을 높이려면 고해상도를 사용 해야 하는데, 그 대신 이미지 용량도 커져서 웹 브라우저의 실행 속도가 떨어집니다.

반면에 **벡터 이미지**는 좌푯값을 수식으로 연결해 선을 그리는 방법으로 웹 브라우저에서 이미 지를 확대해도 품질이 떨어지지 않습니다. 하지만 비트맵 이미지와 같이 다채로운 색상으로 표현하기 어렵고, 이미지 형태가 복잡하면 좌푯값 코드도 복잡해지는 단점이 있습니다.

표 4-4 비트맵 방식과 벡터 방식의 차이

비트맵 이미지	벡터 이미지
수많은 픽셀을 조합해 이미지를 출력합니다.	좌푯값을 연결하여 이미지를 출력합니다.
확대하면 이미지 품질이 떨어집니다.	확대해도 이미지 품질이 떨어지지 않습니다.
파일 용량이 큽니다.	비트맵 이미지보다 파일 용량이 작습니다.

사진처럼 많은 색상을 표현하는 이미지는 비트맵 방식으로 처리하고, 아이콘 같이 모양이 명 확하고 표현할 색상 수가 적으면 벡터 방식으로 처리합니다. 예를 들어 기업의 BI, CI 일러스 트는 벡터 방식을 사용합니다.

다음 예제에서 웹 브라우저에 비트맵 이미지와 벡터 이미지를 모두 출력해서 두 형식의 차이점을 확인해 보겠습니다.

Do it! 비트맵 이미지와 벡터 이미지 확인하기(HTML 파일)　　　예제 파일: 04\04-4\bitmapvector.html

```
(... 생략 ...)
<body>
  <img src="img/rose.jpg" alt="장미">
  <img src="img/yeti.svg" alt="예티">
</body>
(... 생략 ...)
```

비트맵 형식인 rose.jpg 이미지 파일과 벡터 형식인 yeti.svg 이미지 파일을 가져와서 <img> 태그로 입력합니다.

Do it! 비트맵 이미지와 벡터 이미지 확인하기(CSS 파일)　　　예제 파일: 04\04-4\css\bitmapvector.css

```
(... 생략 ...)
img {
  width:400px; margin:50px;
}
```

해당 img 요소의 너빗값을 모두 400px로 만들고 바깥 여백은 margin: 50px로 지정합니다.

결과 화면

결과 화면처럼 왼쪽의 비트맵 이미지와 오른쪽의 벡터 이미지에는 별 차이가 없어 보입니다. 하지만 이미지를 확대해 보면 확실하게 구별됩니다.

Do it! 비트맵 이미지와 벡터 이미지 확대하기(CSS 파일)　　　예제 파일: 04\04-4\css\bitmapvector.css

```
(... 생략 ...)
img {
  width:10000px; margin:50px;
}
```

위와 같이 두 이미지의 너빗값을 **10000px**로 수정해서 강제로 확대해 보세요.

결과 화면

결과 화면을 보면 비트맵 이미지의 픽셀이 두드러져 보이고 이미지 품질이 떨어져서 나타납니다. 반면에 벡터 이미지는 확대하더라도 깔끔하게 나타나는 것을 확인할 수 있습니다.

두 이미지 형식의 가장 큰 차이점은 비트맵 이미지는 픽셀 단위로 출력되어 이미지의 색감이나 간단한 보정 효과만 표현할 수 있지만, 벡터 이미지는 웹 브라우저에 좌푯값을 찍어 선으로 연결하여 이미지를 직접 그린다는 것입니다. 그런데 벡터 이미지를 직접 그리려면 자바스크립트의 복잡한 기술을 알아야 하므로 여기에서는 간단한 선 굵기, 색상을 조절하는 방법과 이미 작성된 패스를 따라 자동으로 선을 긋는 패스 스타일 사용법을 알아보겠습니다.

🖱 **Do it! 실습**　SVG 파일을 웹 브라우저에 출력하기

벡터에 기반한 SVG 이미지를 웹 브라우저에 출력하는 방법을 알아보겠습니다. 가장 중요한 준비물인 SVG 파일은 폰트 어썸 웹 사이트에서 내려받겠습니다. SVG 이미지는 일러스트레이터 같은 프로그램을 이용해서 직접 그릴 수도 있지만, 이번 실습에서는 아이콘 이미지를 활용하는 방법도 배우므로 실무에서 많이 쓰는 폰트 어썸 웹 사이트를 이용하겠습니다.

▶ 폰트 어썸 웹 사이트는 03-3절에서 자세히 다루었습니다.

1단계 **폰트 어썸 웹 사이트에서 SVG 파일 내려받기**

폰트 어썸 웹 사이트(fontawesome.com)에 접속하고 화면 상단에서 [Icons]를 클릭하면 다음과 같은 웹 페이지가 나타납니다. 여기에서 무료 버전 아이콘을 사용하려면 왼쪽 메뉴에서 [Free]를 선택하고 [apple-alt] 아이콘 이미지를 선택합니다.

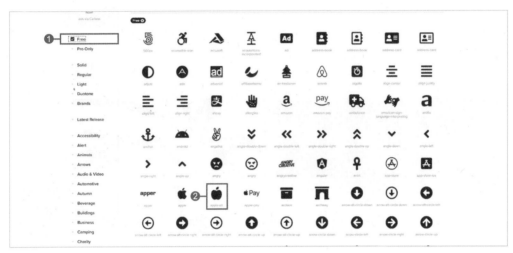

그림 4-2 폰트 어썸 웹 사이트의 [Free] 메뉴 화면

그리고 [Download SVG] 버튼을 클릭하여 SVG 파일을 내려받아 img 폴더 안에 추가합니다.

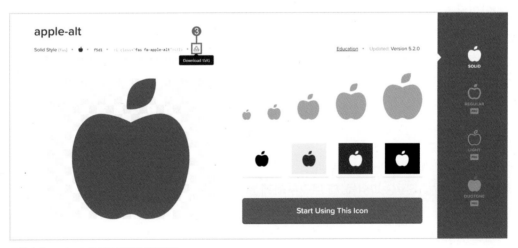

그림 4-3 apple-alt 아이콘 이미지 내려받기

2단계 **에디터에서 SVG 파일을 열고 HTML 파일에 복사하기**

내려받은 apple-alt-solid.svg 파일을 에디터에서 열면 복잡한 좌푯값이 보입니다. 이렇게 SVG 파일은 수많은 좌푯값을 서로 연결해서 그림을 그리므로 이미지 모양이 복잡할수록 좌

픗값이 더 많습니다.

이제 HTML 파일을 열어 `<article>` 태그를 만들겠습니다. 그림 4-4와 같이 apple-alt-solid.svg 파일에서 `<svg>` 태그와 그 안에 있는 `<path>` 태그를 복사하여 HTML 파일에 붙여넣습니다. 이때 코드가 간결해지도록 `<svg>` 태그의 **viewBox** 속성과 `<path>` 태그의 **d** 속성만 복사하여 넣습니다.

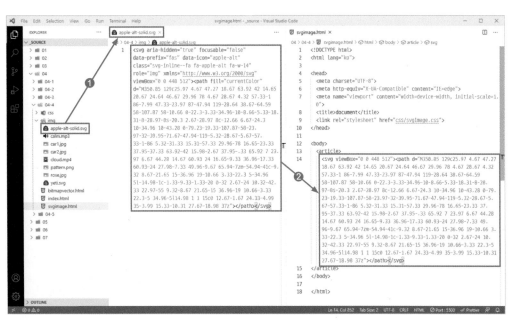

그림 4-4 ⟨svg⟩, ⟨path⟩ 태그 복사하여 붙여넣기

최종 정리한 HTML 파일은 다음과 같습니다. 우리가 CSS로 제어할 부분은 바로 `<svg>` 태그 안에 있는 `<path>` 태그입니다.

예제 파일: 04\04-4\svgimage.html

```
(... 생략 ...)
<body>
  <article>
    <svg viewBox="0 0 448 512"><path d="M350.85 129c25.97 4.67 47.27 18.67 63.92
42 14.65 20.67 24.64 46.67 29.96 78 4.67 28.67 4.32 57.33-1 86-7.99 47.33-23.97
87-47.94 119-28.64 38.67-64.59 58-107.87 58-10.66 0-22.3-3.33-34.96-10-8.66-5.33-
18.31-8-28.97-8s-20.3 2.67-28.97 8c-12.66 6.67-24.3 10-34.96 10-43.28 0-79.23-
19.33-107.87-58-23.97-32-39.95-71.67-47.94-119-5.32-28.67-5.67-57.33-1-86 5.32-
31.33 15.31-57.33 29.96-78 16.65-23.33 37.95-37.33 63.92-42 15.98-2.67 37.95-.33
65.92 7 23.97 6.67 44.28 14.67 60.93 24 16.65-9.33 36.96-17.33 60.93-24 27.98-
```

```
7.33 49.96-9.67 65.94-7zm-54.94-41c-9.32 8.67-21.65 15-36.96 19-10.66 3.33-22.3
5-34.96 5l-14.98-1c-1.33-9.33-1.33-20 0-32 2.67-24 10.32-42.33 22.97-55 9.32-8.67
21.65-15 36.96-19 10.66-3.33 22.3-5 34.96-5l14.98 1 1 15c0 12.67-1.67 24.33-4.99
35-3.99 15.33-10.31 27.67-18.98 37z"></path></svg>
  </article>
</body>
(... 생략 ...)
```

코드가 복잡해 보이지만 절대 겁먹을 필요가 없습니다. 이 좌푯값을 이해할 필요가 없으니까요. SVG 파일은 이러한 좌푯값으로 구성된 이미지라는 것만 알면 됩니다.

3단계 CSS 파일 만들기

예제 파일: 04\04-4\css\svgimage.css

```
(... 생략 ...)
article {
  width: 500px;
  border: 1px solid #000;
  box-sizing: border-box;
  padding: 50px;
  margin: 50px auto;
}
article svg {
  width: 100%;
}
```

CSS 파일에서는 프레임인 article의 너빗값을 500px로 지정하고 테두리를 설정한 다음, 안쪽 여백과 box-sizing 속성도 추가합니다. 그리고 margin: 50px auto를 입력해서 요소를 웹 브라우저 가운데에 배치합니다. 자식 요소인 svg의 너비는 100%로 지정합니다.

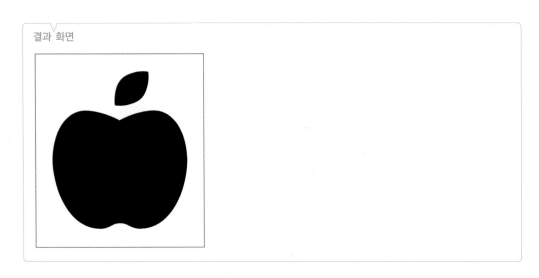

결과 화면

결과 화면처럼 웹 브라우저 가운데에 배치한 SVG 이미지가 제대로 출력되었습니다.

Do it! 실습 SVG의 path 스타일 변경하기

이번에는 SVG 파일의 ⟨path⟩ 태그를 CSS로 제어해서 스타일링하는 방법을 알아보겠습니다.

1단계 path 속성을 이용해서 선 모양 바꾸기

예제 파일: 04\04-4\css\svgimage.css

```
(... 생략 ...)
article svg {
  width: 100%;
}

article svg path {
  fill: transparent;
  stroke: red;
  stroke-width: 1;
}
```

svgimage.css 파일을 열어 마지막 행에 path 요소를 추가하고 3가지 속성을 지정합니다. fill 속성은 배경색을 채우고, stroke 속성은 선의 색을 지정합니다. 그리고 stroke-width 속성은 선의 굵기를 나타내는데, 벡터 형식의 이미지는 px 단위가 아닌 비율 단위를 사용합니다. 1보다 크면 원래 선보다 굵게, 1보다 작으면 가늘게 나타납니다.

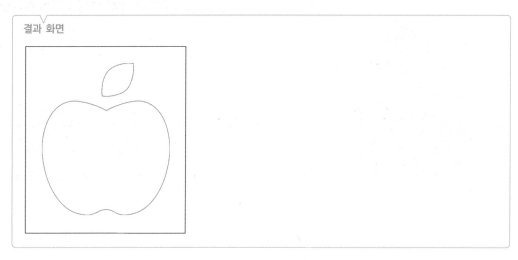

결과 화면처럼 SVG 이미지의 배경색은 투명하게 처리되고 패스는 빨간색으로 그려집니다. 그런데 자세히 보면 상하좌우 가장자리의 선이 살짝 잘린 것을 확인할 수 있습니다. 왜 그럴까요? 기존 `<svg>` 태그의 `viewBox`는 선이 그려질 영역을 의미하는데, 해당 영역에서는 `stroke`의 굵기가 없다는 가정 아래 패스를 그리므로 패스에 `stroke`을 줘서 테두리를 지정하는 순간 상하좌우 부분의 패스가 잘립니다. 그렇다면 `<svg>` 태그의 `viewBox` 속성을 조절하여 가장자리의 선이 고르게 그려지도록 수정하겠습니다.

2단계 **viewBox 속성값을 수정해서 패스 제어하기**

`<svg>` 태그의 `viewBox` 속성을 이용하면 실제 패스가 그려지는 영역의 위치와 크기를 지정할 수 있습니다. 먼저 HTML 파일을 열어 `<svg>` 태그의 `viewBox` 속성을 살펴보겠습니다.

예제 파일: 04\04-4\svgimage.html

```
(... 생략 ...)
<svg viewBox="0 0 448 512">
(... 생략 ...)
```

`viewBox` 속성을 보면 값이 4개 있는데 앞에서부터 x 좌푯값, y 좌푯값, 영역의 너빗값, 영역의 높잇값을 나타냅니다. 지금부터 `viewBox` 속성값을 변경하면서 벡터 이미지의 선을 제어하는 방법을 알아보겠습니다. `viewBox`의 x 좌푯값을 음수로 설정하면 선이 그려지는 영역이 왼쪽으로 이동하고, y 좌푯값을 음수로 설정하면 이미지 영역이 위로 이동합니다.

그렇다면 이번엔 다음과 같이 `viewBox`의 x, y 좌푯값을 양수로 변경해 보세요.

```
(... 생략 ...)
<svg viewBox="100 100 448 512">
(... 생략 ...)
```

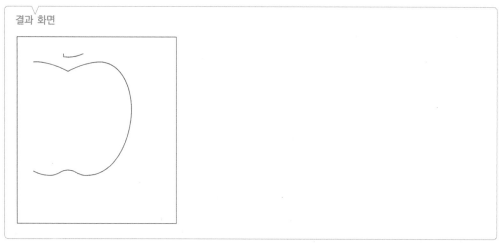

결과 화면처럼 **viewBox**의 x, y 좌푯값을 양수로 지정하면 그 값만큼 보이는 영역을 왼쪽 상단으로 이동시킵니다. 따라서 왼쪽 상단의 선이 잘린 것을 확인할 수 있습니다.

이번에는 **viewBox**의 x, y 좌푯값을 음수로 지정해 보세요.

```
(... 생략 ...)
<svg viewBox="-100 -100 448 512">
(... 생략 ...)
```

viewBox의 x, y 좌푯값을 음수로 지정하면 그 값만큼 보이는 영역을 오른쪽 하단으로 이동시킵니다. 따라서 오른쪽 하단의 선이 잘려서 나타납니다.

1단계에서 살펴본 것처럼 이 예제는 패스에 **stroke**를 지정하면 상하좌우 모두 미세하게 잘리기 때문에 일단 **viewBox**의 x, y축을 음숫값으로 약간만 조절하여 **viewBox** 자체를 살짝 오른쪽 하단으로 이동시키고 왼쪽 상단의 여백을 확보해서 해결하겠습니다. 그리고 오른쪽 아래 패스가 잘리는 부분은 실제 영역의 너빗값과 높잇값을 조금 늘려서 해결해 보겠습니다. 다음과 같이 **viewBox**의 수칫값을 수정해 보겠습니다.

예제 파일: 04\04-4\svgimage.html

```
(... 생략 ...)
<svg viewBox="-5 -5 458 522">
(... 생략 ...)
</svg>
(... 생략 ...)
```

결과 화면

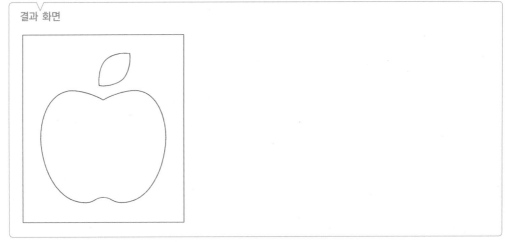

결과 화면을 보면 이제 선이 잘리지 않고 정상으로 출력됩니다.

여기서 잠깐!

SVG 파일 더 알아보기

SVG는 scalable vector graphics의 줄임말로 확대·축소할 수 있는 벡터 형식의 그래픽을 의미합니다. 웹 브라우저의 기술이 발달하고 사용자를 위한 인터랙티브 환경이 요구됨에 따라 웹 브라우저에서 벡터 이미지를 직접 제어할 수 있는 기술이 필요해졌습니다. 그 대안으로 차세대 웹 표준 마크업의 SVG가 등장한 것입니다. 앞에서 SVG 파일을 이미지라고 소개했지만 사실은 웹에서 그래픽을 표현하는 코드라고 설명하는 게 더 정확합니다.

패스의 stroke-dasharray와 stroke-dashoffset 속성 이해하기

패스의 stroke-dasharray는 선의 간격을 띄는 속성이고, stroke-dashoffset은 가시 영역에 보이는 선의 시작 위치를 지정하는 속성입니다. stroke-dasharray값이 클수록 선의 간격은 더 벌어집니다. 이때 중요한 점은 stroke-dasharray로 빈 공간이 늘어날수록 실제 선의 길이가 같은 비율로 늘어난다는 것입니다. 즉, stroke-dasharray로 설정한 빈 공간과 실제 선이 그려지는 영역의 크기는 항상 같습니다. 이 내용을 다음 그림 3개를 참고하여 설명해 보겠습니다.

viewBox 가시 영역의 전체 길이를 100이라고 하겠습니다. stroke-dasharray값도 100이면 실제 웹 브라우저의 가시 영역은 쭉 이어진 실선처럼 보이지만, 비가시 영역은 가시 영역의 선만큼 양쪽 빈 공간을 차지합니다. 그리고 가시 영역에서 패스의 시작점을 지정할 수 있는데, 바로 stroke-dashoffset 속성을 사용하면 됩니다. 다음 그림에서는 stroke-dashoffset 속성값을 0으로 지정하여 viewBox 가시 영역에 전체 패스가 나타납니다.

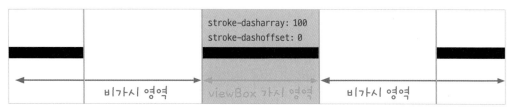

그림 4-5 stroke-dasharray값이 100, stroke-dashoffset값이 0일 때

다음 그림은 stroke-dashoffset의 속성값을 -50으로 지정하여 가시 영역에서 선의 시작 위치를 왼쪽 밖으로 이동시킵니다. 그러면 가시 영역의 패스 시작점이 왼쪽으로 밀려서 그만큼 오른쪽 비가시 영역에 있는 빈 공간이 가시 영역의 절반으로 들어옵니다.

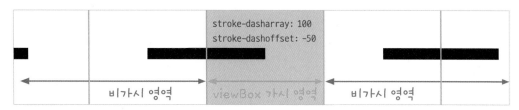

그림 4-6 stroke-dasharray값이 100, stroke-dashoffset값이 -50일 때

마지막 그림에서는 stroke-dashoffset 속성값을 -100으로 지정합니다. 그러면 선이 그려진 부분이 왼쪽 비가시 영역 밖으로 완전히 이동하고, 가시 영역은 오른쪽 비가시 영역에 있던 빈 공간이 차지합니다.

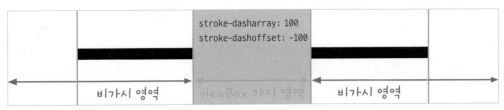

그림 4-7 stroke-dasharray값이 100, stroke-dashoffset값이 -100일 때

결국 가시 영역의 전체 선 길이를 안다면 그 길이만큼 stroke-dasharray값을 설정하고 trans
ition을 적용한 다음, stroke-dashoffset값을 해당 수치만큼 음수로 지정하면 화면에는 패
스가 하나도 보이지 않다가 마우스 포인터가 올라갈 때 stroke-dashoffset값을 다시 0으로
바꾸기만 하면 마치 선이 부드럽게 그어지는 듯한 모션 효과를 줄 수 있습니다. 이 속성은 처
음 사용할 때 이해하기 어려울 수 있습니다. 다음 예제에서 패스의 모션 넣는 방법을 천천히
살펴보면서 익혀 보세요.

🖱 Do it! 실습   마우스 포인터를 올리면 선이 그려지는 모션 만들기

그럼 이제부터 stroke-dasharray와 stroke-dashoffset, 그리고 transition 속성까지 사용
하여 SVG 이미지 영역 위에 마우스 포인터를 올리면 선이 부드럽게 그려지는 모션을 만들어
보겠습니다.

1단계 HTML, CSS 파일 만들기

예제 파일: 04\04-4\strokedasharray.html

```
(... 생략 ...)
<body>
  <article>
    <svg viewBox="-5 -5 458 522"><path d="M350.85 129c25.97 4.67 47.27 18.67
63.92 42 14.65 20.67 24.64 46.67 29.96 78 4.67 28.67 4.32 57.33-1 86-7.99 47.33-
23.97 87-47.94 119-28.64 38.67-64.59 58-107.87 58-10.66 0-22.3-3.33-34.96-10-
8.66-5.33-18.31-8-28.97-8s-20.3 2.67-28.97 8c-12.66 6.67-24.3 10-34.96 10-43.28
0-79.23-19.33-107.87-58-23.97-32-39.95-71.67-47.94-119-5.32-28.67-5.67-57.33-1-86
5.32-31.33 15.31-57.33 29.96-78 16.65-23.33 37.95-37.33 63.92-42 15.98-2.67
37.95-.33 65.92 7 23.97 6.67 44.28 14.67 60.93 24 16.65-9.33 36.96-17.33 60.93-24
27.98-7.33 49.96-9.67 65.94-7zm-54.94-41c-9.32 8.67-21.65 15-36.96 19-10.66
```

```
3.33-22.3 5-34.96 5l-14.98-1c-1.33-9.33-1.33-20 0-32 2.67-24 10.32-42.33 22.97-55
9.32-8.67 21.65-15 36.96-19 10.66-3.33 22.3-5 34.96-5l14.98 1 1 15c0 12.67-1.67
24.33-4.99 35-3.99 15.33-10.31 27.67-18.98 37z"></path></svg>
  </article>
</body>
(... 생략 ...)
```

SVG 파일의 <svg>와 <path> 태그를 위와 같이 정리해서 <article> 태그 안에 추가합니다.

예제 파일: 04\04-4\css\strokedasharray.css

```
(... 생략 ...)
article {
  width: 500px;
  border: 1px solid #000;
  box-sizing: border-box;
  padding: 50px;
  margin: 50px auto;
}
article svg {
  width: 100%;
}
article svg path {
  fill: transparent;
  stroke: red;
  stroke-width: 2;
  stroke-dasharray: 0;
  stroke-dashoffset: 0;
}
(... 생략 ...)
```

CSS 파일에서는 article의 영역을 잡고 path 요소에 fill: transparent을 추가하여 배경색을 투명하게 만듭니다. 그리고 stroke-dasharray와 stroke-dashoffset의 속성값은 모두 0으로 입력합니다.

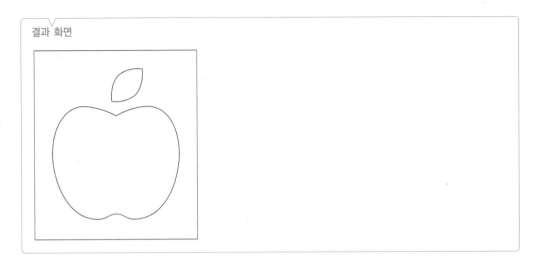

stroke-dasharray와 stroke-dashoffset 속성값을 추가했지만 0으로 지정했으므로 아무런 변화가 없습니다. 그럼 가시 영역의 path 전체 길이를 구해서 stroke-dasharray와 stroke-dashoffset에 적용해 보겠습니다.

2단계 가시 영역의 패스 전체 길이 구하기

패스에 선이 그려지는 모션을 넣으려면 가시 영역의 패스 전체 길이를 알아야 합니다. 앞에서 만든 HTML 파일을 크롬에서 실행하고 F12 를 눌러 개발자 도구를 엽니다.
다음 그림처럼 개발자 도구에서 [Elements]를 선택하고, 하단에 있는 HTML 코드에서 <path> 태그를 찾아 선택합니다. 그러면 이 요소에 적용된 CSS를 확인할 수 있습니다.

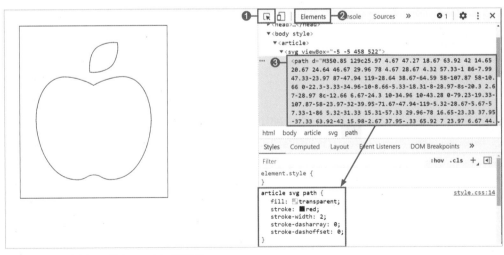

그림 4-8 크롬 개발자 도구에서 path 요소 확인하기

여기서 수정할 곳은 **stroke-dasharray** 속성값입니다. 다음 그림처럼 **stroke-dasharray** 속성
값이 있는 곳을 선택하면 이 값을 수정할 수 있습니다. 키보드에서 위아래 화살표 방향키를
눌러 값을 올리거나 내려 보세요. 이 값을 **70**으로 올리면 왼쪽에 있는 웹 브라우저에 결괏값
이 실시간으로 적용되어 선의 간격이 달라집니다.

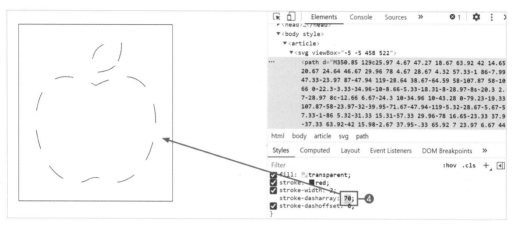

그림 4-9 stroke-dasharray값이 70일 때

stroke-dasharray값을 올리면 선의 간격이 점점 더 벌어집니다. 이렇게 계속해서 값을 끝까
지 올리다 보면 어느 순간 간격이 사라지고 선 전체가 다시 이어지는 시점이 옵니다. 바로 이
시점의 **stroke-dasharray**값이 가시 영역의 **path** 전체 길이입니다. 여기에서 가시 영역의
path 전체 길이는 **1420**입니다.

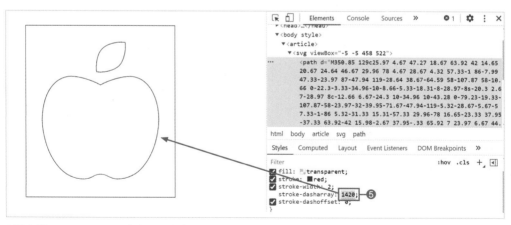

그림 4-10 stroke-dasharray값이 1420일 때

▶ 크롬 개발자 도구에서 변경한 stroke-dasharray값은 실제 코드에 반영되지 않습니다. 단지 값을 실시간으로 보면서 테스트하는
용도로만 씁니다.

예제 파일: 04\04-4\css\strokedasharray.css

```
(... 생략 ...)
article svg path {
  (... 생략 ...)
  stroke-dasharray: 1420;
  stroke-dashoffset: -1420;
  transition: all 3s;
}
article:hover svg path {
  stroke-dashoffset: 0;
}
```

stroke-dasharray에는 가시 영역의 path 전체 길이인 1420을 넣습니다. 이렇게 하면 실제 가
시 영역에서는 선이 모두 그려진 것처럼 보이지만 실제 가시 영역 밖의 양쪽은 해당 선의 길이
만큼 빈 공간으로 설정됩니다. 그래서 stroke-dashoffset을 음숫값인 -1420으로 설정하면
가시 영역의 path 시작점이 왼쪽의 비가시 영역으로 전체 path의 길이만큼 이동합니다. 동시
에 반대로 오른쪽 비가시 영역에 있던 빈 공간이 왼쪽으로 이동하며 가시 영역에 배치됩니다.
path 요소의 마지막 행에는 transition: all 3s을 추가하고, article:hover에는 stroke-
dashoffset값을 0으로 지정합니다. 그러면 마우스 포인터를 올렸을 때 왼쪽에 밀려 있던 선이
다시 가시 영역으로 들어오면서 마치 선이 부드럽게 그려지는 모션 효과를 줄 수 있습니다.

결과 화면

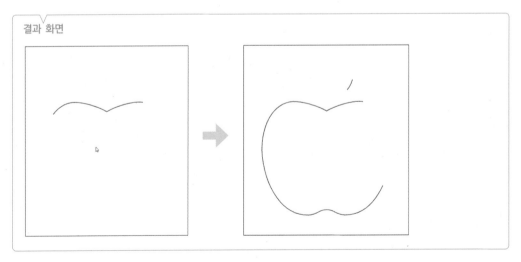

결과 화면처럼 article 영역에 마우스 포인터를 올리면 3초 동안 선이 부드럽게 그려지는 모
션을 확인할 수 있습니다.

04-5 화면 너비에 따라 웹 페이지 디자인 변경하기

CSS3의 기능 가운데 미디어 쿼리를 사용하면 현재 사용자가 보는 웹 브라우저의 너비를 판단하여 CSS를 다르게 설정할 수 있습니다. 이런 기법을 **반응형 웹**이라고 하는데 실무에서 많이 쓰는 기능입니다. 예전에는 같은 웹 페이지를 PC용, 모바일용으로 각각 따로 제작해야 했습니다. 하지만 지금은 CSS3의 미디어 쿼리를 이용해 웹 페이지를 한 번만 제작하면 됩니다. 예를 들어 웹 브라우저의 화면 너비가 1000px 이하일 때 실행할 CSS는 다음과 같이 작성합니다.

```
@media screen and (max-width: 1000px){
    실행할 CSS ←
}
```
웹 브라우저의 폭이 0~1000px일 때
실행할 CSS 구문을 우선 적용함.

미디어 쿼리를 max-width: 1000px로 지정하면 최대 폭은 1000px로 설정됩니다. 따라서 웹 브라우저의 폭이 0~1000px이라면 이 미디어 쿼리에 지정한 CSS를 우선적으로 적용합니다. 이제부터 미디어 쿼리를 사용하여 화면 너비에 따라 웹 페이지의 배경색이 자동으로 바뀌는 예제를 만들어 보겠습니다.

🖱️ Do it! 실습 　미디어 쿼리를 사용하여 배경색 바꾸기

1단계 HTML, CSS 파일 만들기

> 예제 파일: 04\04-5\backgroundcolor.html

```
(... 생략 ...)
<body>
  <article></article>
</body>
(... 생략 ...)
```

에디터에서 HTML 파일을 열어 <article> 태그를 만듭니다.

예제 파일: 04\04-5\css\backgroundcolor.css

```
(... 생략 ...)
article {
  width: 200px;
  height: 200px;
  background: pink;
  margin: 100px auto;
}
```

article의 너빗값과 높잇값을 각각 200px로 지정하고 배경색을 pink로 입력합니다. 마지막으로 margin:100px auto를 추가해서 화면 가운데에 article이 나타나게 합니다.

2단계 **크롬에서 개발자 도구를 열어 결과 확인하기**

다음 그림처럼 크롬에서 결과 화면을 실행하고 F12 를 눌러 개발자 도구를 엽니다. 개발자 도구 창의 오른쪽 위 메뉴 중에서 ⬚을 클릭하면 다양한 디바이스 화면을 테스트할 수 있는 모드가 나타납니다. 그리고 화면 왼쪽 상단의 디바이스 선택 메뉴에서 [Responsive]를 선택합니다. 지금 결과 화면은 분홍색 박스가 가운데에 배치되어 있습니다. 크롬 개발자 도구는 잠시 이 상태 그대로 두고 다음 단계를 진행하세요.

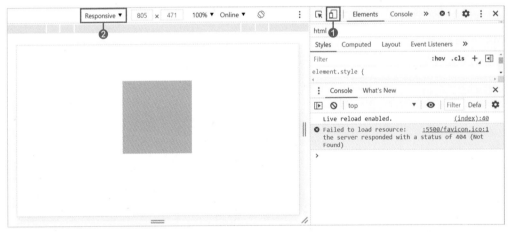

그림 4-11 크롬의 개발자 도구열기

개발자 도구 콘솔 창에서 경고 메시지가 나타난 이유는?

앞의 그림 4-11에서 왼쪽 아래 콘솔 창에 나타난 "Failed to load resource: …" 경고 메시지는 웹 페이지에 파비콘이 연결되지 않으면 나타납니다. 파비콘(favicon)이란 웹 브라우저의 왼쪽 상단 탭에서 볼 수 있는데, 다음과 같이 웹 페이지 제목 앞에 있는 작은 아이콘 이미지입니다.

그림 4-12 웹 페이지의 파비콘

웹 페이지에 파비콘을 설정하지 않으면 실제 출력 결과에는 보이지 않지만 개발자 도구를 열었을 때 이와 같이 파비콘이 없다는 경고 메시지가 나타납니다. 이것은 웹 페이지를 사용하는 데 큰 문제는 아니지만, 파비콘을 보기 좋게 만들어 등록하는 것이 좋습니다. 그림 4-11에 나타난 경고 메세지는 이 실습의 4단계에서 해결하겠습니다.

3단계 **미디어 쿼리 적용하기**

이번에는 웹 브라우저의 너빗값이 900px 이하일 때 article 요소의 배경색을 orange로 입력해 보겠습니다.

예제 파일: 04\04-5\css\backgroundcolor.css

```
(... 생략 ...)
@media screen and (max-width: 900px) {
  article {
    background: orange;
  }
}
(... 생략 ...)
```

article 요소 아래에 미디어 쿼리 구문을 입력하고 `max-width`값을 900px로 입력합니다. 그리고 그 안에서 article의 배경색을 다시 orange로 설정하겠습니다. 이전 단계에서 article의 배경색이 pink로 적용되어 있더라도 미디어 쿼리의 최대 너비인 `max-width`값을 900px로 지정했으므로 이 구간의 너비에서는 기존의 `background: pink`는 무시하고 `background: orange` 구문을 우선 적용합니다.

이제 크롬 브라우저의 개발자 도구로 돌아가서 그림 4-13처럼 너빗값을 900px보다 작게 지정해 보세요. 그러면 article 요소가 주황색으로 변경됩니다.

이렇듯 웹 브라우저의 폭이 미디어 쿼리에서 지정한 특정 너빗값으로 변경될 경우, 이 미디어 쿼리의 너비값에 해당하는 CSS가 우선 적용됩니다.

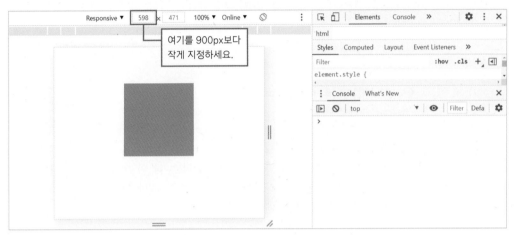

그림 4-13 웹 브라우저의 너빗값이 900px보다 작을 때 결과 화면

이번에는 웹 브라우저의 너빗값이 **400px** 이하일 때 **article**의 배경색을 **aqua**로 지정하겠습니다.

예제 파일: 04\04-5\css\backgroundcolor.css

```
(... 생략 ...)
@media screen and (max-width: 400px) {
  article {
    background: aqua;
  }
}
(... 생략 ...)
```

앞에서 작성한 미디어 쿼리 아래에 위와 같이 새로운 미디어 쿼리를 추가합니다. max-width 값은 400px로, article의 배경색은 aqua로 입력합니다.

그림 4-14 웹 브라우저의 너빗값이 400px보다 작을 때 결과 화면

웹 브라우저의 너비가 400px보다 작으면 article의 배경색은 aqua로 변경됩니다. 앞에서 작성한 미디어 쿼리 구문은 너빗값이 0~900px일 때 배경색을 orange로 변경했지만, 0~400px을 지정하면 배경색이 aqua로 변경됩니다. 즉, 첫 번째 미디어 쿼리에 두 번째 미디어 쿼리를 덮어써서 나타냅니다.

지금까지 배운 내용을 정리하면 웹 브라우저의 너비가 0~400px이면 하늘색이, 401~900px이면 주황색이, 마지막으로 901px 이상이면 분홍색이 적용되었습니다. 이 예제는 반응형 웹의 가장 기초를 설명한 것이므로 여러 번 따라 해서 익히는 것을 추천합니다.

4단계 **파비콘 이미지 등록하고 마무리하기**

파비콘을 만들어 주는 웹 사이트(favicon-generator.org)에 접속합니다.

그림 4-15 파비콘을 만들어 주는 웹 사이트(favicon-generator.org)

그림 4-15와 같이 04\04-5\img\favicon.png 이미지를 등록하고 [Create Favicon]을 클릭합니다. 파비콘으로 사용할 이미지 크기는 가로, 세로가 각각 16px이어야 합니다.

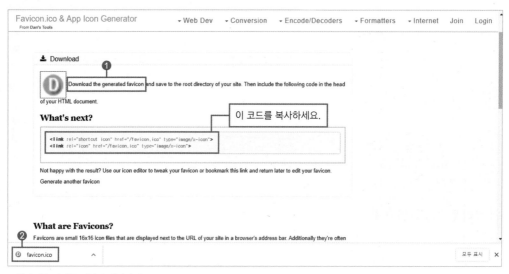

그림 4-16 파비콘 이미지 내려받기

그림 4-16처럼 Download 링크를 클릭하면 파비콘으로 변환된 favicon.ico 파일을 내려받을 수 있습니다. favicon.ico 파일은 04\04-5\img 폴더에 넣습니다. 그리고 웹 사이트 가운데에 있는 `<link>` 코드 두 줄을 복사하여 `<title>` 태그 아래에 붙여 넣습니다.

예제 파일: 04\04-5\backgroundcolor.html

```
(... 생략 ...)
  <title>Document</title>
  <link rel="shortcut icon" href="img/favicon.ico" type="image/x-icon">
  <link rel="icon" href="img/favicon.ico" type="image/x-icon">
  <link rel="stylesheet" href="css/style.css">
</head>
(... 생략 ...)
```

파비콘 이미지는 img 폴더 안에 넣었기 때문에 경로를 `img/favicon.ico`으로 변경합니다. 이제 웹 브라우저 탭을 확인하면 파비콘 이미지가 제대로 출력됩니다.

그림 4-17 웹 페이지에 출력된 파비콘

05장

flex 방식으로 레이아웃 만들기

03장에서 배운 float 속성은 원래 화면의 레이아웃이 아니라, 단순히 텍스트와 이미지를 좌우로 배치하기 위해 사용합니다. 과거에는 레이아웃 전용 CSS가 없어서 float 속성을 사용했지만 HTML5로 넘어오면서 새로운 flex 방식으로 레이아웃을 배치할 수 있게 되었습니다. 잘 알아 두면 float 속성보다 훨씬 편리하게 화면의 레이아웃을 만들 수 있는 flex 방식을 자세히 살펴보겠습니다.

05-1 부모 요소에 flex 적용하기

05-2 자식 요소 정렬하기

05-3 자식 요소의 순서 지정하기

05-4 요소의 여백 비율 지정하기

flex는 다른 CSS 속성과 다르게 개념과 사용 방법이 조금 생소하지만 시간을 가지고 천천히 공부하면 충분히 다룰 수 있습니다. 다음은 flex를 사용하기 위해 필요한 속성과 속성값을 정리한 표입니다.

표 5-1 flex 방식

속성명	속성값	설명
display	flex	자신은 블록 속성을 유지하면서 자식 요소에 flex 환경 설정.
	inline-flex	자신을 인라인 속성으로 변경하면서 자식 요소에 flex 환경 설정.
flex-direction	row	flex의 기본축을 가로로 지정합니다.
	column	flex의 기본축을 세로로 지정합니다.
	row-reverse	자식 요소 콘텐츠를 가로 역순으로 정렬합니다.
	column-reverse	자식 요소 콘텐츠를 세로 역순으로 정렬합니다.
flex-wrap	nowrap	자식 요소의 줄 바꿈을 하지 않습니다.
	wrap	자식 요소의 줄 바꿈을 합니다.
flex-flow	row wrap	flex-direction과 flex-wrap 속성의 축약문입니다.

flex 방식을 사용하면 float 속성은 더 이상 사용하지 않나요?

여기서 잠깐!

국외에서는 float 속성을 이용한 레이아웃 제작 방식을 비표준 기술로 인식하고, flex 방식을 사용할 것을 권장합니다. 하지만 국내에서는 HTML5 이전의 방식으로 제작된 웹 사이트를 유지 보수하기 위해 float 속성을 활용한 레이아웃 작업이 더 많습니다. 그렇기 때문에 아직까지는 float 속성과 flex 방식 모두 배우는 것을 추천합니다.

display — 자식 요소의 배치 방법 지정하기

다음 예제에서 부모 요소에 flex를 지정하여 자식 요소의 레이아웃을 배치하는 방법을 알아보겠습니다.

Do it! 부모 요소에 flex 적용하기(HTML 파일) **예제 파일:** 05\05-1\display.html

```
(... 생략 ...)
<body>
  <main>
    <section>
      <article></article>
      <article></article>
      <article></article>
      <article></article>
      <article></article>
    </section>
  </main>
</body>
(... 생략 ...)
```

먼저 <section> 태그를 만들고 그 안에 자식 태그로 <article> 태그를 5개 추가합니다.

Do it! 부모 요소에 flex 적용하기(CSS 파일) **예제 파일:** 05\05-1\css\display.css

```
(... 생략 ...)
* {
  margin: 0px;
  padding: 0px;
}
main {
  width: 100%;
  height: 100vh;
  background: lightcyan;
}
section {
  border: 10px solid blue;
}
section article {
  width: 100px;
  height: 100px;
  background: aqua;
  border: 1px solid #000;
}
```

모든 요소의 바깥쪽, 안쪽 여백을 0px로 입력하고, 최상위 부모 요소인 main을 풀 스크린으로 지정합니다. 자식 요소인 article의 너비와 높이는 모두 100px로 고정하여 입력합니다. 마지막으로 자식 요소를 section으로 그룹화하고 굵은 테두리를 지정합니다.

결과 화면

아직은 flex를 적용하기 전이므로 우리가 예상할 수 있는 결과 화면이 나타납니다. 블록 요소인 article 5개의 줄 바꿈이 적용되었고, 부모 요소인 section이 article 요소를 모두 묶었습니다.

이제 부모 요소인 section에 flex를 적용하면 어떻게 변하는지 살펴보겠습니다.

Do it! 부모 요소에 flex 적용하기(CSS 파일) 1　　　　　　　예제 파일: 05\05-1\css\display.css

```
(... 생략 ...)
section {
  border: 10px solid blue;
  display: flex;
}
(... 생략 ...)
```

위와 같이 section 요소에 display: flex를 추가합니다.

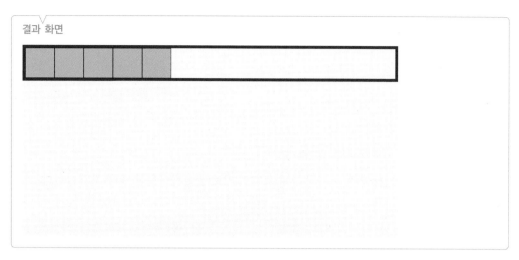

flex 속성값을 추가하니 article 요소가 가로로 정렬합니다. 이때 부모 요소인 section에는 블록 요소의 특징이 그대로 들어 있으므로 너빗값은 100%로 설정됩니다.

Do it! 부모 요소에 flex 적용하기(CSS 파일) 2   **예제 파일:** 05\05-1\css\display.css

```
(... 생략 ...)
section {
  border: 10px solid blue;
  display: inline-flex;
}
(... 생략 ...)
```

이번에는 부모 요소인 section의 display 속성값을 inline-flex로 변경하겠습니다.

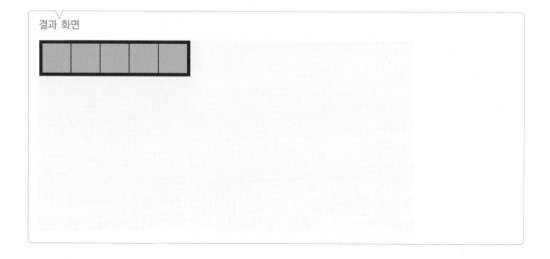

기존 자식 요소는 좌우로 배치된 상황에서 부모 요소인 **section**이 인라인 속성으로 변경되어 자식 요소의 전체 너빗값만큼 크기가 달라집니다. 이처럼 flex를 사용하면 블록 요소를 인라인 요소로 변경하여 가로로 쉽게 배치할 수 있습니다.

flex-direction — 자식 요소의 정렬 방향 변경하기

이번에는 **flex-direction** 속성을 사용하여 요소의 가로세로 정렬을 변경해 보겠습니다.

Do it! 자식 요소의 정렬 방향 바꾸기(HTML 파일)　　　　예제 파일: 05\05-1\flexdirection.html

```
(... 생략 ...)
<body>
  <main>
    <section>
      <article></article>
      <article></article>
      <article></article>
      <article></article>
      <article></article>
    </section>
  </main>
</body>
(... 생략 ...)
```

위와 같은 구조의 HTML 파일을 작성합니다.

Do it! 자식 요소의 정렬 방향 바꾸기(CSS 파일)　　　　예제 파일: 05\05-1\css\flexdirection.css

```
(... 생략 ...)
section {
  border: 10px solid blue;
  display: inline-flex;
  flex-direction: column;
}
```

section 요소를 선택해 **flex-direction: column**을 입력합니다. **flex-direction** 속성으로 요소의 정렬 방향을 지정할 수 있는데, **row**값을 입력하면 가로로 정렬하고 **column**값을 입력하면 세로로 정렬합니다. 속성값을 입력하지 않으면 기본값인 **row**가 지정됩니다.

flex에서는 기본 축과 반대 축이라는 개념이 존재하는데 flex-direction에 column값을 지정하면 기본 축은 세로 방향이 되고, 반대 축은 가로 방향이 됩니다. 기본 축과 반대 축의 개념은 05-2절에서 자세히 살펴보겠습니다.

결과 화면처럼 article 요소가 세로로 정렬됩니다. 여기에서 flex-direction의 속성값을 row로 변경하거나 입력하지 않으면 article 요소는 가로로 정렬됩니다.

flex-wrap — 자식 요소에 줄 바꿈 적용하기

float 속성을 사용하여 레이아웃을 만들 때 모든 자식 요소의 총 너빗값이 부모 요소의 너빗값보다 크면 자동으로 줄 바꿈이 됩니다. 하지만 flex에서는 flex-wrap을 설정해야 줄 바꿈을 할 수 있습니다. 다음 예제에서 자세히 알아보겠습니다.

Do it! 자식 요소의 줄 바꾸기(HTML 파일)　　　　　　예제 파일: 05\05-1\flexwrap.html

```
(... 생략 ...)
<body>
  <main>
    <section>
      <article></article>
      <article></article>
      <article></article>
      <article></article>
      <article></article>
    </section>
```

```
    </main>
  </body>
(... 생략 ...)
```

먼저 위와 같은 HTML 파일을 만듭니다.

```
(... 생략 ...)
section {
  width: 100%;
  border: 10px solid blue;
  box-sizing: border-box;
  display: flex;
  flex-direction: row;
}
```

위와 같이 section 요소의 너빗값을 100%로 지정하고 flex-direction을 사용해 가로로 정렬합니다. 나머지 CSS구문은 이전 예제와 동일합니다.

결과 화면

브라우저 창을 줄이기 전에는 첫 번째 결과 화면처럼 오른쪽 여백이 남아 있습니다. 하지만 브라우저 창을 줄이면 두 번째 화면처럼 article 요소들이 자동으로 줄 바꿈되지 않고 창과 같은 비율로 줄어듭니다.

Do it! 자식 요소의 줄 바꾸기(CSS 파일) 2　　　　예제 파일: 05\05-1\css\flexwrap.css

```
(... 생략 ...)
section {
  width: 100%;
  border: 10px solid blue;
  box-sizing: border-box;
  display: flex;
  flex-direction: row;
  flex-wrap: wrap;
}
(... 생략 ...)
```

이번에는 section 요소의 마지막 행에 flex-wrap: wrap을 설정합니다.

결과 화면

결과 화면처럼 웹 브라우저 창을 가로로 줄이면 article 요소의 너빗값이 그대로 유지되면서 줄 바꿈을 합니다. 이처럼 부모 요소에 flex-wrap: wrap 속성을 적용해야 자식 요소를 제대로 줄 바꿈할 수 있습니다. 만약 이 속성값을 작성하지 않으면 기본값은 nowrap이 되고 줄 바꿈을 하지 않습니다.

flex-flow — flex-direction, flex-wrap 속성을 한꺼번에 적용하기

flex-flow 속성을 사용하면 flex-direction과 flex-wrap 속성을 한번에 지정할 수 있습니다.

```
(... 생략 ...)
section
  width: 100%;
  border: 10px solid blue;
  box-sizing: border-box;
  display: flex;
  flex-flow: row wrap;
}
(... 생략 ...)
```

앞의 CSS 파일에서 section 요소의 flex-direction과 flex-wrap 속성을 삭제한 뒤 위와 같이 flex-flow: row wrap을 입력하여 요소의 정렬 방향과 줄 바꿈을 같이 지정합니다.

결과 화면

결과 화면처럼 flex-flow: row wrap을 입력하면 flex-direction과 flex-wrap 속성을 동시에 적용한 것과 같은 결과를 얻을 수 있습니다.

05-2 자식 요소 정렬하기

flex로 레이아웃을 배치할 때 핵심 기능은 자식 요소를 정렬하는 것입니다. 자식 요소는 justify -content나 align-content, align-items 속성을 사용해서 정렬할 수 있습니다. 초기 설정되는 기본 축은 가로축을 의미하고, 반대 축은 세로축을 의미합니다. 기본 축은 앞에서 배운 flex-direction으로 변경할 수 있습니다. 먼저 justify-content 속성을 사용하여 자식 요소의 기본 축인 가로 정렬 방식을 지정 해보겠습니다.

justify-content — 기본 축으로 정렬하기

justify-content 속성에서 사용할 수 있는 속성값은 다음 표와 같습니다.

표 5-2 justify-content 속성

속성명	속성값	설명
justify-content	flex-start	자식 요소를 시작 방향으로 정렬합니다.
	flex-end	자식 요소를 종료 방향으로 정렬합니다.
	center	자식 요소를 가운데로 정렬합니다.
	space-between	자식 요소들의 좌우 사이 여백만 균일하게 배분해서 정렬합니다.
	space-around	자식 요소들의 여백을 균일하게 배분해서 정렬합니다.
	space-evenly	자식 요소들의 여백을 양끝까지 균일하게 배분해서 정렬합니다.

flex-start — 자식 요소를 시작 방향으로 정렬하기

지금부터 justify-content 속성을 예제와 함께 자세히 알아보겠습니다. 제일 먼저 살펴볼 속성값은 flex-start입니다. 이 속성값을 지정하면 태그의 작성 순서에 따라 기본 축으로 배치할 수 있습니다.

Do it! 자식 요소 정렬하기(HTML 파일) 예제 파일: 05\05-2\justifycontent.html

```
(... 생략 ...)
<body>
  <main>
    <section>
      <article></article>
      <article></article>
      <article></article>
      <article></article>
      <article></article>
    </section>
</main>
</body>
(... 생략 ...)
```

위와 같은 구조의 HTML 파일을 작성합니다.

Do it! 자식 요소를 시작 방향으로 정렬하기(CSS 파일) 예제 파일: 05\05-2\css\justifycontent.css

```
(... 생략 ...)
section {
  width: 100%;
  height: 100%;
  border: 10px solid blue;
  box-sizing: border-box;
  display: flex;
  flex-flow: row wrap;
  justify-content: flex-start;
}
(... 생략 ...)
```

그리고 CSS 파일에서는 `section`의 너빗값과 높잇값을 `100%`로 지정하고, `justify-content: flex-start` 속성을 추가합니다. 이렇게 설정하면 기본 축에서 태그를 작성한 순서대로 자식 요소를 배치할 수 있습니다. 이때 `flex-flow: row`를 지정했으므로 기본 축은 가로가 됩니다. 위와 같이 소스 코드를 작성한 후 결과 화면을 확인해 보세요.

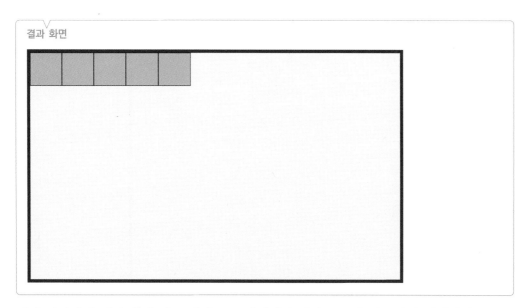

결과 화면처럼 기본 축이 가로 방향으로 지정되어 자식 요소가 왼쪽부터 정렬되었습니다.
justify-content의 속성값을 입력하지 않으면 기본값인 flex-start가 적용됩니다.

flex-end — 자식 요소를 종료 방향으로 정렬하기

justify-content 속성에 flex-end값을 입력하면 자식 요소를 오른쪽에서 왼쪽으로 정렬할
수 있습니다.

Do it! 자식 요소를 종료 방향으로 정렬하기(CSS 파일)　　　　예제 파일: 05\05-2\css\justifycontent.css

```
(… 생략 …)
section {
  (… 생략 …)
  justify-content: flex-end;
}
(… 생략 …)
```

앞의 예제에 이어서 section 요소에서 justify-content 속성값을 flex-end으로 변경하고 결
과 화면을 확인해 보세요.

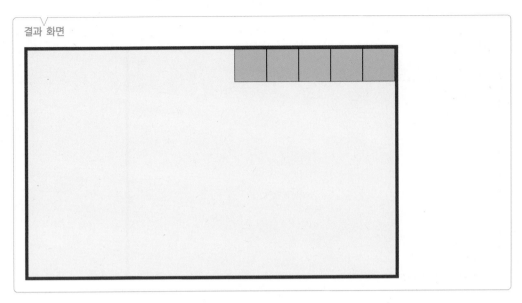

결과 화면과 같이 요소가 종료 방향인 오른쪽으로 정렬된 것을 확인할 수 있습니다.

center — 자식 요소를 가운데 방향으로 정렬하기

justify-content 속성에 center값을 지정하면 자식 요소가 가운데에 정렬됩니다.

Do it! 자식 요소를 가운데 방향으로 정렬하기(CSS 파일)　　　예제 파일: 05\05-2\css\justifycontent.css

```
(... 생략 ...)
section {
  (... 생략 ...)
  justify-content: center;
}
(... 생략 ...)
```

위와 같이 justify -content의 속성값을 center로 변경하고 결과 화면을 확인해 보세요.

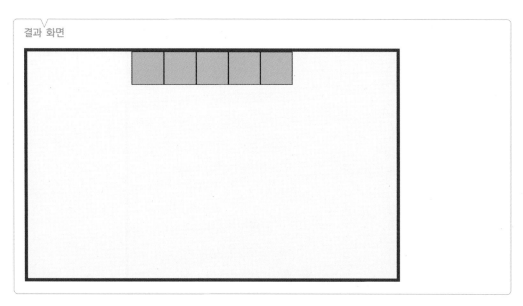

결과 화면처럼 이번에는 자식 요소가 가운데에 정렬되었습니다.

space-between — 자식 요소의 좌우 사이 간격을 균일하게 배치하기

다음과 같이 justify-content의 속성값을 space-between으로 변경해 보세요.

Do it! 자식 요소의 좌우 사이를 균일하게 배치하기(CSS 파일)

예제 파일: 05\05-2\css\justifycontent.css

```
(... 생략 ...)
section {
  (... 생략 ...)
  justify-content: space-between;
}
(... 생략 ...)
```

space-between 속성값을 지정하면 자식 요소들을 부모 요소의 양 끝으로 배치한 뒤, 자식 요소의 간격을 균일하게 나눠서 배치합니다.

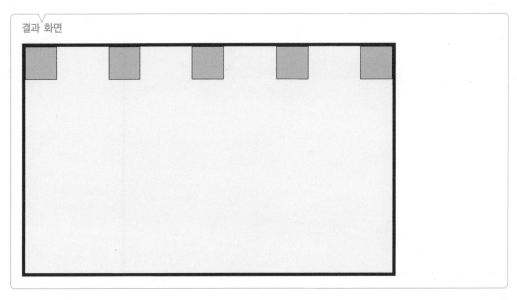

결과 화면을 보면 부모 요소인 section의 양 끝에 자식 요소가 하나씩 붙어 있고, 나머지 자식 요소는 똑같은 간격으로 나눠서 배치되었습니다.

space-around — 자식 요소의 기본 축 방향으로 주위 간격을 균일하게 배치하기

space-around 속성값은 자식 요소의 기본 축 방향으로 간격을 균일하게 배치합니다.

Do it! 자식 요소의 기본 축 방향으로 주위 간격을 균일하게 배치하기(CSS 파일)

예제 파일: 05\05-2\css\justifycontent.css

```
(... 생략 ...)
section {
  (... 생략 ...)
  justify-content: space-around;
}
(... 생략 ...)
```

위와 같이 justify-content의 속성값을 space-around으로 변경하면 자식 요소를 부모 요소의 양 끝에 배치하되 안쪽 간격의 크기만큼 동일하게 양 끝에도 여백을 지정해 줍니다.

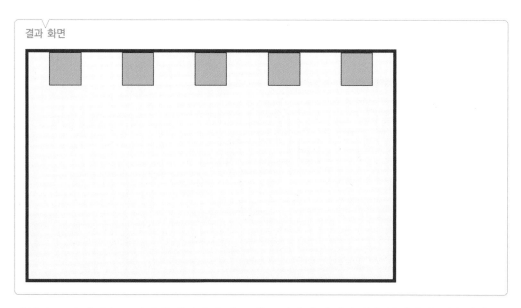

결과 화면

자식 요소의 간격을 균일하게 배치하되 양 끝에도 여백이 설정된 것을 확인할 수 있습니다.

space-evenly ― 자식 요소를 균일하게 배치하고, 양 끝의 간격만큼 여백 적용하기

이번에는 space-evenly를 사용하여 자식 요소의 배치와 양 끝에 중첩된 간격만큼 여백을 적용하겠습니다.

> **Do it!** 자식 요소를 균일하게 배치하고, 양 끝의 간격만큼 여백 적용하기(CSS 파일)
>
> 예제 파일: 05\05-2\css\justifycontent.css
>
> ```
> (... 생략 ...)
> section {
>   (... 생략 ...)
>   justify-content: space-evenly;
> }
> (... 생략 ...)
> ```

위와 같이 justify-content의 속성값을 space-evenly로 바꾸고 결과를 확인합니다. 앞에서 지정한 space-around 속성값과 비슷한 결과처럼 보이지만, space-evenly는 중첩된 간격만큼 양 끝에 동일하게 여백을 지정해 줍니다.

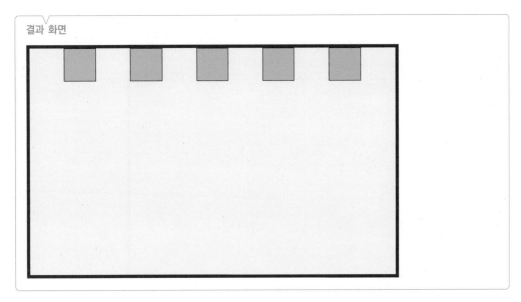

결과 화면처럼 양쪽 끝의 여백과 자식 요소의 간격이 균일하게 설정되었습니다.

여기서 잠깐!

justify-content 속성은 자식 요소를 가로 방향으로 정렬하는 건가요?

justify-content 속성은 가로 방향이 아닌 현재 기본 축의 정렬 방식을 나타냅니다. 여기에서 기본 축은 direction의 속성값이며, 지금까지 살펴본 예제는 이 속성값이 row라서 가로로 정렬되었습니다. 다음과 같이 direction 속성값을 column으로 변경하면 자식 요소가 세로로 정렬됩니다.

예제 파일: 05\05-2\css\justifycontent.css

```
(... 생략 ...)
    flex-flow: column wrap;
    justify-content: space-evenly;
}
(... 생략 ...)
```

결과 화면

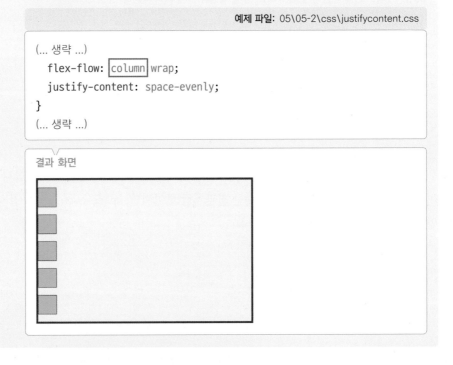

align-content, align-items — 반대 축으로 정렬하기

justify-content 속성이 기본 축의 정렬 방식을 지정했다면, 이번에는 반대 축의 정렬 방식인 align-content와 align-items 속성을 알아보겠습니다. 자식 요소가 여러 개라서 줄 바꿈이 필요할 때는 align-content 속성을 사용하고, 자식 요소가 1개이거나 줄 바꿈이 필요 없다면 align-items 속성을 사용합니다.

표 5-3 align-content, align-items 속성

속성명	속성값	설명
align-content 또는 align-items	flex-start	자식 요소를 시작 방향으로 정렬합니다.
	flex-end	자식 요소를 종료 방향으로 정렬합니다.
	center	자식 요소를 가운데 방향으로 정렬합니다.
	space-between	자식 요소들의 좌우 사이 여백만 균일하게 배분해서 정렬합니다.
	space-around	자식 요소들의 여백을 균일하게 배분해서 정렬합니다.
	space-evenly	자식 요소들의 여백을 양 끝까지 균일하게 배분해서 정렬합니다.

앞에서 작성한 05-2\css\justifycontent.css 파일을 다음과 같이 수정합니다.

Do it! 자식 요소를 가운데 방향으로 정렬하기(CSS 파일) 1 　　　　예제 파일: 05\05-2\css\alignitems.css

```
(... 생략 ...)
section {
  width: 100%;
  height: 100%;
  border: 10px solid blue;
  box-sizing: border-box;
  display: flex;
  flex-flow: row wrap;
  justify-content: space-evenly;
  align-items: center;
}
(... 생략 ...)
```

section 요소의 마지막 행에 alignitens: center를 지정합니다. 여기에서 기본 축은 row이므로 align-items: center를 추가하면 반대 축인 세로 방향에서 가운데 정렬을 합니다.

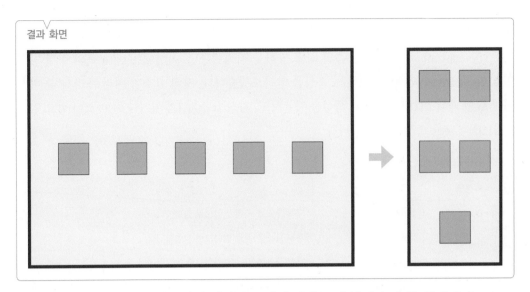

결과 화면

왼쪽 결과 화면처럼 웹 브라우저의 너비를 줄이기 전에는 자식 요소가 한 줄이라서 align-items: center가 제대로 적용되어 보입니다. 하지만 오른쪽 결과 화면처럼 웹 브라우저의 너비를 줄여서 자식 요소가 줄 바꿈을 하면 가운데 정렬이 적용되지 않습니다. 이럴 때 align-items 대신 align-content 속성을 적용합니다. 참고로 align-content 속성을 사용할 때는 flex-flow: wrap을 꼭 입력해야 합니다.

Do it! 자식 요소를 가운데 방향으로 정렬하기(CSS 파일) 2　　　　예제 파일: 05\05-2\css\alignitems.css

```
(… 생략 …)
section {
  (… 생략 …)
  display: flex;
  flex-flow: row wrap;
  justify-content: space-evenly;
  align-content: center;
}
(… 생략 …)
```

위와 같이 section 요소에서 align-items를 삭제하고 align-content로 수정해 보세요.

결과 화면

결과 화면처럼 요소가 줄 바꿈을 하더라도 세로로 가운데에 배치됩니다. 이처럼 줄 바꿈을
해야 하는 자식 요소가 여러 개 있다면 align-content 속성을 쓰고, 그렇지 않다면 align-
items 속성을 주로 씁니다.

05-3 자식 요소의 순서 지정하기

지금까지 부모 요소에 flex를 적용하여 자식 요소를 배치해 보았습니다. 이번에 자식 요소에 order 속성을 입력하여 요소의 순서를 지정하는 방법을 살펴보겠습니다. 다음 예제에서 자세히 살펴보겠습니다.

Do it! 자식 요소의 순서 바꾸기(HTML 파일)　　　　　　예제 파일: 05\05-3\order.html

```
(... 생략 ...)
<section>
  <article>1</article>
  <article>2</article>
  <article>3</article>
</section>
(... 생략 ...)
```

위와 같이 <section>과 <article> 태그를 3개 만들고 숫자를 입력합니다.

Do it! 자식 요소의 순서 바꾸기(CSS 파일) 1　　　　　　예제 파일: 05\05-3\css\order.css

```
(... 생략 ...)
* {
  margin: 0px;
  padding: 0px;
}
section {
  width: 100%;
  background: lightcyan;
  display: flex;
}
section article {
  width: 100px;
  height: 100px;
```

```
    background: aqua;
    border: 1px solid #000;
    font-size: 50px;
    color: #fff;
    display: flex;
    justify-content: center;
    align-items: center;
  }
(... 생략 ...)
```

모든 요소의 여백을 초기화한 후 section 요소에 배경색을 지정하고 display: flex를 적용합
니다. 그리고 자식 요소인 article 요소의 크기와 배경색, 테두리를 지정합니다. 이때 article
안쪽의 숫자를 가로세로 중앙에 배치할 것이므로 display: flex를 설정하고 justify-content
와 align-items의 속성값을 center로 지정합니다.

결과 화면

각각의 article 안쪽에 숫자가 가로세로 중앙에 배치된 것을 확인할 수 있습니다. 태그를 입
력한 순서대로 1번째, 2번째, 3번째 article 요소가 왼쪽부터 정렬되었습니다. 기존에는 입
력한 태그의 순서를 화면에서 변경하는 것이 불가능했으나 flex의 order 속성을 활용하면 입
력 순서에 상관없이 배치 순서를 쉽게 변경할 수 있습니다.

Do it! 자식 요소의 순서 바꾸기(CSS 파일) 2   예제 파일: 05\05-3\css\order.css

```
(... 생략 ...)
section article:nth-of-type(1) {
  order:2;
}
section article:nth-of-type(2) {
  order:3;
}
section article:nth-of-type(3) {
  order:1;
}
(... 생략 ...)
```

nth-of-type을 이용하여 각 article 요소를 선택하고, order 속성을 이용하여 순서를 지정합니다. 1번째 article은 2를 입력하여 2번째 위치로 보내고, 2번째 article은 3, 마지막 3번째 article은 1을 입력해 보세요.

결과 화면처럼 HTML에서 태그를 입력한 1, 2, 3의 순서가 아니라 order 속성이 적용되어 3, 1, 2로 변경되었습니다.

05-4 요소의 여백 비율 지정하기

flex-grow — 요소의 안쪽 여백 확대하기

flex-grow 속성을 사용하면 요소의 크기를 키웠을 때 요소 안쪽 여백이 확대되는 비율을 지정할 수 있습니다. 다음 예제에서 자세히 알아보겠습니다.

Do it! 요소의 여백 비율 확대하기(HTML 파일) 예제 파일: 05\05-4\flexgrow.html

```
(… 생략 …)
<section>
  <article>FLEX GROW</article>
  <article>FLEX GROW</article>
  <article>FLEX GROW</article>
</section>
(… 생략 …)
```

<section> 태그 안에 <article> 태그를 3개 만들고 텍스트를 입력합니다.

Do it! 요소의 여백 비율 확대하기(CSS 파일) 1 예제 파일: 05\05-4\css\flexgrow.css

```
(… 생략 …)
section {
  width: 100%;
  background: lightcyan;
  display: flex;
}
section article {
  background: aqua;
  border: 1px solid #000;
  box-sizing: border-box;
  font-size: 50px;
  color: #fff;
  display: flex;
}
```

section 요소에는 너빗값과 배경색을 지정하고 display: flex를 입력합니다. 자식인 article 요소는 배경색과 테두리를 지정하고 box-sizing: border-box를 입력하지만 너빗값과 높잇값은 따로 지정하지 않습니다. 부모 요소에만 display: flex를 지정하고 자식 요소에 크기를 따로 입력하지 않으면 자식 요소는 display: inline-block으로 설정되어 입력한 텍스트의 크기만큼만 설정됩니다.

결과 화면

FLEX GROWFLEX GROWFLEX GROW

결과 화면처럼 article 요소의 크기를 따로 지정하지 않고 부모 요소인 section에 display: flex를 입력했으므로 article은 inline-block 요소가 되고 요소 영역이 텍스트의 크기만큼 설정됩니다.

Do it! 요소의 여백 비율 확대하기(CSS 파일) 2   예제 파일: 05\05-4\css\flexgrow.css

```
(... 생략 ...)
section article:nth-of-type(1) {
  flex-grow: 1;
}
section article:nth-of-type(2) {
  flex-grow: 1;
}
section article:nth-of-type(3) {
  flex-grow: 1;
}
```

이번에는 모든 article 요소의 flex-grow 속성값을 똑같이 1로 입력합니다. 이렇게 지정하면 남은 부모 영역의 크기를 똑같이 배분하고 안쪽 여백을 설정해 article 요소의 크기가 늘어날 것입니다.

결과 화면

FLEX GROW   FLEX GROW   FLEX GROW

결과 화면처럼 텍스트 FLEX GROW의 오른쪽 여백이 모두 똑같은 크기로 설정되고 그에 따라 요소 영역의 크기도 커졌습니다.

```
(... 생략 ...)
section article:nth-of-type(1) {
  flex-grow:1;
}
section article:nth-of-type(2) {
  flex-grow:2;
}
section article:nth-of-type(3) {
  flex-grow:3;
}
```

이번에는 2번째 article 요소에는 flex-grow: 2를 입력하고, 3번째 article에는 flex-grow: 3을 입력합니다. 이렇게 지정하면 세 요소의 여백 비율이 다르게 배분됩니다. 1번째 요소를 기준으로 2번째 article 요소의 여백은 2배 커지고, 3번째 article 요소의 여백은 3배 커집니다.

결과 화면

FLEX GROW   FLEX GROW   FLEX GROW

결과 화면처럼 2번째 요소는 2배로, 3번째 요소는 3배로 커졌습니다. 만약에 **flex-grow**의 속성값을 0으로 지정하면 원래 크기가 됩니다.

여기서 잠깐!

flex-grow는 전체 영역의 크기를 조절하지 않습니다

flex-grow 속성을 사용할 때 실수하기 쉬운 점은, 입력한 속성값이 전체 영역의 크기를 조절한다고 오해하는 것입니다. flex-grow는 요소의 안쪽 여백만 비율로 조절할 뿐 전체 요소의 너빗값 비율을 변경하는 것이 아닙니다. 만약 전체 요소의 너빗값 자체를 비율로 변경하고 싶다면 다음에 배울 flex 속성을 사용하면 됩니다.

flex-shirink ― 요소의 안쪽 여백 축소하기

flex-shirink 속성을 사용하면 요소의 크기를 줄였을 때 안쪽 여백의 감소 비율을 지정할 수 있습니다. 다음과 같이 <section> 태그 안에 <article> 태그를 3개 생성합니다.

Do it! 요소의 여백 비율 축소하기(HTML 파일) 예제 파일: 05\05-4\flexshrink.html

```
(... 생략 ...)
<section>
  <article>SHRINK</article>
  <article>SHRINK</article>
  <article>SHRINK</article>
</section>
(... 생략 ...)
```

Do it! 요소의 여백 비율 축소하기(CSS 파일) 예제 파일: 05\05-4\css\flexshrink.css

```
(... 생략 ...)
section {
  width: 100%;
  background: lightcyan;
  display: flex;
}
section article {
  width: 400px;
  background: aqua;
  border: 1px solid #000;
  box-sizing: border-box;
  font-size: 50px;
  color: #fff;
  display: flex;
}
section article:nth-of-type(1) {
  flex-shrink: 1;
}
section article:nth-of-type(2) {
  flex-shrink: 2;
}
section article:nth-of-type(3) {
  flex-shrink: 3;
}
```

article 요소의 너빗값을 400px로 지정합니다. 이렇게 지정해야 브라우저 화면이 기본 너빗값보다 줄어들었을 때 감소한 비율을 확인할 수 있습니다. 그리고 nth-of-type을 이용해서 article 요소의 flex-shrink 속성값을 각각 1, 2, 3으로 순서대로 입력합니다. flex-grow 속성값이 클수록 증가하는 비율이 커졌듯이 flex-shrink 속성값이 클수록 크게 감소합니다.

SHRINK   SHRINK   SHRINK

속성값을 1로 지정한 1번째 박스의 감소 비율이 가장 작아서 실제 여백은 1번째 박스가 가장 큰 것을 확인할 수 있습니다.

flex — 전체 너빗값의 비율 조절하기

flex-grow와 flex-shrink 속성은 각각 요소의 안쪽 여백 비율만 지정했지만 flex 속성은 요소의 전체 너빗값 비율을 조절합니다. 05-5\css\flexshrink.css 파일에서 article 요소의 속성을 flex로 변경해 보겠습니다.

Do it! 전체 너빗값의 비율 조절하기(CSS 파일)   예제 파일: 05\05-4\css\flexshrink.css

```
(... 생략 ...)
section article:nth-of-type(1) {
  flex: 1;
}
section article:nth-of-type(2) {
  flex: 2;
}
section article:nth-of-type(3) {
  flex: 3;
}
```

article 요소의 flex 속성값을 각각 1, 2, 3으로 입력합니다.

SHRINK SHRINK   SHRINK

결과 화면처럼 1번째 박스를 기준으로 2번째, 3번째 박스의 전체 너비가 1 : 2 : 3 비율대로 변경됩니다.

06장

자바스크립트로 웹 페이지 제어하기

HTML, CSS만으로 구성한 정적인 웹 페이지는 브라우저에서 모든 콘텐츠의 출력을 완료하면 웹 구조나 스타일을 수정하기가 어렵습니다. 그래서 웹 브라우저에서도 콘텐츠를 제어할 수 있고, 인터랙티브 기능이 들어 있는 동적인 웹 페이지가 필요합니다. 여기에서는 동적인 웹 페이지를 만들 때 필요한 자바스크립트 문법과 웹 페이지를 수정, 제어하는 방법을 알아보겠습니다.

06-1 자바스크립트 시작하기

06-2 자바스크립트로 HTML 요소 선택하기

06-3 자바스크립트로 스타일 제어하기

06-4 자바스크립트로 이벤트 연결하기

06-5 자바스크립트로 클래스 제어하기

06-6 함수를 활용하여 코드 패키징하기

06-7 HTML 요소의 속성값 제어하기

06-8 자바스크립트로 사용자 브라우저 판단하기

06-1 자바스크립트 시작하기

자바스크립트를 사용하려면 HTML 파일 내부에 스크립트 코드를 작성하거나, 외부의 자바스크립트 파일을 만들어서 HTML 파일과 연결해야 합니다. 다음 실습에서 두 가지 방법을 자세히 살펴보겠습니다.

🖱 Do it! 실습 ┃ HTML과 자바스크립트 연결하기

1단계 ┃ HTML 파일 내부에 자바스크립트 연결하기

에디터에서 HTML 파일을 열고 다음과 같이 작성합니다.

예제 파일: 06\06-1\helloworld.html

```
<!DOCTYPE html>
<html lang="ko">
<head>
  <meta charset="UTF-8">
  <meta name="viewport" content="width=device-width, initial-scale=1.0">
  <meta http-equiv="X-UA-Compatible" content="ie=edge">
  <title>Javascript</title>
  <link rel="stylesheet" href="css/style.css">
  <script>
  console.log("Hello world");
  </script>
</head>
<body>
(... 생략 ...)
```

<head> 태그 안에 <script> console.log("Hello world"); </script>를 입력합니다. 참고로 자바스크립트 문법은 마지막에 세미콜론(;)을 붙여서 이 명령문이 끝났다는 표시를 해야 합니다.

결과 화면

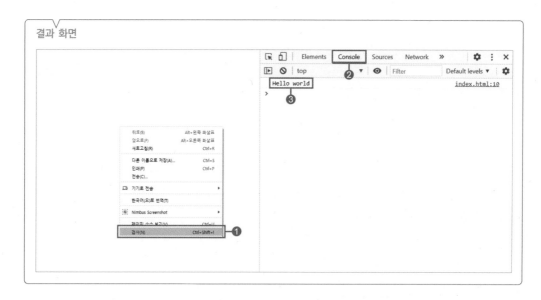

웹 브라우저에서 helloworld.html 파일을 열면 입력한 내용이 바로 보이지 않습니다. 왜냐하면 console 구문은 웹 브라우저의 개발자 도구에서 확인해야 하기 때문이죠. 위와 같이 크롬에서 마우스 오른쪽을 클릭하고 [검사]를 선택해 개발자 도구를 실행합니다. 그리고 [Console]을 클릭하면 HTML 파일에서 입력한 Hello world가 콘솔 창에 나타납니다.

여기에서 자바스크립트의 호출 위치를 자세히 살펴봐야 합니다. helloworld.html 파일에서는 자바스크립트의 호출 위치가 HTML 태그를 출력하는 <body> 영역보다 앞에 작성되어 있습니다. 그런데 웹 브라우저는 HTML 파일을 입력한 순서대로 코드를 읽습니다. 만약 HTML 요소를 제어해야 하는 자바스크립트 구문을 지금처럼 <body> 영역보다 먼저 실행한다면 결국 자바스크립트는 아직 생성되지도 않은 HTML 요소를 제어할 수 없으므로 문제가 발생합니다. 그러므로 다음 단계에서 자바스크립트의 호출 위치를 수정해 보겠습니다.

2단계 자바스크립트의 호출 위치 수정하기

<script>와 <body> 태그 안의 코드를 다음과 같이 수정합니다.

예제 파일: 06\06-1\helloworld.html

```
(... 생략 ...)
  <script>
const title = document.querySelector("#title");
console.log(title);
  </script>
```

```
</head>
<body>
  <h1 id="title">HELLO WORLD</h1>
</body>
</html>
(... 생략 ...)
```

`<script>` 태그 안의 코드는 웹 페이지에서 아이디값이 `"#title"`인 요소를 `title` 변수에 임시로 저장하라는 의미입니다. 그러면 `title` 안에는 `h1` 요소가 담기고 `console.log`로 `title`을 출력하면 웹 브라우저의 콘솔 창에서 보여야 합니다.

▶ 변수란 특정 값을 임시로 저장할 수 있는 공간을 의미합니다. 자세한 설명은 06-2절에서 다룹니다.

결과 화면

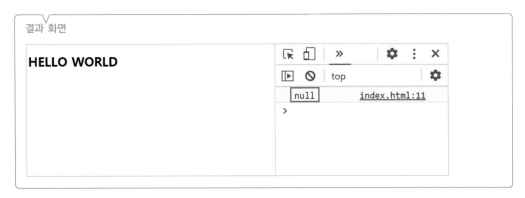

그런데 콘솔에는 값이 비었다는 null이 출력됩니다. #title 요소를 찾으라고 명령을 내렸지만 자바스크립트가 실행되는 시점에 아직 `<body>`를 읽지 못했기 때문에 #title 요소를 찾을 수가 없어 null값이 출력된 것입니다. 그렇다면 다음과 같이 호출 위치를 변경해 보겠습니다.

예제 파일: 06\06-1\helloworld.html

```
(... 생략 ...)
</head>
<body>
  <h1 id="title">HELLO WORLD</h1>
  <script>
  const title = document.querySelector("#title");
  console.log(title);
  </script>
</body>
</html>
(... 생략 ...)
```

<head> 영역에 작성했던 자바스크립트 코드를 <body> 영역의 마지막 행으로 이동합니다. 그러면 <h1> 태그가 출력된 다음에 자바스크립트를 호출합니다.

이제 크롬에서 콘솔 창을 확인하면 #title 요소가 제대로 출력됩니다.

3단계 HTML 파일과 외부 자바스크립트 연결하기

앞에서 살펴본 것처럼 간단한 코드는 HTML 파일 안에 자바스크립트를 바로 넣어 연결할 수 있습니다. 하지만 코드가 길고 복잡하다면 전용 스크립트 파일을 따로 만들어 HTML 파일에 링크로 연결하는 것이 좋습니다. 이번에는 외부 자바스크립트를 HTML 파일과 연결하는 방법을 알아보겠습니다.

그림 6-1 외부 자바스크립트 파일 만들어서 연결하기

그림 6-1과 같이 06\06-1\helloworld.html과 같은 경로에 custom.js 파일을 만들고 자바
스크립트 코드를 옮깁니다. 그리고 <body> 영역의 마지막 행에 외부 자바스크립트 파일을 불
러오는 구문을 입력합니다.

결과 화면처럼 콘솔 창을 확인하면 오른쪽에 `custom.js:2`가 출력됩니다. 이것은 자바스크립
트 호출 구문이 custom.js 파일의 2번째 행에 있다는 의미입니다.

그런데 <body> 영역에서 외부 자바스크립트를 연결하는 것은 예전에 썼던 방식입니다. 요즘
실무에서 많이 쓰는 방법으로 수정해 보겠습니다.

예제 파일: 06\06-1\helloworld.html

```
(... 생략 ...)
  <link rel="stylesheet" href="css/style.css">
  <script defer src="custom.js"></script>
</head>
<body>
  <h1 id="title">HELLO WORLD</h1>
</body>
</html>
```

<body> 영역에 있는 외부 자바스크립트 연결 구문을 <head> 영역으로 옮기고 `src` 앞에 `defer`
를 입력합니다. 이렇게 외부 자바스크립트 파일을 호출할 때 `defer`를 지정하면 웹 브라우저
의 자바스크립트 해석기가 <body>를 해석하면서 동시에 외부 자바스크립트 파일을 가져옵니
다. 그리고 웹 브라우저 <body> 영역의 내용이 모두 출력되면 외부 스크립트 파일을 실행합니
다. 실무에서 꽤 유용하게 쓰는 방법이니 꼭 기억해 두세요.

▶ 이 책은 ES6 문법을 사용하여 자바스크립트를 작성합니다. 현재 자바스크립트의 표준 문법이자 실무에서 주로 사용하는 버전은
ES6이기 때문입니다. 만약 구형 브라우저와의 호환성이 필요하다면 babel과 같은 코드 변환기를 활용하여 ES5를 제작할 수도 있습
니다. 자바스크립트를 더 자세히 알고 싶다면 필자의 블로그를 참고하세요.

06-2 자바스크립트로 HTML 요소 선택하기

여기에서는 자바스크립트의 변수를 만들어 HTML 요소를 다양하게 선택하는 방법을 알아보
겠습니다.

document.querySelector() — 요소 선택하기

자바스크립트에서 요소를 선택할 때 document.querySelector() 문을 사용하면 간단합니다.

Do it! 요소 선택하기(HTML 파일)   예제 파일: 06\06-2\querySelector.html

```
(... 생략 ...)
<section id="wrap">
  <article class="box1">TEXT1</article>
  <article class="box2">TEXT2</article>
  <article class="box3">TEXT3</article>
</section>
(... 생략 ...)
```

위와 같이 아이디가 wrap인 <section> 태그를 만들고 <article> 태그 3개를 작성합니다. 그
리고 <article> 태그에 box1, box2, box3이라는 클래스를 각각 지정합니다.

Do it! 요소 선택하기(스크립트 파일)   예제 파일: 06\06-2\querySelector.js

```
document.querySelector("#wrap");
```

그리고 외부 스크립트 파일을 작성합니다. 위의 코드는 <body>에서 아이디가 wrap인 요소를
찾으라는 의미입니다.

요소를 찾은 후에는 찾은 요소를 임시로 저장하는 **변수**에 넣어야 필요할 때마다 보다 효율적
으로 재사용할 수 있습니다. 그렇다면 스크립트 파일에 변수를 넣어 수정해 보겠습니다.

```
const frame = document.querySelector("#wrap");
console.log(frame);
```

변수를 만드는 방법은 간단합니다. 위와 같이 const 키워드와 변수 이름을 입력하면 됩니다.
그리고 변수명 다음에 대입 연산자인 =을 입력하고, 앞에서 작성했던 **wrap** 요소를 찾는 자바
스크립트 구문을 적습니다.

정리하자면 아이디가 **wrap**인 요소를 찾아
그 결괏값을 frame이라는 변수에 저장하고,

▶ 자바스크립트에서 = 기호는 오른쪽의 구문을 먼저 실행해서 왼
쪽에 대입하는 연산자입니다. 즉, 여기에서는 =을 기준으로 오른쪽
에서 연산한 결괏값을 왼쪽에 넣는 것을 의미합니다.

이 값을 다시 console.log()를 이용해서 출력하는 코드입니다. 이때 절대 변경해서는 안 될
변숫값이라면 const 예약어로 지정해야 합니다.

결과 화면

TEXT1
TEXT2
TEXT3

웹 브라우저에서 콘솔 창을 확인하면 #wrap 요소가 제대로 출력됩니다. 이처럼 `document.`
`querySelector()` 문을 이용하면 원하는 요소를 쉽게 찾을 수 있습니다.

여기서 잠깐!

변수란 무엇인가요?

모든 프로그래밍 언어는 데이터를 여러 방법으로 제어하면서 프로그램을 만듭니다. 이때 특정
데이터를 자주 쓴다면 그 데이터를 자주 쓰는 값으로 저장하여 빠르고 간편하게 사용할 수 있
습니다. 이러한 데이터를 저장하는 공간을 변수라고 합니다. 그리고 자바스크립트에서는 변수
를 만들 때 키워드를 사용해야 합니다. ES5에서는 var라는 키워드 1개만 사용했지만, ES6
에서는 const와 let이라는 키워드 2개가 추가되었습니다. const는 값을 절대 변경하면 안
되는 데이터를 저장할 때 사용하고, let은 값이 계속 변할 수 있는 데이터를 저장할 때 씁니다.

이번에는 다른 요소를 찾아보겠습니다. #wrap 안에 있는 **article**의 클래스명이 box1인 요소
를 찾으려면 어떻게 해야 할까요?

Do it! 클래스명이 box1인 요소 선택하기(스크립트 파일)　　　예제 파일: 06\06-2\querySelector.js

```
const box1 = document.querySelector("#wrap .box1");
console.log(box1);
```

바로 위와 같이 선택자를 #wrap .box1로 변경하면 됩니다.

웹 브라우저의 콘솔 창을 확인해 보면 **#wrap** 안에 있는 **article.box1** 요소만 선택했습니다.

document.querySelectorAll( ) — 요소를 모두 선택하기

여기에서는 **#wrap** 안에 있는 **article** 요소를 모두 찾는 예제를 작성해 보겠습니다.

Do it! 요소를 모두 선택하기(HTML 파일)　　　예제 파일: 06\06-2\querySelectorAll.html

```
(... 생략 ...)
<section id="wrap">
  <article class="box1">TEXT1</article>
  <article class="box2">TEXT2</article>
  <article class="box3">TEXT3</article>
</section>
(... 생략 ...)
```

위와 같이 새로운 HTML 파일을 만들고, 스크립트 파일에는 **#wrap** 안에 **article**을 입력해 모든 요소를 선택합니다. 그리고 **article** 요소 3개가 모두 나타나는지 확인해 보세요.

Do it! 요소를 모두 선택하기(스크립트 파일) 1　　　예제 파일: 06\06-2\querySelectorAll.js

```
const item = document.querySelector("#wrap article");
console.log(item);
```

분명히 자식 선택자를 article로 지정했지만 document.querySelector() 문은 단일 요소를 찾으므로 그룹의 1번째 요소만 선택합니다.

그럼 이번엔 article 요소 3개를 모두 선택해 보겠습니다.

Do it! 요소를 모두 선택하기(스크립트 파일) 2   예제 파일: 06\06-2\querySelectorAll.js

```
const items = document.querySelectorAll("#wrap article");
console.log(items);
```

위와 같이 자바스크립트 구문만 document.querySelectorAll()로 수정합니다. 명령문에 All 이 들어 있으니 요소 여러 개를 잘 찾아 줄 것 같은 느낌이 들지 않나요? 과연 article 요소 3 개를 모두 찾는지 결과 화면을 보겠습니다.

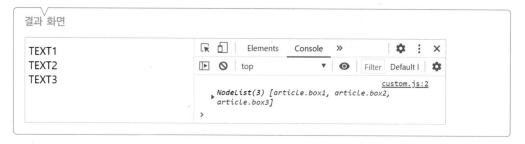

요소 3개를 찾은 것 같은데 예상한 결괏값은 아닙니다. document.querySelector() 문을 이용하면 단일 요소는 바로 탐색할 수 있지만, document.querySelectorAll() 문으로 요소를 여러 개 탐색하면 NodeList라는 특별한 묶음의 결괏값이 나옵니다. 이 Nodelist는 반복문을 이용해서 요소를 하나씩 선택해야 합니다.

이번에는 document.querySelectorAll()을 활용해 #wrap article 요소들을 변수 items에 저장합니다. 그리고 for of 문을 이용해 모든 article 요소를 찾는 콘솔문을 작성하겠습니다.

```
const items = document.querySelectorAll("#wrap article");

for(let item of items) {
  console.log(item);
}
```

변수 item은 반복문을 실행하면서 계속해서 변경된 값을 저장할 것이므로 예약어 let을 사용합니다. items에 담긴 article 요소의 개수만큼 반복하면서 찾은 대상을 item에 저장하고, 코드 블록({ }) 안의 구문을 반복하면서 item값을 출력합니다.

다음 결과 화면처럼 변수 items에 저장되어 있는 article의 모든 요소가 콘솔 창에 출력됩니다.

결과 화면

TEXT1
TEXT2
TEXT3

```
<article class="box1">TEXT1</article>
<article class="box2">TEXT2</article>
<article class="box3">TEXT3</article>
```

이 예제에서 사용한 for of 문의 기본 형식은 다음과 같이 정리할 수 있습니다.

```
for(let "반복하는 요소가 담길 변수" of "반복시킬 그룹") {
  반복 실행할 구문
}
```

```
for (let item of group){
  console.log(item);
}
```

for of 문을 활용하면 여러 개의 요소를 편하게 반복하며 코드를 실행할 수 있지만, 반복되는
요소의 순섯값을 코드 내부에서 활용하기 위해서는 for 문을 활용하는 것이 더 효과적입니
다. 다음은 앞의 예제를 for 문으로 수정한 코드입니다.

Do it! 요소를 모두 선택하기(스크립트 파일) 4 　　　　　 예제 파일: 06\06-2\querySelectorAll.js

```
const items = document.querySelectorAll("#wrap article");

for(let i=0; i<items.length; i++){
  console.log(items[i]);
}
```

변수 items에 article 요소를 그룹으로 담고 for 문을 작성합니다. let i=0은 반복하기 위한
초기 순섯값을 지정합니다. 프로그래밍 언어에서는 시작 순서가 1이 아닌 0이기 때문입니다.
i < items.length는 items 변수에 담긴 그룹 요소의 개수를 자동으로 계산해서 해당 개수보
다 작을 때까지 반복하고, i++ 구문을 이용해서 1씩 증가시킵니다. console 문의 items[i]는
items 그룹에서 i번째의 요소를 탐색합니다. 결국 위의 코드는 console.log(items[0]) ~
console.log(items[3]) 구문을 반복하면서 items 그룹 안에 있는 모든 요소를 탐색합니다.

이 예제에서 사용한 for 문의 기본 형식은 다음과 같이 정리할 수 있습니다.

```
for(let "반복하는 순서가 담길 변수"; 반복할 횟수의 최댓값; 증감 연산자) {
  반복 실행할 구문
}
```

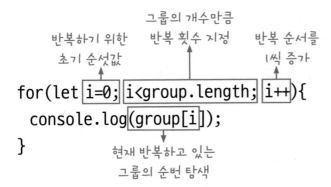

```
for(let i=0; i<group.length; i++){
  console.log(group[i]);
}
```

반복하기 위한 초기 순섯값

그룹의 개수만큼 반복 횟수 지정

반복 순서를 1씩 증가

현재 반복하고 있는 그룹의 순번 탐색

위의 for문은 변수 i의 초깃값인 0부터 시작해 전체 그룹의 개수보다 작으면 코드 블록 안의 구문을 실행하고, i값을 1씩 증가시킵니다. 그리고 증가된 i값을 다시 전체 그룹의 개수와 비교해 작으면 코드 실행을 반복하고, i값이 전체 그룹의 개수와 같거나 크면 반복을 종료합니다.

반복문은 프로그래밍을 처음 공부할 때 어렵게 느낄 수 있지만 자주 사용하는 문법이므로 실습 예제 코드를 여러 번 보면서 충분히 알아 두기 바랍니다.

Do it! 실습 부모, 자식, 형제 요소 선택하기

1단계 HTML 파일 만들기

이번에는 특정 요소를 기준으로 부모, 자식, 형제 요소를 선택하는 예제를 만들어 보겠습니다.

예제 파일: 06\06-2\selectortest.html

```
(... 생략 ...)
<body>
  <ul class="list">
    <li class="item1">item1</li>
    <li class="item2">item2</li>
    <li class="item3">item3</li>
    <li class="item4">item4</li>
  </ul>
</body>
(... 생략 ...)
```

위와 같이 \<ul> 태그와 그 안에 \<li> 태그 4개를 만들고 각각 클래스명을 지정합니다.

예제 파일: 06\06-2\selectortest.js

```
const list = document.querySelector(".list");
const items = list.children;

console.log(items);
console.log(items[0]);
console.log(items[1]);
console.log(items[2]);
console.log(items[3]);
```

list 변수에 .list 요소를 저장합니다. 그리고 자식 요소인 .children를 선택해서 items 변수에 저장합니다. 이 변수를 콘솔 창에서 보면 li 자식 요소 4개가 그룹으로 묶인 것을 확인할 수 있습니다. 위와 같이 요소를 하나씩 선택해 보여 주는 console.log() 문을 추가합니다.

결과 화면

3단계 부모 요소 선택하기

자식 요소에서 부모 요소를 선택하는 방법은 다음과 같습니다.

예제 파일: 06\06-2\selectortest.js

```
(... 생략 ...)
const item2 = document.querySelector(".item2");
console.log(item2.parentElement);
```

스크립트 파일 하단에 위와 같은 코드를 추가합니다. 이번에는 클래스가 item2인 자식 요소를 변수에 저장하고 이 요소를 기준으로 .parentElement 구문을 이용해서 console.log() 문으로 출력하면 부모 요소인 ul 요소가 선택됩니다.

결과 화면

item1
item2
item3
item4

```
▶<ul class="list">…</ul>          custom.js:2
>
```

4단계 제일 가까운 상위 부모 요소 선택하기

앞의 단계처럼 `.parentElement` 구문은 직계 부모만 선택할 수 있습니다. 만약 찾으려는 요소가 직계 부모가 아니라 부모의 부모 요소 또는 그보다 상위 부모 요소라면 코드가 길어지고 복잡할 것입니다. 이런 경우에 `.closest()` 명령어를 이용하면 선택자를 기준으로 제일 가까운 상위 부모 요소를 쉽게 탐색할 수 있습니다.

예제 파일: 06\06-2\selectortest.html

```html
(... 생략 ...)
<body>
  <main>
    <section>
      <article>
        <ul>
          <li>list</li>
        </ul>
      </article>
    </section>
  </main>
</body>
(... 생략 ...)
```

위와 같은 구조로 태그를 생성해 줍니다. 이 상태에서 `li` 요소를 기준으로 최상위 부모 요소인 `main`을 탐색해 보겠습니다.

예제 파일: 06\06-2\selectortest.js

```js
(... 생략 ...)
const li = document.querySelector("li");
console.log(li.closest("main"))
(... 생략 ...)
```

li 요소를 변수에 저장하고 console.log() 문으로 li.closest("main")의 결괏값을 출력합니다. 이렇게 입력하면 li의 부모 요소 중에서 제일 가까운 main 요소를 탐색합니다.

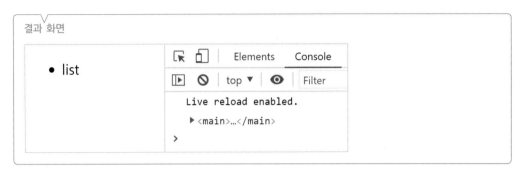

브라우저의 콘솔 창을 확인해 보면 main 요소가 탐색된 결과가 나타납니다.

5단계 형제 요소 선택하기

이번에는 형제 요소를 선택해 보겠습니다.

예제 파일: 06\06-2\selectortest.js

```
(... 생략 ...)
const item3 = document.querySelector(".item3");
console.log(item3.previousElementSibling);
console.log(item3.nextElementSibling);
```

변수에 item3의 3번째 li를 저장한 다음 previousElementSibling과 nextElementSibling을 사용해서 콘솔 창에서 확인하면 3번째 리스트를 기준으로 각각 이전 형제 요소와 다음 형제 요소가 선택됩니다.

06-3 자바스크립트로 스타일 제어하기

지금까지 자바스크립트를 이용하여 HTML 요소를 선택하는 방법을 알아봤으니, 여기에서는 선택한 HTML 요소의 스타일을 제어해 보겠습니다.

Do it! HTML 요소의 스타일 제어하기(HTML 파일)　　　　　　　예제 파일: 06\06-3\index.html

```
(... 생략 ...)
<body>
  <article id="box"></article>
</body>
(... 생략 ...)
```

위와 같이 <article> 태그를 하나 생성하고 아이디 이름을 box로 지정합니다.

Do it! HTML 요소의 스타일 제어하기(CSS 파일)　　　　　　　예제 파일: 06\06-3\css\style.css

```
#box {
  width: 200px;
  height: 200px;
  background-color:aqua;
  border: 5px solid #000;
  transform: rotate(0deg);
}
```

box 요소를 선택해서 너빗값과 높잇값은 각각 200px로, 배경색은 aqua로 설정합니다. 그리고 transform: rotate(0deg) 속성을 추가합니다.

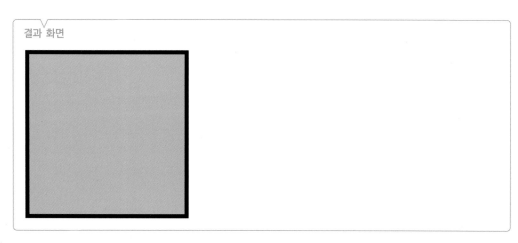

결과 화면

웹 브라우저에 정사각형의 결과 화면이 나타납니다. 자바스크립트를 이용하면 이미 CSS로 지정된 HTML 요소의 스타일을 얼마든지 다시 변경할 수 있습니다. 다음의 스크립트 파일을 만들어 보겠습니다.

Do it! HTML 요소의 스타일 제어하기(스크립트 파일)　　　　　예제 파일: 06\06-3\custom.js

```
const box = document.querySelector("#box");

box.style.width = "10%";
box.style.height = "300px"
box.style.backgroundColor = "hotpink";
box.style.border = "none";
box.style.transform = "rotate(10deg)";
```

먼저 querySelector 문으로 #box 요소를 찾아 변수 box에 넣습니다. 그리고 변수에 담겨 있는 HTML 요소를 불러온 뒤 .style을 공통으로 붙이고 변경하고 싶은 속성명을 입력하면 됩니다. 여기에서 주의할 점은 background-color처럼 단어 2개가 하이픈(-)으로 연결된 속성은 backgroundColor처럼 2번째 시작하는 단어의 첫 글자를 대문자로 바꿔서 입력해야 한다는 것입니다.

결과 화면

결과 화면처럼 박스 모양이 정사각형에서 직사각형으로 변경되고 왼쪽으로 10° 회전했으며, 분홍색으로 바뀌고 테두리는 사라졌습니다.

여기서 잠깐!

자바스크립트의 기본 문법이 더 궁금하다면!

이 책에서는 쉽게 설명하기 위해 document.querySelector로 선택한 요소를 HTML 요소라고 했는데, 원래는 DOM(document object model)이라는 브라우저가 인식할 수 있는 특수한 형태의 문서 객체 모델입니다. 객체 모델은 특정 정보의 패키지 묶음이라고 이해하면 됩니다. DOM에는 HTML의 기본 정보뿐만 아니라 요소 스타일의 정봇값도 들어 있는데 이것이 style 속성입니다. 결국 앞의 예제는 DOM에 내장된 style 속성값을 변경해서 기존 CSS 스타일에 덮어쓰는 작업이었습니다.

그리고 background-color처럼 하이픈으로 연결된 스타일 속성명을 backgroundColor로 변경하는 이유는 자바스크립트에는 예약어가 존재하기 때문입니다. 예약어란 프로그래밍 언어에서 특수한 기능을 하는 문자나 단어를 의미하는데, 자바스크립트에서 하이픈은 산술 연산 예약어라서 속성명에 쓸 수가 없는 것입니다.

자바스크립트의 기본 문법은 한 챕터 분량으로 다룰 수 없을 만큼 내용이 방대하므로 기초 입문서인 이번 책에서는 꼭 필요한 최소 문법만 다룹니다. 필자의 블로그에 자바스크립트 문법을 자세히 정리해 놓았으니 더 깊이 공부하고 싶다면 참고하세요.

06-4 자바스크립트로 이벤트 연결하기

앞에서 자바스크립트를 적용한 웹 페이지는 출력을 완료한 후에도 사용자 행동에 따라 웹의 요소를 동적으로 변경할 수 있다고 설명했습니다. 이러한 사용자 행동은 자바스크립트의 여러 가지 이벤트로 나타낼 수 있는데, 그중에서 마우스 동작과 관련된 이벤트를 알아보고 HTML 요소와 어떻게 연결하고 제어하는지 살펴보겠습니다.

클릭 이벤트 연결하기

사용자가 웹에서 가장 많이 하는 행동을 하나만 고르라면 클릭하는 것을 들 수 있습니다. 다음 예제를 통해 HTML 요소에 클릭 이벤트를 연결해 보겠습니다.

Do it! HTML 요소에 클릭 이벤트 연결하기(HTML 파일) 예제 파일: 06\06-4\clickevent.html

```
(... 생략 ...)
<body>
  <a href="https://www.naver.com">click</a>
</body>
(... 생략 ...)
```

`<a>` 태그를 입력하고 링크 주소를 넣습니다.

Do it! HTML 요소에 클릭 이벤트 연결하기(CSS 파일) 예제 파일: 06\06-4\css\clickevent.css

```
(... 생략 ...)
a {
  font-size: 100px;
  color: #555;
}
```

CSS 파일에는 글자 크기와 색상만 지정합니다.

```
const link = document.querySelector("a");

link.addEventListener("click", ()=>{
  console.log("링크를 클릭했습니다.");
});
```

스크립트 파일에 변수 link를 생성하고 querySelector() 문으로 a 요소를 찾아서 저장합니다. 그리고 link에 담겨 있는 a 요소에 .addEventListener() 문을 연결해서 클릭 이벤트를 지정합니다. addEventListener() 문은 요소명.addEventListener("이벤트명", (전달될 값) => {실행할 구문});으로 사용합니다. () 괄호 안에는 값이 2개 있는데, 1번째는 등록할 이벤트명입니다. 여기에서는 클릭 이벤트를 등록할 것이므로 click을 입력합니다. 그 다음 2번째 값으로 리스너를 등록합니다. 리스너는 이벤트가 발생할 때 응답해서 실행할 동작을 의미합니다. 리스너는 ES6 문법의 화살표 함수(=>)를 사용하는데 모양이 화살표 같아서 붙인 이름입니다.

이 예제는 link 변수에 저장된 a 요소를 클릭하면 콘솔 창에 '링크를 클릭했습니다.'라는 텍스트를 출력합니다. 하지만 웹 브라우저에서 링크를 클릭하면 콘솔 창에 텍스트를 출력하기도 전에 바로 네이버 페이지로 이동합니다. 링크를 클릭할 때 기본 기능인 링크 이동을 막고, 콘솔 창에 텍스트가 나타나도록 코드를 수정하겠습니다.

```
const link = document.querySelector("a");

link.addEventListener("click", (e)=>{
  e.preventDefault();
  console.log("링크를 클릭했습니다.");
});
```

"click" 이벤트명 다음의 빈 괄호에 e를 넣고 e.prventDefault() 문을 추가합니다. 이벤트가 발생하면 자동으로 이벤트 객체라는 특별한 값이 화살표 함수로 자동 전달하는데, 이때 추가로 넣은 e값이 바로 이벤트 객체입니다. preventDefault() 문은 이벤트의 기본 기능을 실행하지 말라는 명령어입니다. 이 이벤트 리스너에 연결된 요소가 링크 이동을 담당하는 a 요소이므로 링크 이동 기능을 막고 console.log() 문을 실행합니다. 참고로 이벤트명 뒤에 있는 괄호에서 전달되는 값이 하나이면 괄호를 생략할 수 있습니다.

이제 웹 브라우저에서 a 요소를 클릭하면 링크로 이동하지 않고 입력한 텍스트가 콘솔 창에 제대로 출력됩니다.

호버 이벤트 연결하기

특정 영역에 마우스 포인터를 올리거나 내릴 때 동작하는 호버 마우스 이벤트를 연결해 보겠습니다.

Do it! HTML 요소에 마우스 이벤트 연결하기(HTML 파일)　　　예제 파일: 06\06-4\mouseevent.html

```
(... 생략 ...)
<body>
  <div id="box"></div>
</body>
(... 생략 ...)
```

위와 같이 HTML 파일에는 아이디명이 box인 `<div>` 태그를 만듭니다.

Do it! HTML 요소에 마우스 이벤트 연결하기(CSS 파일)　　　예제 파일: 06\06-4\css\mouseevent.css

```
(... 생략 ...)
#box {
  width: 200px;
  height: 200px;
  background: aqua;
  margin: 100px auto;
}
```

CSS 파일에는 박스의 너비와 높이를 각각 **200px**로 지정하고 배경색을 **aqua**로 설정합니다.

여기까지 작성하고 웹 브라우저에서 결과를 확인하면 정사각형 박스가 나타납니다. 이제 자바스크립트를 이용해서 박스 위에 마우스 포인터를 올리면 배경색이 hotpink로 변경되고 포인터가 벗어나면 다시 aqua 색상으로 변경되게 만들겠습니다.

Do it! HTML 요소에 마우스 이벤트 연결하기(스크립트 파일)　　　　예제 파일: 06\06-4\mouseevent.js

```javascript
const box = document.querySelector("#box");

box.addEventListener("mouseenter", ()=>{
  box.style.backgroundColor = "hotpink";
});

box.addEventListener("mouseleave", ()=>{
  box.style.backgroundColor = "aqua";
});
```

위와 같이 변수 box에 HTML 요소를 저장하고 mouseenter와 mouseleave 이벤트를 만들어 각각 addEventListenr() 문으로 연결합니다. mouseenter가 실행되면 box의 배경색을 hotpink로 변경하고 mouseleave가 실행되면 배경색을 다시 aqua로 변경합니다.

결과 화면

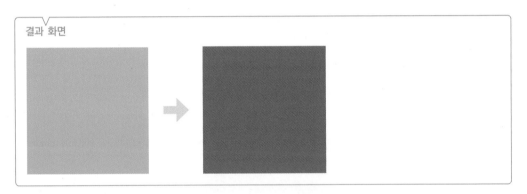

결과 화면처럼 박스 위에 마우스 포인터를 올리면 배경색이 hotpink로 변경되고 마우스 포인터가 박스를 벗어나면 다시 aqua로 변경됩니다.

여기서 잠깐!

ES5 버전의 이벤트 연결문은 다른가요?

addEventLister의 기본 구문은 같은데 콤마 뒤에 들어가는 리스너의 함수 형태만 달라집니다. 앞 예제의 자바스크립트를 ES5 버전으로 작성해 보겠습니다.

```javascript
const box = document.querySelector("#box");

box.addEventListener("mouseenter", function(){
  this.style.backgroundColor = "hotpink";
});

box.addEventListener("mouseleave", function(){
  this.style.backgroundColor = "aqua";
});
```

기존의 화살표 함수를 일반 function 함수로 변경해 줍니다. function() 함수로 연결하면 해당 코드 블록 안쪽에 this 키워드를 쓸 수 있는데, 이벤트 문 안쪽에서 this는 이벤트가 발생한 대상인 box를 가리킵니다. 단, 화살표 함수 안쪽에서는 this 키워드를 이와 같이 사용할 수 없습니다. 화살표 함수 안쪽에서는 this값이 이벤트 발생 대상이 아닌 window 객체를 가리키기 때문입니다. 만약 화살표 함수 안쪽에서 이벤트가 발생한 대상을 선택하려면 this 대신에 event 객체를 넘겨서 e.currentTarget을 선택자로 잡아 주면 됩니다.

다음 코드는 위의 코드와 같습니다. 여기에서는 e를 감싸는 괄호를 생략했는데 코드 블록 내부로 전달되는 값이 1개이면 괄호를 생략할 수 있습니다.

```javascript
const box = document.querySelector("#box");

box.addEventListener("mouseenter", e=>{
  e.currentTarget.style.backgroundColor = "hotpink";
});

box.addEventListener("mouseleave", e=>{
  e.currentTarget.style.backgroundColor = "aqua";
});
```

위에서 설명한 구문 2개 가운데 선택해서 사용하면 되는데, 요즘 실무에서는 기존 function() 함수 대신에 화살표 함수를 많이 사용하는 추세입니다. 이 책에서는 자주 쓰는 이벤트만 선별적으로 다루지만 이벤트의 종류는 매우 다양하므로 더 알고 싶다면 필자의 블로그를 참고하세요.

반복되는 요소에 이벤트 한꺼번에 연결하기

반복되는 요소에 이벤트를 한꺼번에 연결하는 방법을 알아보겠습니다.

```html
(... 생략 ...)
<body>
  <ul class="list">
    <li><a href="#">item1</a></li>
    <li><a href="#">item2</a></li>
    <li><a href="#">item3</a></li>
    <li><a href="#">item4</a></li>
  </ul>
</body>
(... 생략 ...)
```

먼저 `<ul>` 태그를 이용하여 리스트 4개를 위와 같이 작성합니다.

```javascript
const list = document.querySelectorAll(".list li");

for(let el of list){
  el.addEventListener("click", e=>{
    e.preventDefault();
    console.log(e.currentTarget.innerText);
  })
}
```

querySelectorAll() 문을 이용하여 리스트를 그룹으로 만들어 변수 list에 저장합니다. 그리고 for of 문을 이용해 list 그룹을 반복하면서 이벤트를 연결합니다.

이번에는 e를 감싸는 괄호를 생략해 보겠습니다. 앞의 예제에서 설명한 것처럼 전달되는 값이 하나뿐이면 괄호는 생략할 수 있습니다. 변수 el에 저장되고 있는 반복 요소를 클릭할 때마다 해당 요소를 e.currentTarget으로 선택해 주고 .innerText 구문을 연결해 줍니다. .innerText 구문은 선택한 요소의 텍스트를 불러옵니다. 이제 버튼을 클릭하면 콘솔 탭에 각각 item1, item2, item3, item4의 텍스트 내용이 출력되는 것을 확인할 수 있습니다.

만약 텍스트를 불러오는 것이 아니라 텍스트 내용을 변경하고 싶다면 **선택자.innerText = "변경할 텍스트";**처럼 변경한 텍스트 내용을 대입 연산자로 지정해 주면 됩니다.

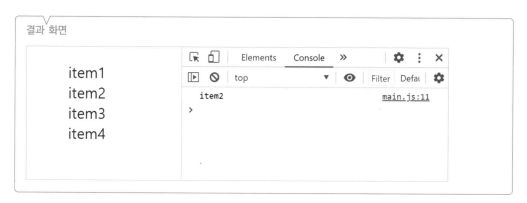

결과 화면

위와 같이 두 번째 **item2**를 클릭하면 콘솔탭에 **item2**가 출력되는 것을 확인할 수 있습니다.

클릭 이벤트가 발생할 때 숫자를 증가, 감소하기

이번에는 텍스트를 클릭할 때마다 계속해서 숫자를 증가 혹은 감소시키는 기능을 구현해 보겠습니다.

> **Do it!** 클릭 이벤트가 발생하면 숫자 증가, 감소하기(HTML 파일)　　예제 파일: 06\06-4\plusminus.html

```
(… 생략 …)
<body>
  <a href="#" class="btnPlus">plus</a>
  <a href="#" class="btnMinus">minus</a>
</body>
(… 생략 …)
```

`<body>` 태그 안에 `<a class="btnPlus">`와 `<a class="btnMinus">` 태그로 plus, minus 텍스트를 입력합니다.

> **Do it!** 클릭 이벤트가 발생하면 숫자 증가, 감소하기(스크립트 파일)　　예제 파일: 06\06-4\plusminus.js

```
const btnPlus = document.querySelector(".btnPlus");
const btnMinus = document.querySelector(".btnMinus");
let num = 0; //제어할 숫잣값을 0으로 초기화

//btnPlus를 클릭할 때마다
btnPlus.addEventListener("click", e=>{
```

```
      e.preventDefault();
      //num값을 1씩 증가
      num++;
      console.log(num);
    });


    //btnMinus를 클릭할 때마다
    btnMinus.addEventListener("click", e=>{
      e.preventDefault();
      //num값을 1씩 감소
      num--;
      console.log(num);
    })
```

각각의 버튼을 변수 btnPlus, btnMinus에 담아 두고 변수 num에 초깃값인 0을 저장합니다. 이 때 num 변숫값은 버튼을 클릭할 때마다 증가, 감소시킬 예정이므로 let으로 선언합니다. 그리고 btnPlus에 클릭 이벤트를 연결해 주고 이벤트 연결문 안쪽에 num++ 구문을 입력합니다. num++는 기존 num값을 1씩 증가시키라는 명령어입니다. 같은 방식으로 btnMinus에도 클릭 이벤트를 연결해 주고 num-- 구문으로 숫잣값을 1씩 감소시킵니다.

plus 텍스트를 클릭하면 값이 1씩 증가하고, minus 버튼을 클릭하면 값이 1씩 감소하는 것을 확인할 수 있습니다. 만약에 값을 3씩 증가, 감소시키려면 기존 코드에서 num++을 num+=3으로 변경하고, num--을 num-=3으로 변경하면 됩니다.

문자 안에 변수 삽입하기

프로그래밍을 하다 보면 문자 안에 변수나 연산식을 삽입해야 될 때가 있습니다. 이때 변수의 값을 그대로 유지하면서 문자 안에 삽입하는 방법을 알아보겠습니다.

```
const myName = "홍길동";
console.log("내 이름은 myName입니다.");
```

먼저 위의 코드를 살펴보겠습니다. 변수 myName에 이름을 저장하고 콘솔문에 해당 변수를 넣어 줍니다.

결과 화면

콘솔 창에서 결과를 확인하면 myName변수에 저장되어 있는 홍길동이 출력되는 것이 아니라 myName이라는 변수명이 출력됩니다. 이처럼 문자 안에 변수를 그대로 집어넣으면 해당 변수 안에 저장되어 있는 값이 실행되는 것이 아닌 변수가 강제로 문자로 변환되어 예상하지 못한 결괏값이 출력됩니다. 이 문제점을 해결하기 위해 자바스크립트에서는 문자 안에서 변숫값을 유지할 수 있는 편리한 구문을 제공합니다. 코드를 다음과 같이 수정하겠습니다.

```
const myName = "홍길동";
console.log(`내 이름은 ${myName}입니다.`);
```

콘솔 문에서 문자를 따옴표가 아닌 백틱(`)으로 감싸 줍니다. 한쪽 방향으로 기운 작은따옴표와 비슷해 보이지만 이 기호는 키보드의 왼쪽 상단 숫자 1 앞에 있습니다. 그다음 문자 안에서 ${변수}로 묶어 주면 문자의 변숫값을 유지할 수 있습니다.

결과 화면

다시 콘솔 창에서 결과를 확인하면 myName의 변숫값인 홍길동이 제대로 나타납니다.

앞에서 다룬 숫자를 증가, 감소시키는 방법과 문자 안에 변수 삽입하기 기능을 조합해서 클릭하면 좌우로 회전하는 박스를 만들어 보겠습니다.

1단계 HTML, CSS 파일 만들기

예제 파일: 06\06-4\index.html

```
(... 생략 ...)
<body>
    <a href="#" class="btnLeft">왼쪽으로 회전</a>
    <a href="#" class="btnRight">오른쪽으로 회전</a>

    <div id="box"></div>
</body>
(... 생략 ...)
```

<a href="#" class="btnLeft">, <a href="#" class="btnRight"> 태그로 각각 왼쪽, 오른쪽 회전 텍스트를 만들고 <div id="box"> 태그로 제어할 박스를 생성합니다.

예제 파일: 06\06-4\css\style.css

```
#box {
  width: 300px;
  height: 300px;
  margin: 50px;
  background: aqua;
  transition: 0.5s;
}
```

#box 요소의 너빗값과 높이값을 각각 300px로 입력하고 바깥 여백과 배경색을 지정한 뒤, trasition을 0.5초로 등록합니다.

예제 파일: 06\06-4\main.js

```javascript
const btnLeft = document.querySelector(".btnLeft");
const btnRight = document.querySelector(".btnRight");
const box = document.querySelector("#box");
const deg = 45; //회전할 각도의 값 저장
let num = 0;     //증가시킬 값을 0으로 초기화

//btnLeft를 클릭할 때마다
btnLeft.addEventListener("click", e=>{
  e.preventDefault();
  //num값을 1씩 감소
  num--;
  //45도 각도에 감소된 num값을 deg값과 곱하여 rotate 구문에 삽입
  box.style.transform= `rotate(${num * deg}deg)`;
});

//btnRight를 클릭할 때마다
btnRight.addEventListener("click", e=>{
  e.preventDefault();
  //num값을 1씩 증가
  num++;
  //45도 각도에 증가된 num값을 deg값과 곱하여 rotate 구문에 삽입
  box.style.transform= `rotate(${num * deg}deg)`;
});
```

btnLeft, btnRight 변수에 각 텍스트를 저장하고 클릭 이벤트를 연결합니다. 텍스트 링크를 클릭하면 0으로 초기화한 num 변숫값을 1씩 증가시키거나 감소시켜서 해당 값을 다시 deg값과 곱합니다. rotate() 속성값에서 ${ num * deg } 연산식을 이용하면 box의 회전값을 좌우로 45°씩 변경할 수 있습니다.

▶ 자바스크립트에서 쓰는 산술 연산자 기호로는 *(곱하기), /(나누기), %(나머지 값 구하기) 등이 있습니다.

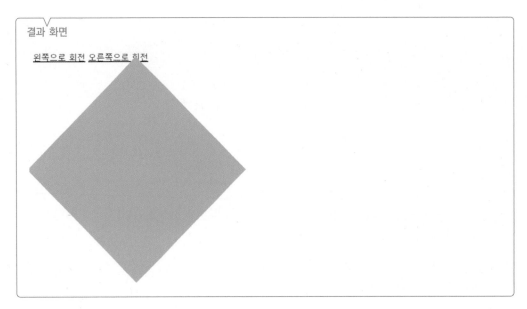
결과 화면

왼쪽으로 회전 오른쪽으로 회전

결과 화면처럼 텍스트 링크를 클릭할 때마다 박스가 좌우로 45°씩 부드럽게 회전합니다.

06-5 자바스크립트로 클래스 제어하기

지금까지 자바스크립트로 HTML 요소를 선택해서 변수에 저장한 다음 이벤트를 연결하고, 스타일을 변경했습니다. 하지만 실무에서는 특정 HTML 요소의 스타일을 자바스크립트로 직접 변경하는 방법을 추천하지 않습니다. 왜냐하면 자바스크립트로 특정 요소의 스타일을 변경하면 CSS 파일의 스타일 구문을 바꾸지 않고 HTML에 인라인 스타일을 직접 적용하므로 CSS 파일에 등록한 우선순위가 무시되기 때문입니다.

그래서 여기에서는 CSS 파일에서 특정 클래스 이름에 따라 스타일이 설정되게 하고, 자바스크립트에서는 클래스 이름만 추가·제거하는 방법으로 스타일을 변경해 보겠습니다.

Do it! 자바스크립트로 클래스 제어하기(HTML 파일)　　　　　예제 파일: 06\06-5\classcontrol.html

```
(… 생략 …)
<body>
  <section id="wrap">
  <article></article>
  </section>
</body>
(… 생략 …)
```

위와 같이 아이디명이 **wrap**인 **<section>** 태그를 하나 생성하고 자식 요소로 **<article>** 태그도 만들어 줍니다.

Do it! 자바스크립트로 클래스 제어하기(CSS 파일) 1　　　　　예제 파일: 06\06-5\css\classcontrol.css

```
(… 생략 …)
#wrap {
  width: 500px;
  height: 500px;
  border: 1px solid #000;
  padding: 100px;
  box-sizing: border-box;
```

```
    margin: 100px auto;
  }
#wrap article {
  width: 100%;
  height: 100%;
  background: aqua;
  transition: 1s;
}
```

프레임인 #wrap은 너비와 높이를 각각 500px로 입력하고 테두리와 안쪽 여백을 지정한 뒤
box-sizing의 속성값을 border-box로 설정합니다. 자식 요소인 article은 너비와 높이를
100%로 설정하고 배경색을 aqua로 지정해 보겠습니다. 이때 배경색이 변경될 때 전환 효과가
부드럽게 적용되도록 transition값을 1s로 지정합니다

이제 자바스크립트를 이용하여 #wrap 영역을 클릭하면 해당 요소의 자식인 article의 배경
색이 hotpink로 변경되도록 수정해 보겠습니다.

Do it! 자바스크립트로 클래스 제어하기(스크립트 파일) 1   예제 파일: 06\06-5\classcontrol.js

```
(... 생략 ...)
const wrap = document.querySelector("#wrap");
const box  = wrap.querySelector("article");

wrap.addEventListener("click", () => {
  box.style.backgroundColor = "hotpink";
});
```

document.querySelector() 문으로 #wrap 요소를 찾아서 변수 wrap에 저장합니다. 이후 자식
요소인 article에는 이미 wrap이라는 변수에 부모 요소가 저장되었으므로 변수 wrap을 불러
와서 다시 querySelector로 자식 요소인 article을 찾아 변수 box에 저장합니다. 이제
addEventListener() 문을 활용하여 wrap을 클릭하면 자식 요소인 box의 배경색을 hotpink로
변경합니다.

결과 화면

결과 화면처럼 #wrap 영역을 클릭하면 자식 요소인 article의 배경색이 분홍색으로 변경됩니다. 이때 개발자 도구를 열어서 왼쪽 상단의 [Elements] 탭을 클릭한 후 article 요소를 선택해 보면 자바스크립트로 변경한 CSS는 태그에 스타일 속성이 직접 삽입된 것을 알 수 있습니다.

이렇게 태그에 인라인 형태로 삽입된 스타일 구문은 우선순위가 매우 높아서 자칫 잘못하면 기존 CSS 파일에 적용된 스타일 우선순위에 문제가 발생할 수도 있습니다. 이번에는 해당 요소에 스타일 속성값을 직접 변경하지 않고 클래스명을 추가해서 배경색을 제어하도록 예제를 수정해 보겠습니다.

Do it! 자바스크립트로 클래스 제어하기(CSS 파일) 2　　　　예제 파일: 06\06-5\css\classcontrol.css

```
(... 생략 ...)
#wrap.on article {
  background: hotpink;
}
```

먼저 기존의 CSS 파일 마지막 행에 #wrap.on article로 CSS 선택자를 지정해서 #wrap 요소에 클래스 on이 추가되면 자식 요소인 article의 배경색이 hotpink로 변경하도록 미리 입력해 줍니다.

```
(... 생략 ...)
wrap.addEventListener("click", () => {
  wrap.classList.add("on");
});
```

자바스크립트 파일로 돌아와서 클릭 이벤트 연결 구문 안을 위와 같이 수정합니다. wrap 요소
의 클래스 리스트에 on 클래스를 추가하는 코드입니다.

결과 화면

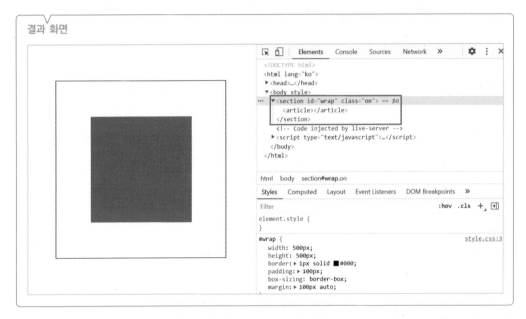

개발자 도구를 열어서 확인하면, 이번에는 **article**에 인라인으로 스타일이 강제로 지정되지
않으면서 부모 요소인 section#wrap에만 클래스 on이 추가되어 CSS 파일에 미리 설정한 배
경색이 적용된 것을 볼 수 있습니다.

다음으로 section#wrap 영역을 다시 클릭하면 원래 색상인 aqua로 돌아올 수 있도록 방금 전
에 추가해 준 클래스 on을 제거해 보겠습니다. 이번에 처리할 구문은 조금 어렵습니다. 단지
특정 요소에 이벤트만 연결하는 것이 아니라 이벤트가 발생했을 때 특정 조건을 설정해서 이
조건에 맞을 때에만 클래스를 제거해야 하므로 조건문을 활용해야 합니다.

일단 기존의 #wrap 요소를 클릭했을 때 클래스 on이 있는지 판단해야 합니다. 해당 클래스가 있
으면 참이라는 의미로 **true**값을 받고, on이 없으면 거짓이라는 의미로 **false**값을 받습니다.

```
(... 생략 ...)
wrap.addEventListener("click", () => {
  let isOn = wrap.classList.contains("on");
  console.log(isOn);
});
```

이번에는 이벤트 구문 안쪽을 제거하고 위와 같은 코드를 입력합니다. 구문을 하나씩 살펴보면 먼저 wrap 요소를 클릭하는 순간 내부에서 변수 isOn을 만듭니다. 이때 변수를 let으로 선언했기 때문에 이 값이 앞으로 언제든지 변경될 수 있다는 것을 알 수 있습니다. 그렇다면 isOn에 담길 값이 무엇인지 대입 연산자를 기준으로 오른쪽 구문을 살펴보겠습니다. classList.contains()는 특정 클래스가 선택 요소에 있으면 true를, 없으면 false를 반환해 주는 자바스크립트의 내장 기능입니다. 즉, wrap 요소를 클릭할 때마다 자바스크립트가 wrap 요소에 클래스 on이 있는지 여부를 자동으로 판단해서 그 결괏값을 변수 isOn에 저장해 주는 편리한 구문입니다. 다음과 같이 해당 값을 콘솔 창에 출력해서 결괏값이 잘 나오는지 확인해 보겠습니다.

지금 상태에서는 wrap에 클래스 on이 없어서 wrap을 클릭하면 콘솔 창에 false가 찍히는 것을 확인할 수 있습니다. 이번에는 wrap을 클릭하면 다시 클래스 on을 추가하는 구문을 입력해서 on이 추가된 상태에서 다시 박스를 클릭하면 true가 출력되는지 확인해 보겠습니다.

```
(... 생략 ...)
wrap.addEventListener("click", () => {
  let isOn = wrap.classList.contains("on");
  console.log(isOn);
  wrap.classList.add("on")
});
```

기존의 이벤트 연결 구문 안에서 콘솔 구문 아래쪽에 클래스 추가 구문을 작성해 줍니다. 코드 순서로 볼 때 클릭 이벤트가 발생하면 가장 먼저 해당 요소에 on 클래스가 있는지 판단해서 결괏값을 콘솔 창에 출력해 주고, 이후 이 요소에 클래스 on을 추가해 주는 구문입니다. 이번에는 on 클래스가 추가되었으니 해당 박스를 다시 클릭한다면 콘솔 창에 true가 찍히겠죠? 예상한 대로 나오는지 결과 화면을 확인해 보겠습니다.

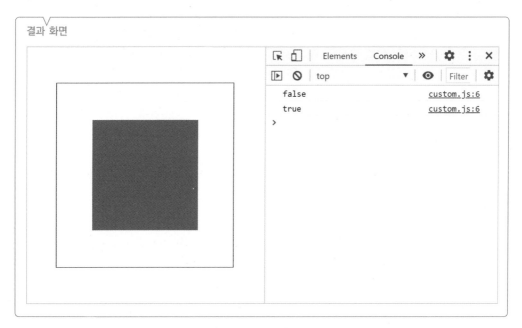

처음에 분홍색 박스를 클릭하면 기존 결과 화면과 똑같이 false가 나오는 것을 확인할 수 있습니다. 하지만 이번에는 콘솔 창에 결과가 나온 이후에 클래스 on이 추가되므로 박스의 배경색이 분홍색으로 변경되었습니다. 이제 다시 분홍색 박스를 클릭해 보면 박스 자체에 클래스 on이 이미 추가된 상태이므로 콘솔에 true값이 나타납니다. 이제는 같은 박스를 클릭할 때마다 classList.contains() 구문을 이용해서 이 박스에 클래스 on이 있는지 여부를 판단할 수 있습니다.

다음은 결괏값에 따라 박스의 배경색이 변경되도록 이벤트 연결 구문 안에 조건문을 사용해 클래스 on의 유무에 따라 분기 처리를 하겠습니다.

Do it! 자바스크립트로 클래스 제어하기(스크립트 파일) 5 　　　　　예제 파일: 06\06-5\classcontrol.js

```
(... 생략 ...)
wrap.addEventListener("click", () => {
  let isOn = wrap.classList.contains("on");
  console.log(isOn);

  if(isOn){
    wrap.classList.remove("on");
  }else{
    wrap.classList.add("on");
  }
});
```

이벤트 연결 구문의 콘솔 구문 아래쪽에 위와 같이 코드를 추가해 줍니다. 이 구문은 if 다음에 있는 괄호의 결괏값이 true이면 그다음의 중괄호 코드 블록이 실행되고 종료됩니다. 만약 if에 있는 괄호의 결괏값이 false이면 해당 중괄호 코드 블록을 무시하고 else에 있는 중괄호 코드 블록을 실행하라는 뜻입니다. if 문 다음에 있는 코드 블록의 classList.remove()는 클래스를 제거하라는 구문입니다. 결국 이 코드는 wrap을 클릭했을 때 이 요소에서 클래스 on의 유무를 판별한 뒤 클래스가 있으면 클래스를 제거하고, 없으면 추가하라는 의미입니다.

여기서 잠깐!

삼항 연산자를 사용해 조건문 축약하기

만약 if 문의 조건에 따라 실행되는 구문이 한 줄인 코드라면 다음과 같이 쓸 수 있습니다.

```
(isOn) ? wrap.classList.remove("on") : wrap.classList.add("on");
```

1번째 괄호의 항이 조건식인데 이 조건식이 참이면 물음표(?) 다음의 2번째 항이 실행되고, 거짓이면 콜론(:) 다음의 3번째 항이 실행됩니다. 이처럼 항 3개를 서로 비교한다고 하여 삼항 연산자라고 합니다.

결과 화면

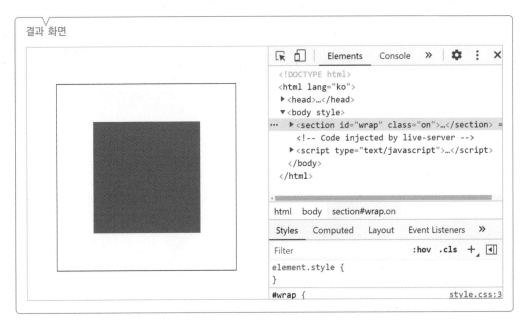

박스를 클릭할 때마다 클래스 on이 동적으로 추가·제거되면서 자식 요소인 article의 배경
색이 부드럽게 전환되어 변경됩니다. 이처럼 브라우저에 HTML 요소가 이미 출력되었다 해
도 자바스크립트를 이용하면 사용자가 이벤트를 발생시킬 때마다 언제든지 그 요소를 동적
으로 변경할 수 있습니다. 그래서 자바스크립트를 동적 언어라고 합니다. 특히 조건문은 자바
스크립트뿐 아니라 거의 모든 프로그래밍 언어에서 똑같이 사용하므로 잘 알아 두는 것이 좋
습니다.

이번에는 classList.toggle() 구문을 활용하여 앞에서 살펴본 기능을 보다 효율적으로 변경
해 보겠습니다.

Do it! 자바스크립트로 클래스 제어하기(스크립트 파일) 6   예제 파일: 06\06-5\classcontrol.js

```
(... 생략 ...)
wrap.addEventListener("click", () => {
  wrap.classList.toggle("on");
});
```

이 구문은 선택한 요소에 클래스가 있으면 제거해 주고 없으면 추가해 주라는 의미입니다.
즉, 앞에서 배웠던 조건문과 classList.add(), classList.remove()가 모두 합쳐진 내장 기능
입니다.

06-6 함수를 활용하여 코드 패키징하기

함수 정의 및 호출로 기능 재활용하기

이번에는 자주 쓰는 코드를 함수로 패키징해서 재활용하는 방법을 알아보겠습니다. 다음과 같이 코드를 입력해 보겠습니다.

> **Do it!** 함수를 활용하여 코드 패키징하기(스크립트 파일) 1 예제 파일: 06\06-6\codepackaging.js
>
> ```
> (… 생략 …)
> function plus(){
>   console.log(2+3);
> }
>
> plus();
> ```

함수란 자주 실행하는 코드를 function 키워드와 임의의 이름을 붙여서 정의한 코드의 묶음입니다. 위와 같이 plus라는 이름의 함수를 정의해서 코드 블록 안의 2와 3을 더한 값을 콘솔 창에 출력하는 코드로 패키징해 줍니다. 함수를 정의했다면 이제 이 함수를 호출해야 실행할 수 있습니다. 콘솔 창에는 결괏값 5가 나타날 것입니다. 하지만 이 코드는 정해진 상숫값인 5만 출력하므로 재활용이라는 함수의 기본 목적에는 맞지 않습니다.

그렇다면 마치 계산기처럼 숫잣값을 입력하면 자바스크립트가 대신 연산해 주는 함수로 개선해 보겠습니다.

> **Do it!** 함수를 활용하여 코드 패키징하기(스크립트 파일) 2 예제 파일: 06\06-6\codepackaging.js
>
> ```
> //함수 정의
> function plus(num1, num2){
>   console.log(num1+num2);
> }
>
> //함수 호출
> plus(2,3);
> ```
>
> 함수 호출 시 인수 2, 3을 매개변수 num1, num2에 전달합니다.

앞에서 만든 plus 함수의 괄호 안에 num1, num2라는 매개변수를 만들어 줍니다. 여기에서 **매개변수**parameter는 함수 외부에서 내부로 값을 전달하는 통로라고 이해하면 쉽습니다. 그리고 해당 매개변수를 통해 실제 전달되는 값을 **인수**argument라고 지칭합니다. 따라서 plus 함수는 외부에서 매개변수 num1, num2로부터 2개의 인수를 전달받고 내부에서 해당 값을 더하는 코드입니다.

이제 plus 함수를 호출할 때 원하는 숫자 2개를 각각 num1, num2라는 매개변수로 집어넣으면 해당 숫자 2개가 함수 내부로 전달되어 더해지는 덧셈 계산기가 완성됩니다.

🖱️ **Do it!** 실습 　활성화 기능 함수 정의하고 사용하기

함수를 사용하여 실무에서 자주 쓰는 특정 요소 활성화 기능을 제작해 보겠습니다.

1단계　HTML, CSS 파일 만들기

예제 파일: 06\06-6\index.html

```
(... 생략 ...)
<body>
  <ul class="btns">
    <li class="on">button1</li>
    <li>button2</li>
    <li>button3</li>
  </ul>

  <section>
    <article class="on">BOX1</article>
    <article>BOX2</article>
    <article>BOX3</article>
  </section>
</body>
(... 생략 ...)
```

먼저 <li> 태그로 3개의 텍스트 버튼을 생성하고 1번째 <li> 태그를 활성화하기 위해 on클래스를 추가합니다. <section> 태그 안에 3개의 <article> 태그를 추가하고 1번째 요소에만 on 클래스를 넣습니다.

```css
/* 버튼 비활성화 */
ul li {
  color: gray;
}
/* 버튼 활성화 */
ul li.on {
  color: black;
  cursor: pointer;
}
section {
  width: 300px;
  height: 200px;
  border: 1px solid #888;
  margin: 50px;
  position: relative;
  perspective: 600px; /* 원근감 설정 */
}
/* 박스 비활성화 */
section article {
  width: 100%;
  height: 100%;
  position: absolute;
  top: 0px;
  left: 0px;
  display: flex;
  justify-content: center;
  align-items: center;
  color: #fff;
  font-size: 50px;
  opacity: 0;
  transform: rotateY(-180deg);
  transition: 0.5s;
}
/* 박스 활성화 */
section article.on {
  opacity: 1;
  transform: rotateY(0deg);
}
```

```css
/* 박스 순서별로 배경색 지정 */
section article:nth-of-type(1) {
  background: aqua;
}
section article:nth-of-type(2) {
  background: hotpink;
}
section article:nth-of-type(3) {
  background: orange;
}
```

버튼과 박스의 모양을 위와 같이 설정한 뒤, 순서 선택자를 이용해 배경색을 다르게 지정합니다. 버튼은 on 클래스가 붙으면 글자색이 검정으로 활성화되고, 박스는 on 클래스가 붙으면 y 축으로 180° 회전하면서 투명도가 1이 되도록 설정했습니다. 이때 입체적으로 보이도록 부모 요소인 section에 perspective로 원근감을 설정합니다.

2단계 스크립트 파일 만들기

예제 파일: 06\06-6\main.js

```javascript
const btns = document.querySelectorAll(".btns li");
const boxs = document.querySelectorAll("section article");

//버튼의 개수만큼 반복하며 클릭 이벤트 연결
for(let i=0; i<btns.length; i++){

  //각 버튼을 클릭할 때마다
  btns[i].addEventListener("click", e=>{
    //각 인수로 순섯값과 버튼, 박스 그룹을 넣어서
    //activation 함수 호출
    activation(i, btns);
    activation(i, boxs);
  })
}
```

```
//1번째 인수로 순섯값, 2번째 인수로 그룹을 전달받아
function activation(index, list){
  //인수로 받은 요소의 그룹 개수만큼 반복하며 비활성화
  for(let el of list){
    el.classList.remove("on");
  }
  //1번째 인수로 받은 순서에 해당하는 그룹의 요소만 찾아서 활성화
  list[index].classList.add("on");
}
```

버튼 그룹과 박스 그룹을 변수 btns와 boxs에 저장하고 for 문을 이용해 btns 요소를 반복하며 클릭 이벤트를 연결합니다. addEventListener 이벤트 안에는 activation 함수를 2번 호출하는데 1번째 인수는 현재 클릭한 버튼의 순번을, 2번째 인수는 활성화할 그룹을 전달합니다. activation 함수에서는 2번째 인수로 받은 list를 for 문으로 반복하면서 클래스 on을 지워 비활성화합니다. 그후 1번째 인수로 받은 index를 이용하여 클릭한 버튼에 클래스 on을 넣어 활성화합니다.

이렇게 버튼 그룹과 박스 그룹을 activation 함수로 같이 호출하여 활성화 기능을 재활용할 수 있습니다.

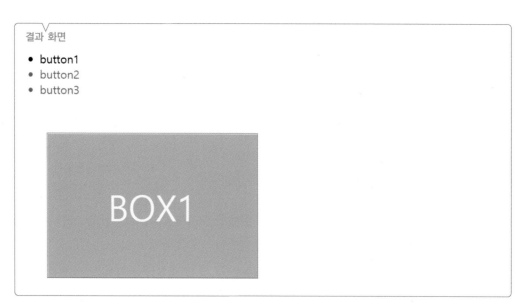

결과 화면
- button1
- button2
- button3

BOX1

버튼을 클릭하면 텍스트 버튼과 동일한 순서의 박스가 y축으로 회전하면서 활성화됩니다.

06-7 HTML 요소의 속성값 제어하기

HTML 요소에는 단지 태그만 있는 것이 아닌 태그의 src, alt, href 같은 다양한 속성값이 결합되어 있습니다. 이번에는 자바스크립트를 이용하여 HTML 요소마다 속성값을 알아내서 변경해 보겠습니다.

속성값 알아내기

Do it! 속성값 알아내기(HTML 파일)　　　　　　　　　　　　　예제 파일: 06\06-7\index.html

```
(... 생략 ...)
<body>
  <a href="https://www.naver.com">네이버</a>
</body>
(... 생략 ...)
```

`<body>` 태그 안에 `<a>` 태그를 만들고 href 속성값으로 네이버 주소를 입력합니다.

Do it! 속성값 알아내기(스크립트 파일)　　　　　　　　　　　　예제 파일: 06\06-7\main.js

```
const link = document.querySelector("a");
const link_href = link.getAttribute("href");
console.log(link_href);
```

변수 link에 a 요소를 저장하고 getAttribute() 함수를 호출합니다. getAttribute()는 선택된 요소의 속성값을 구하는 함수인데, 괄호 안에 인숫값으로 알아내고 싶은 속성명을 입력하면 해당 속성값을 반환합니다. 여기서는 인수로 href를 넣고 결괏값을 변수 link_href에 저장한 후 console문으로 출력합니다.

다음 결과 화면처럼 콘솔 창을 열어 보면 a 요소의 href값인 네이버 주소가 출력되는 것을 확인할 수 있습니다.

속성값 변경하기

이번에는 HTML 요소의 속성값을 변경해 보겠습니다. setAttribute() 함수를 이용하면 기존의 속성값을 변경할 수 있습니다. setAttribute()는 2개의 인숫값을 전달하는데, 1번째 인수로 변경할 속성명을 넣고, 2번째 인수로 변경할 속성값을 입력합니다.

Do it! 속성값 변경하기(스크립트 파일)   예제 파일: 06\06-7\main.js

```
(... 생략 ...)
const link = document.querySelector("a");
const new_href = "https://www.nate.com";
link.setAttribute("href", new_href);
```

변수 link에 a 요소를 저장하고, 변수 new_href에 변경할 주솟값을 저장한 뒤 다시 변수 link를 불러와 setAttribute() 함수를 실행합니다. 1번째 인수로는 변경하려는 속성명인 "href"를 지정하고 2번째 인수에는 변경할 주솟값인 new_href 변수를 넣어 줍니다.

결과 화면처럼 HTML 구조를 열어 확인하면 a 요소의 href 주솟값이 네이트 주소로 변경되었습니다.

06-8 자바스크립트로 사용자 브라우저 판단하기

이번에는 자바스크립트를 활용하여 사용자가 어떤 브라우저로 웹 페이지에 접속하는지 조건 문으로 판단해 보겠습니다.

> **Do it!** 사용자 브라우저 판별하기(스크립트 파일) 1　　　　　　　예제 파일: 06\06-8\custom.js
>
> ```javascript
> const ver = navigator.userAgent;
> console.log(ver);
> ```

현재 웹 브라우저의 정보를 콘솔 창에만 출력할 예정이므로 HTML은 비우고 custom.js 파일에 위와 같은 코드를 입력합니다. 변수 ver를 만든 다음에 navigator.userAgent 구문을 대입합니다. 모든 브라우저에는 navigator라는 객체가 있는데, 이 객체 안의 userAgent에는 브라우저의 정봇값이 문자 형태로 저장되어 있습니다. 따라서 현재 작업하는 파일이 웹 브라우저로 출력되면 콘솔 창에는 그 브라우저의 정보를 출력할 수 있습니다.

이제 크롬, 엣지, 웨일, 그리고 익스플로러 브라우저를 열어서 확인해 보겠습니다.

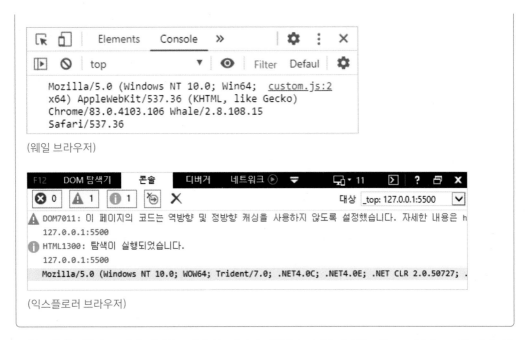

(웨일 브라우저)

(익스플로러 브라우저)

크롬, 엣지, 웨일 브라우저에는 비슷한 정보가 공통으로 들어 있는데 그 이유는 모두 같은 브라우저 엔진을 사용하기 때문입니다. 크롬에서 화면이 제대로 동작하면 나머지 브라우저 2개에서도 같은 화면을 출력한다는 의미입니다.

그런데 익스플로러 브라우저에 출력된 정보를 살펴보면 앞의 3개 브라우저에는 없는 **trident**가 보입니다. 이제부터 이 정보를 활용하여 사용자가 익스플로러 브라우저로 웹 페이지에 접속하면 경고 창이 나타나도록 설정해 보겠습니다.

Do it! 사용자 브라우저 판별하기(스크립트 파일) 2   예제 파일: 06\06-8\custom.js

```
(... 생략 ...)
const isIE = /trident/i.test(ver);
console.log(isIE);
```

앞에서 작성한 custom.js 파일을 열어 위와 같이 코드 2줄을 추가로 작성합니다. /와 / 사이에는 탐색할 문자를 넣고 test(ver) 구문을 연결해서 탐색할 문잣값이 ver에 저장된 브라우저의 정봇값에 포함되어 있는지를 찾습니다. 이때 뒤에 붙은 **i**는 알파벳 대소 문자를 구분하지 않고 탐색할 문자열을 검사하겠다는 의미입니다. 여기서는 **trident**라는 문잣값이 각 브라우저의 정봇값에 있으면 **isIE**라는 변수에 **true**를 저장하고, 없으면 **false**를 저장합니다. 그 결과를 콘솔 창에서 확인하면 익스플로러를 제외한 나머지 브라우저에서는 **false**가 출력됩니다.

```
(... 생략 ...)
const ver = navigator.userAgent;
console.log(ver);

const isIE = /trident/i.test(ver);
console.log(isIE);

if(isIE){
  alert("익스플로러 브라우저로 접속하셨네요. 이 웹 페이지는 익스플로러를 지원하지 않습니다.
다른 브라우저로 접속해 주세요.");
}
```

이제 조건문을 이용해서 익스플로러에서 웹 페이지에 접속하면 경고 창을 띄우는 구문을 추가합니다. 변수 isIE값에는 true 또는 false가 저장될 테니 if 문을 활용해서 만약 isIE값이 true면 alert 문을 실행해 경고 창을 띄웁니다. 이때 isIE가 false인 경우에는 다른 브라우저에서 추가로 할 작업이 없으므로 else 문은 생략할 수 있습니다.

결과 화면

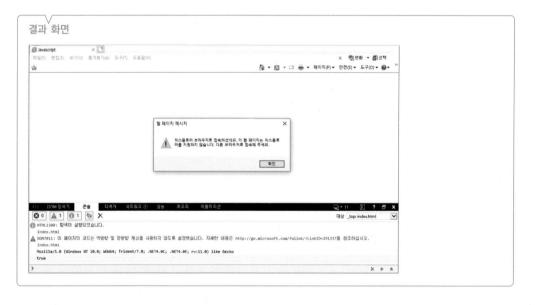

다른 브라우저의 결과 화면에서는 차이가 없지만 익스플로러 브라우저에서만 위와 같은 경고 창이 뜨는 것을 확인할 수 있습니다.

지금까지 자바스크립트의 문법을 모두 설명했습니다. 07장부터는 실무에서 사용하는 화려한 웹 사이트를 본격적으로 만들겠습니다. 여러 예제를 직접 만들면서 자바스크립트 문법을 어떻게 활용하는지 확인해 보기 바랍니다.

실전 예제

실무에서 바로 쓰는
포트폴리오 완성하기

07장 온라인 프로필 카드 제작하기

08장 기업형 웹 페이지 제작하기

09장 마을 애니메이션 제작하기

10장 파노라마 회사 소개 페이지 제작하기

11장 flex 기반 동영상 페이지 제작하기

12장 뮤직 플레이어 제작하기

13장 핀터레스트 스타일의 반응형 웹 갤러리 제작하기

HTML, CSS,
자바스크립트를
사용해서 만드는
10장, 12장의
실전 예제!

07장

온라인 프로필 카드 제작하기

이제부터 실전 포트폴리오 8개를 만들어 보면서 앞에서 다룬 기본 문법을 실무에서 어떻게 조합하여 사용하는지 알아보겠습니다. 기본 문법을 충분히 공부했다면 여기서 소개하는 예제의 순서에 따르지 않고 제작해도 괜찮습니다. 하지만 예제를 난이도순으로 배치했으므로 될 수 있으면 07장부터 차례대로 실습하는 것을 추천합니다.

 **온라인 프로필 카드** 난이도 ☆☆☆☆★

처음 만들어 볼 포트폴리오는 HTML, CSS 문법을 활용한 온라인 프로필 카드입니다. 이 예제를 직접 제작하면서 그동안 퍼즐 조각처럼 흩어져 있던 기본 문법을 정리해 보기 바랍니다.

1단계 작업 폴더 준비하기

다음과 같이 07장의 템플릿 폴더를 에디터로 불러옵니다.

▶ 이 책의 모든 예제 소스는 [이지스퍼블리싱 홈페이지(easyspub.co.kr) → 자료실]에서 제공합니다. 실습하기 전에 내려받아 준비하세요.

그림 7-1 에디터에서 작업 폴더 확인하기

총 4개의 member1~member4.html 파일과 style.css, ie.js 파일, 그리고 4개의 프로필 이미지와 파비콘으로 구성됩니다. 이 예제에서는 웹 폰트 아이콘을 이용하므로 미리 폰트 어썸의 킷 코드를 넣고, 파비콘 연결 구문도 \<head> 영역에 삽입합니다. 마지막으로 06-8절에서 다룬 익스플로러 브라우저에서 경고 창을 띄우는 자바스크립트를 defer 방식으로 연결합니다.

여기서 잠깐!

모든 실전 예제는 익스플로러를 고려하지 않고 제작합니다

이 책의 실전 예제는 익스플로러를 고려하지 않고 제작할 수 있도록 구성했습니다. 현재 마이크로소프트에서도 익스플로러의 공식 지원을 이미 중단한 상황이고, 조만간 없어질 브라우저를 위해 앞으로 활용할 최신 HTML5, CSS3 문법을 포기하는 것이 적합하지 않기 때문입니다. 무엇보다도 익스플로러의 크로스 브라우징을 고려하면 이 책의 목적과 맞지 않은 고난도 자바스크립트 작업을 해야 하므로 이번 실습 대상에서 제외했습니다. 그 대신 익스플로러 사용자가 해당 예제 웹 페이지에 접속하면 자바스크립트를 이용하여 경고 창이 자동으로 뜨도록 설정했습니다.

2단계 **레이아웃 구조 파악하기**

프로젝트를 진행할 때 전체 레이아웃을 파악하는 일이 가장 중요합니다. 아무리 코딩을 잘해도 기본 골격인 레이아웃 구조를 잘못 잡으면 코드가 지저분하거나 예기치 못한 오류가 발생할 수 있어서 작업할 웹 페이지의 큰 구조를 미리 그려 보는 습관을 들이면 좋습니다.

그림 7-2 프로필 카드의 레이아웃 파악하기

그림 7-2처럼 `section.wrap`으로 전체 프로필 카드의 그룹을 잡고, 자식 요소로 상단 메뉴 링크는 `nav.menu`, 프로필 정보는 `article.profile`, 그리고 연락처 목록은 `ul.contact`로 작성합니다. 마지막 `nav.others`는 링크 영역으로 다른 4개의 프로필을 이동하면서 볼 수 있도록 합니다.

3단계 **배경과 프로필 카드 모양 잡기**

이제 본격적으로 배경색을 지정하고 프로필 카드의 모양을 잡아 보겠습니다.

```
(... 생략 ...)
<body>
  <section>
  </section>
</body>
(... 생략 ...)
```

배경은 **\<body>** 태그로 지정하고 **\<section>** 태그를 이용해서 카드의 모양을 설정합니다.

```
@charset "utf-8";
@import url("https://fonts.googleapis.com/css2?family=Orbitron&display=swap");

* {
  margin: 0px;
  padding: 0px;
  box-sizing: border-box;
}
ul, ol {
  list-style: none;
}
a {
  text-decoration: none;
}
```

스타일 시트의 문서 인코딩 방식을 **utf-8**로 지정합니다. 이 예제에서 사용할 **orbitron** 웹 폰트 연결 구문을 추가하고, 전체 요소의 바깥쪽과 안쪽 여백을 **0px**로 설정하고 **border-box**도 입력합니다. 그리고 목록과 링크의 꾸며 주기 효과를 제거해서 전체 스타일을 초기화합니다.

```
(... 생략 ...)
body {
  background-color: #ebfaff;
}
section {
  width: 340px;
  padding: 30px;
```

```
    background-color: #fff;
    margin: 50px auto;
    box-shadow: 10px 10px 30px rgba(0, 0, 0, 0.1);
    border-radius: 10px;
}
```

body 요소의 배경색을 #ebfaff로 입력해 연한 하늘색으로 만듭니다. 그리고 프로필 카드의
프레임이 될 section 요소를 선택해서 너빗값을 340px로 지정합니다. 앞으로 자식 요소가 들
어오면 높잇값이 자동으로 설정될 테니 이 값은 따로 입력하지 않습니다. 프로필 카드의 배경
색은 흰색이고, margin: 50px auto를 입력해 상하 여백을 50px로 지정한 뒤 가로 가운데에 정
렬합니다. box-shadow를 적용하여 그림자를 나타내고, 모서리를 10px만큼 둥글게 설정합니다.

배경색이 나타나고, 가운데 하얀색의 카드 프레임이 생성되었습니다. 아직은 카드 안에 콘텐
츠가 없지만 단계별로 하나씩 채우겠습니다.

4단계 상단 메뉴 영역 완성하기

카드의 상단 메뉴를 만들겠습니다. 이 메뉴는 1단계에서 연결한 폰트 어썸을 이용하여 웹 폰
트 아이콘으로 구성합니다.

예제 파일: 07\member1.html

```
(... 생략 ...)
<body>
  <section>
    <nav class="menu">
      <a href="#"><i class="fas fa-bars"></i></a>
      <a href="#"><i class="far fa-sticky-note"></i></a>
    </nav>
  </section>
</body>
(... 생략 ...)
```

<nav> 태그로 메뉴 영역을 그룹으로 만듭니다. <a> 태그로 링크를 생성하고, 아이콘 모양은 폰트 어썸 코드를 이용하여 메뉴 버튼과 글쓰기 버튼 모양의 아이콘을 추가합니다.

예제 파일: 07\css\style.css

```
(... 생략 ...)
section nav.menu {
  width: 100%;
}
section nav.menu::after {
  content: "";
  display: block;
  clear: both;
}
section nav.menu a {
  font-size: 20px;
  color: #666;
}
section nav.menu a:nth-of-type(1) {
  float: left;
}
section nav.menu a:nth-of-type(2) {
  float: right;
}
```

nav 요소의 너비를 부모 요소인 section의 100%로 잡아 줍니다. nav 요소 안에는 인라인 요소인 a를 선택해 float로 좌우 배치합니다. 아이콘 모양은 font-size와 color값을 입력해 잡아 주고, 가상 선택자 ::after를 이용해서 float를 해제합니다.

결과 화면

section 영역 상단의 아이콘 메뉴를 좌우로 배치했습니다.

5단계 프로필 영역 만들기

카드 중간에 들어갈 이미지와 정보를 입력해서 프로필 영역을 만들겠습니다.

예제 파일: 07\member1.html

```
(... 생략 ...)
  <section>
   (... 생략 ...)
  </nav>
  <article class="profile">
    <img src="img/member1.jpg" alt="프로필 이미지">
  </article>
(... 생략 ...)
```

<section> 태그 안에 프로필 영역을 <article> 태그로 추가합니다. <article> 태그 안에는 프로필 이미지를 <img> 태그로 작성합니다.

예제 파일: 07\css\style.css

```
(... 생략 ...)
section article.profile {
  width: 100%;
  text-align: center;
}
```

```
section article.profile img {
  width: 200px;
  height: 200px;
  border-radius: 50%;
  margin-bottom: 20px;
  box-shadow: 5px 15px 30px rgba(173, 216, 230, 0.8);
}
```

article.profile 영역의 너비를 100%로, text-align을 center로 설정하여 안쪽의 인라인 요소인 img를 가운데에 배치합니다. 이미지는 border-radius를 50%로 설정해 동그란 형태로 만들고 은은한 그림자도 넣습니다.

결과 화면

프로필 이미지가 보기 좋게 배치되었습니다. 이미지 아래에 들어갈 프로필 정보와 버튼을 추가하겠습니다.

예제 파일: 07\member1.html

```
(... 생략 ...)
<article class="profile">
  <img src="img/member1.jpg" alt="프로필 이미지">

  <h1>DCODELAB</h1>
  <h2>UI/UX INTERACTIVE DEVELOPER</h2>

  <a href="#" class="btnView">VIEW MORE</a>
</article>
(... 생략 ...)
```

프로필 이름과 정보를 각각 <h1>, <h2> 태그로 입력하고 <a> 태그로 버튼도 생성합니다.

예제 파일: 07\css\style.css

```
(... 생략 ...)
section article.profile h1 {
  font-weight: bold;
  font-size: 22px;
  font-family: "arial";
  line-height: 1;
  color: #555;
  margin-bottom: 5px;
}
section article.profile h2 {
  font-weight: normal;
  font-size: 12px;
  font-family: "arial";
  color: #bbb;
  margin-bottom: 30px;
}
section a.btnView {
  display: block;
  width: 180px;
  height: 32px;
  margin: 0px auto 20px;
  background-color:#444;
  border-radius: 16px;
  font-weight: bold;
  font-size: 10px;
  font-family: "arial";
  color: #fff;
  line-height: 32px;
  text-align: center;
  background: linear-gradient(45deg, #4affff, #35e0f7);
  box-shadow: 5px 10px 20px rgba(0, 255, 255, 0.493);
}
```

h1, h2 요소를 만들어 크기를 설정하고 상하 여백을 설정합니다. 버튼의 border-radius값은 높잇값의 절반으로 설정해 좌우 끝의 모양을 둥글게 설정하고 linear-gradinet로 그레이디 언트를 배경색으로 지정합니다. 이때 그림자를 배경색과 비슷한 색으로 설정하면 투명한 버 튼 효과를 줄 수 있습니다.

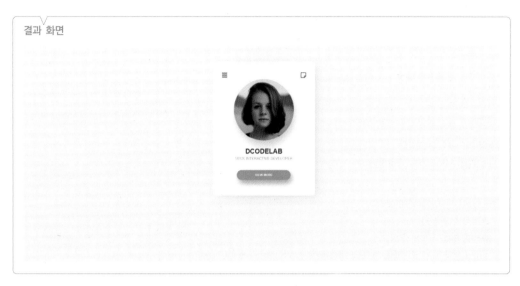

여기까지 입력하고 결과 화면을 확인하면 프로필 정보와 산뜻한 느낌의 버튼이 생성되었습니다.

6단계 연락처 목록 완성하기

이번에는 프로필 버튼 아래에 들어갈 페이스북과 메일 주소인 연락처 목록을 입력해 보겠습니다.

예제 파일: 07\member1.html

```html
(... 생략 ...)
<section>
  (... 생략 ...)
  <ul class="contact">
    <li>
      <i class="fab fa-facebook-f"></i>
      <span>Visit My Facebook page.</span>
    </li>
    <li>
      <i class="fas fa-envelope"></i>
      <span>hadaboni80@naver.com</span>
    </li>
  </ul>
</section>
(... 생략 ...)
```

`<ul>`, `<li>` 태그로 목록 2개를 생성하고 각 목록 안에 인라인 요소인 폰트 어썸 웹 폰트 아이콘과 텍스트를 입력합니다.

예제 파일: 07\css\style.css

```
(... 생략 ...)
section ul.contact {
  margin-bottom: 25px;
}
section ul.contact li {
  width: 100%;
  padding: 10px 0px;
  border-bottom: 1px solid #eee;
}
section ul.contact li:last-child {
  border-bottom: none;
}
section ul.contact li i {
  width: 20%;
  text-align: center;
  color: #555;
  font-size: 15px;
  text-shadow: 2px 2px 2px #ddd;
}
section ul.contact li span {
  font-weight: normal;
  font-size: 11px;
  font-family: "orbitron";
  color: #555;
  letter-spacing: 1px;
}
```

li 요소에 안쪽 여백을 각각 설정하고 아래쪽 테두리를 만듭니다. 이때 마지막 목록은 :last-child 선택자를 이용하여 하단 테두리를 제거합니다. 웹 폰트 아이콘과 오른쪽 텍스트의 폰트 크기를 지정한 후 font-family: "orbitron"을 입력합니다.

결과 화면

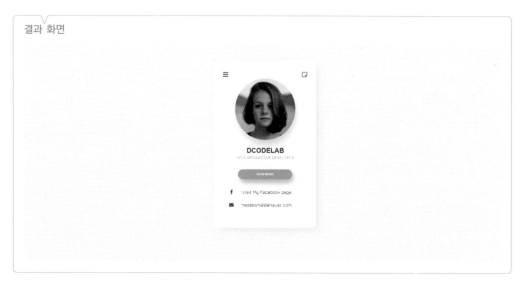

페이스북과 이메일 연락처가 제대로 표시되었습니다.

7단계 **멤버별 프로필 링크 버튼 만들기**

마지막으로 멤버 4명의 프로필 카드로 이동할 링크 버튼을 각각 제작해 보겠습니다.

예제 파일: 07\member1.html

```
(... 생략 ...)
<section>
  (... 생략 ...)
  <nav class="others">
    <a href="member1.html"></a>
    <a href="member2.html"></a>
    <a href="member3.html"></a>
    <a href="member4.html"></a>
  </nav>
</section>
(... 생략 ...)
```

`<section>` 태그의 마지막 부분에 위와 같이 클래스 이름이 others인 `<nav>` 태그를 생성하고 그 안에 `<a>` 태그를 4개 만듭니다. 각 링크에는 member1~member4.html 파일을 입력합니다. 이후에 이 버튼들을 클릭하면 각 멤버의 프로필 카드로 이동하게 만들 거예요.

```
(... 생략 ...)
section nav.others {
  width: 100%;
  text-align: center;
}
section nav.others a {
  display: inline-block;
  width: 30px;
  height: 30px;
  border-radius: 50%;
  margin: 0px 10px;
}
(... 생략 ...)
```

nav.others의 너빗값을 100%로 설정하고 text-align: center를 추가해 자식인 a 요소 버튼을 가운데에 정렬합니다. 그다음 a 요소의 display 속성을 inline-block으로 지정합니다. a 요소는 인라인 요소이므로 float: left를 이용하여 좌우로 배치할 필요는 없습니다. 하지만 이 요소의 너빗값과 높잇값을 지정할 수 없어서 inline-block 속성을 추가해 인라인과 블록 속성을 갖게 해야 합니다. border-radius를 이용하여 동그란 모양을 만들어 주고 좌우 여백을 10px로 설정합니다. 나중에 프로필 카드 4개의 배경색을 다르게 지정할 것이므로 일단 지금은 background-color 속성을 입력하지 않고 넘어갑니다.

```
(... 생략 ...)
section nav.others a:nth-of-type(1) {
  background-color: #35e0f7;
  box-shadow: 5px 5px 10px rgba(74, 255, 255, 0.7);
}
section nav.others a:nth-of-type(2) {
  background-color: #55f5cd;
  box-shadow: 5px 5px 10px rgba(85, 245, 178, 0.7);
}
section nav.others a:nth-of-type(3) {
  background-color: #ff80df;
  box-shadow: 5px 5px 10px rgba(255, 128, 223, 0.7);
}
section nav.others a:nth-of-type(4) {
```

```
    background-color: #a794fd;
    box-shadow: 5px 5px 10px rgba(167, 148, 253, 0.7);
}
```

위와 같이 순서 선택자를 이용하여 멤버별 프로필 링크의 배경색과 그림자색을 지정합니다. 버튼의 공통 모양은 태그 선택자로 지정하고, 배경색이나 그림자색처럼 달라지는 부분만 순서 선택자로 적용하면 불필요한 CSS 코드를 줄일 수 있습니다.

결과 화면

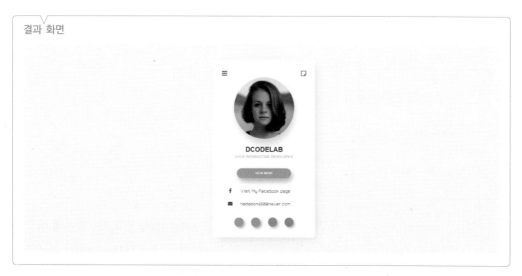

프로필 하단에 멤버별 프로필 링크로 이동할 수 있는 버튼 4개가 생성되었습니다.

8단계 선택한 프로필 카드의 버튼만 활성화시키기

멤버별 프로필 버튼 4개가 모두 활성화되어 있어서 현재 페이지가 어떤 멤버의 프로필 카드인지 알아보기 어려우므로 1번째 프로필 카드에서는 1번째 버튼만 활성화하겠습니다.

예제 파일: 07\member1.html

```
(... 생략 ...)
<nav class="others">
  <a href="member1.html" class="on"></a>
  <a href="member2.html"></a>
  <a href="member3.html"></a>
  <a href="member4.html"></a>
</nav>
(... 생략 ...)
```

멤버별 링크 버튼에서 1번째 <a> 태그에만 on 클래스를 붙입니다. 멤버별 링크 버튼에 on 클래스가 있어야 버튼이 활성화되도록 만드는 작업을 할 수 있습니다.

예제 파일: 07\css\style.css

```css
(... 생략 ...)
section nav.others a {
  display: inline-block;
  width: 30px;
  height: 30px;
  border-radius: 50%;
  margin: 0px 10px;
  opacity: 0.4;
  filter: saturate(0.7);
}
section nav.others a.on {
  opacity: 1;
  filter: saturate(1);
}
```

기존 버튼의 opacity값을 0.4로 지정해 살짝 흐리게 만들고 saturate값을 0.7로 입력해 채도를 낮게 변경합니다. 그리고 <a> 태그에 on 클래스가 있으면 opacity: 1과 filter: saturate(1)을 실행해 버튼을 활성화합니다.

결과 화면

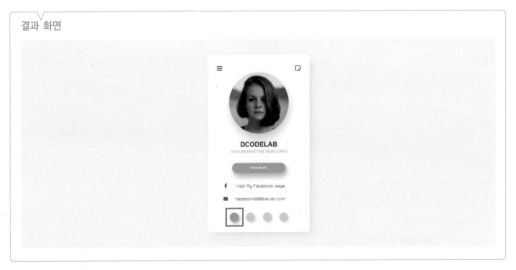

선택한 1번째 프로필 카드에서는 이 멤버의 하단 버튼만 활성화된 것을 확인할 수 있습니다.

9단계 멤버별 프로필 완성하기

이제 나머지 3명의 프로필 작업도 완료하겠습니다. 완성된 예제를 살펴보면 각 멤버의 사진과 페이지의 배경색 그리고 버튼색을 제외하고는 HTML, CSS 코드가 같습니다. 이처럼 여러 페이지에 반복된 코드가 있을 때 효율적으로 분리하는 방법을 알아보겠습니다.

예제 파일: 07\member1.html

```
(... 생략 ...)
<body class="member1">
</body>
(... 생략 ...)
```

member1.html 파일에서 <body> 태그의 클래스 member1을 추가합니다. 이렇게 하면 앞으로 반복하는 CSS 구문을 그대로 유지하고, 달라지는 영역인 배경색과 버튼색의 CSS만 변경할 수 있습니다.

예제 파일: 07\member2.html

```
(... 생략 ...)
<body class="member2">
  <section>
    (... 생략 ...)
    <article class="profile">
      <img src="img/member2.jpg" alt="프로필 이미지">
      (... 생략 ...)
    </article>
    (... 생략 ...)
    <nav class="others">
      <a href="member1.html"></a>
      <a href="member2.html" class="on"></a>
      <a href="member3.html"></a>
      <a href="member4.html"></a>
    </nav>
  </section>
</body>
(... 생략 ...)
```

member2.html 파일을 열고 <body> 태그에 클래스 member2를 추가한 뒤, 프로필 이미지를 member2.jpg로 변경합니다. 마지막의 <nav> 태그에서 2번째 <a> 태그에 on 클래스를 붙입니다.

다음과 같이 member3~4.html도 같은 방법으로 변경합니다.

예제 파일: 07\member3.html

```
(... 생략 ...)
<body class="member3">
  <section>
    (... 생략 ...)
    <article class="profile">
      <img src="img/member3.jpg" alt="프로필 이미지">
      (... 생략 ...)
    </article>
    (... 생략 ...)
    <nav class="others">
      <a href="member1.html"></a>
      <a href="member2.html"></a>
      <a href="member3.html" class="on"></a>
      <a href="member4.html"></a>
    </nav>
  </section>
</body>
(... 생략 ...)
```

예제 파일: 07\member4.html

```
(... 생략 ...)
<body class="member4">
  <section>
    (... 생략 ...)
    <article class="profile">
      <img src="img/member4.jpg" alt="프로필 이미지">
      (... 생략 ...)
    </article>
    (... 생략 ...)
    <nav class="others">
      <a href="member1.html"></a>
      <a href="member2.html"></a>
      <a href="member3.html"></a>
      <a href="member4.html" class="on"></a>
```

```
        </nav>
    </section>
</body>
(... 생략 ...)
```

마지막으로 CSS 파일에서 추가할 부분은 딱 3가지입니다. 멤버별 전체 배경색, 프로필 이미지의 그림자색, 그리고 버튼의 배경색과 그림자색입니다. 이 코드를 추가하려고 프로필 카드별로 CSS 파일을 4개나 만드는 것은 비효율적입니다. 다음과 같이 CSS 코드를 추가하겠습니다.

예제 파일: 07\css\style.css

```
(... 생략 ...)
/* member1 */
body.member1 {
    background-color: #ebfaff;
}
body.member1 section article.profile img {
    box-shadow: 5px 15px 30px rgba(173, 216, 230, 0.8);
}
body.member1 section a.btnView {
    background: linear-gradient(45deg, #4affff, #35e0f7);
    box-shadow: 5px 10px 20px rgba(0, 255, 255, 0.493);
}
/* member2 */
body.member2 {
    background-color: #edffeb;
}
body.member2 section article.profile img {
    box-shadow: 5px 15px 20px #bdccb783;
}
body.member2 section a.btnView {
    background: linear-gradient(45deg, #a0ff9d, #55f5b2);
    box-shadow: 5px 10px 20px rgba(33, 250, 105, 0.3);
}

/* member3 */
body.member3 {
    background-color: #fff3fd;
}
```

```css
body.member3 section article.profile img {
  box-shadow: 5px 15px 20px rgba(252, 99, 214, 0.2);
}
body.member3 section a.btnView {
  background: linear-gradient(45deg, #ef74ff, #ff11c4);
  box-shadow: 5px 10px 20px rgba(255, 17, 196, 0.357);
}

/* member4 */
body.member4 {
  background-color: #f5f0ff;
}
body.member4 section article.profile img {
  box-shadow: 5px 15px 20px rgba(183, 82, 250, 0.2);
}
body.member4 section a.btnView {
  background: linear-gradient(45deg, #8e74ff, #a011ff);
  box-shadow: 5px 10px 20px rgba(160, 17, 255, 0.4);
}
```

위와 같이 바꿀 필요가 없는 기존 공통 영역의 CSS는 그대로 두고 각 <body> 태그에 입력한 파일의 클래스명을 이용하여 변경된 부분만 따로 작성하면 됩니다. 그리고 3단계에서 body 요소에 지정했던 background-color 속성과 5단계에서 section article.profile img 요소에 지정한 box-shadow 속성은 삭제합니다.

여기까지 모두 입력했다면 다음의 최종 결과 화면처럼 제대로 작동하는지 확인해 보세요.

결과 화면

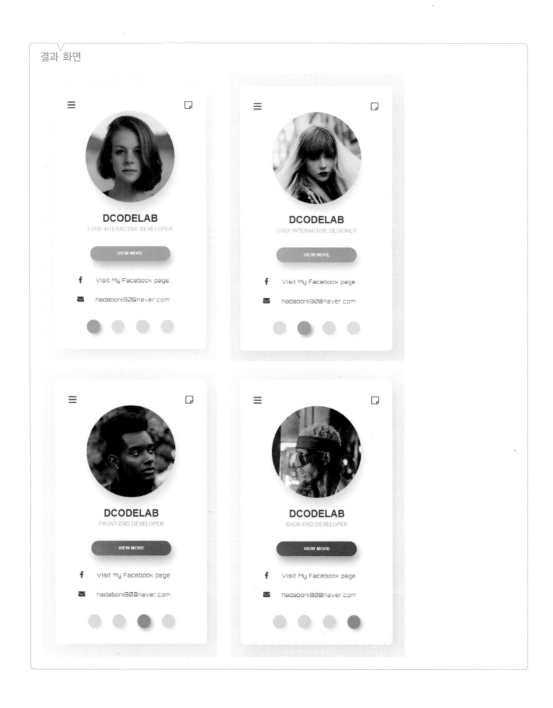

08장

기업형 웹 페이지 제작하기

시맨틱 태그와 CSS를 활용하여 기본적인 기업형 웹 페이지를 제작해 보겠습니다. 시맨틱 태그는 웹 페이지의 영역을 나눠서 웹 브라우저가 문서를 효율적으로 읽을 수 있도록 도와줍니다. 시맨틱 태그의 종류가 잘 기억나지 않는다면 02-2절을 다시 한번 읽어 보세요.

이 예제에서는 HTML, CSS 문법을 활용하여 실무에서 자주 쓰는 웹 페이지 레이아웃을 만들 수 있습니다.

1단계 작업 폴더 준비하기

다음과 같이 템플릿 폴더에는 index.html, style.css 파일과 img 폴더에 이미지, 동영상 파일이 들어 있습니다. 07장의 예제와 마찬가지로 파비콘과 ie.js파일도 준비해서 **\<head\>** 태그 영역 안에 연결했습니다.

그림 8-1 에디터에서 작업 폴더 확인하기

2단계 레이아웃 구조 파악하기

기업형 웹 페이지를 만들 때에는 시맨틱 태그와 **float**를 활용한 콘텐츠의 레이아웃을 배치하는 일이 중요합니다. 이 예제의 레이아웃 구조를 살펴보겠습니다.

▶ 시맨틱 태그는 웹 페이지를 머리말, 본문, 꼬리말 등의 기본 구조로 나눠서 웹 브라우저가 문서를 효율적으로 읽을 수 있습니다. 시맨틱 태그의 자세한 설명은 02-2절을 참고하세요.

그림 8-2 기업형 웹 페이지의 레이아웃 파악하기

<header> 태그 안에는 웹 페이지의 상단 영역인 메뉴를 그룹화하여 넣고, <figure> 태그 안에는 <video> 태그를 활용한 비주얼 영역을 제작합니다. 가운데 <section> 태그에는 콘텐츠 영역을 구성하고, 마지막 <footer> 태그에는 하단 영역으로 기업 정보를 넣습니다.

3단계 header 영역 완성하기

사용자가 웹 페이지를 접속했을 때 가장 처음 만나는 영역은 header와 figure인데, 이 중에서 header 영역을 먼저 작업해 보겠습니다.

예제 파일: 08\index.html

```
(... 생략 ...)
<body>
  <header>
  <div class="inner">
    <h1><a href="#">DCODLAB</a></h1>

    <ul id="gnb">
      <li><a href="#">DEPARTMENT</a></li>
```

```
        <li><a href="#">GALLERY</a></li>
        <li><a href="#">YOUTUBE</a></li>
        <li><a href="#">COMMUNITY</a></li>
        <li><a href="#">LOCATION</a></li>
      </ul>

      <ul class="util">
        <li><a href="#">Contact</a></li>
        <li><a href="#">Help</a></li>
        <li><a href="#">Login</a></li>
        <li><a href="#">Join</a></li>
        <li><a href="#">Sitemap</a></li>
      </ul>
    </div>
    </header>
</body>
(... 생략 ...)
```

<header> 태그로 그룹을 묶고, 자식인 <div> 태그에 클래스명 inner를 추가해 로고, 메뉴와 같은 실제 콘텐츠를 가로 가운데로 정렬해 줄 그룹을 만듭니다. 그리고 웹 페이지의 제목이라고 할 수 있는 로고를 <h1> 태그로 작성해 줍니다. <h1> 태그의 자식인 <a> 태그를 이용해 링크도 추가합니다.

로고 아래에 주 메뉴인 <ul> 태그를 생성하고 id를 gnb라고 설정합니다. 실무에서 기업형 웹 페이지를 제작할 때 주 메뉴의 아이디명을 'gnb'라고 쓰는데 이것은 global navigation bar의 약자입니다. 직역하면 전역 이동 메뉴 막대 정도가 되겠네요. 마지막으로 상단에 배치할 유틸 메뉴의 클래스명을 util로 작성합니다.

예제 파일: 08\css\style.css

```
@charset "utf-8";
* {
  margin: 0px;
  padding: 0px;
  box-sizing: border-box;
}
ul, ol {
  list-style: none;
}
```

```
a {
  text-decoration: none;
}
```

스타일 시트의 문서 인코딩 방식을 utf-8로 지정합니다. 전체 요소의 바깥쪽, 안쪽 여백을
0px로 설정하고 border-box도 적용합니다. 그리고 리스트와 링크의 꾸며 주기 효과를 제거해
서 전체 스타일을 초기화해 줍니다.

예제 파일: 08\css\style.css

```
(... 생략 ...)
/* header */
header {
  width: 100%;
  border-bottom: 1px solid #ddd;
}
header .inner {
  width: 1180px;
  height: 120px;
  margin: 0px auto;
  position: relative; /* 자식 absolute 요소의 기준점 설정 */
}
header .inner h1 {
  position: absolute;
  left: 0px;
  bottom: 15px;
}
header .inner h1 a {
  font: bold 24px/1 "arial"; /* font 축약형 */
  color: #444;
}
```

header 요소의 너빗값을 100%로 입력하고 하단에 테두리를 지정합니다. 자식 콘텐츠를 묶은
.inner를 선택해서 너비를 1180px, 높이를 120px로 설정하고 가로 가운데에 배치합니다. 이
때 자식 요소인 absolute 속성의 기준점이 되도록 부모 요소인 .inner에 position: relative
를 설정해 줍니다. 자식 요소를 absolute로 설정하는 이유는 float로 배치할 때 HTML의 콘
텐츠 순서를 변경할 수 없기 때문입니다.

디자인 면에서 float로 배치하면 로고 다음에 유틸 메뉴가 HTML 파일에 작성되어야 하는

데, 웹 접근성에서 봤을 때 유틸 메뉴보다 주 메뉴의 중요도가 훨씬 높으므로 먼저 배치해야 합니다. 마지막으로 로고의 글자 모양을 설정하고 absolute로 .inner 안쪽에서 왼쪽 하단에 배치합니다. 참고로 font: bold 24px/1 "arial"은 font-weight: bold; font-size: 24px; line-height: 1; font-family: "arial";을 하나로 줄인 축약형입니다.

예제 파일: 08\css\style.css

```
(... 생략 ...)
header .inner .util {
  position: absolute;
  top: 20px;
  right: 30px;
}
header .inner .util li {
  float: left;
}
header .inner .util li a {
  display: block;
  font: 12px/1 "arial";
  color: #999;
  padding: 0px 10px;
}
```

유틸 메뉴도 absolute를 이용하여 .inner 안쪽 왼쪽 상단에 배치한 뒤 각 메뉴를 float로 배치합니다. 부모 요소인 .util에 float를 해제하지 않은 이유는 어차피 해당 요소 자체가 이미 absolute로 적용되어서 부모 요소가 인식을 못 하기 때문입니다.

예제 파일: 08\css\style.css

```
(... 생략 ...)
header .inner #gnb {
  position: absolute;
  bottom: 0px;
  right: 0px;
}
header .inner #gnb li {
  float: left;
}
header .inner #gnb li a {
  display: block; /* 인라인 요소는 block을 설정하여 크기 조절 가능 */
```

```
    font: bold 15px/1 "arial";
    color: #555;
    padding: 20px 40px;
    transition: all 0.5s;
  }
header .inner #gnb li a:hover {
    background: #555;
    color: #fff;
  }
```

주 메뉴의 작업도 유틸 메뉴와 비슷하지만, 각 메뉴의 클릭 영역을 여유 있게 확보하기 위해서 요소를 블록화한 뒤 **padding**값을 설정하고 호버 효과를 적용합니다.

결과 화면

DCODLAB DEPARTMENT GALLERY YOUTUBE COMMUNITY LOCATION

상단 헤더 영역이 완성되었습니다.

4단계 figure 영역 완성하기

웹 페이지에서 심미적인 기능을 하는 **figure** 영역을 헤더 영역 아래에 만들겠습니다. 여기서 제일 중요한 작업은 사용자 브라우저 크기에 상관없이 한 화면에 **header**와 **figure** 영역이 모두 보이도록 하고, 배경 동영상을 무한 반복 재생하는 것입니다.

예제 파일: 08\index.html

```
(... 생략 ...)
<figure>
  <video src="img/visual.mp4" autoplay muted loop></video>
  <div class="inner">
    <h1>INNOVATION</h1>
    <p>Lorem ipsum dolor, sit amet consectetur adipisicing elit. <br>
      Id praesentium molestias similique quaerat magni facere in a? Adipisci,
possimus reprehenderit!</p>
    <a href="#">view detail</a>
```

```
    </div>
  </figure>
(... 생략 ...)
```

먼저 `<figure>` 태그로 그룹을 만들고, 그 안에 자식으로 `<video>` 태그와 콘텐츠를 묶어 줄 `<div class ="inner">` 태그를 생성합니다. 그리고 `<div>` 안에는 제목과 본문 버튼을 배치합니다. 이때 `<video>` 태그에 `autoplay muted loop` 속성을 설정하여 무한 반복, 자동 재생하게 만듭니다.

예제 파일: 08\css\style.css

```
(... 생략 ...)
/* visual */
figure {
  width: 100%;
  height: calc(100vh - 120px); /* 전체 브라우저 높이에서 120px만큼 빼줌 */
  background: #000;
  position: relative;
  overflow: hidden;
  padding-top: 250px;
}
figure video {
  object-fit: cover; /* 영상을 figure 영역 안에 꽉 차도록 설정 */
  width: 100%;
  height: 100%;
  opacity: 0.3;
  position: absolute;
  top: 0px;
  left: 0px;
}
```

이번에는 `figure` 영역의 크기를 설정하는 작업이 가장 중요합니다. 너빗값은 `100%`로, 높잇값은 `calc(100vh - 120px)`로 입력합니다. `calc()`는 CSS 자체에서 산술 연산해 주는 편리한 내장 기능입니다. 사용자의 브라우저 크기는 각각 다르므로 한 화면에 `header`와 `figure` 영역을 꽉 차게 설정하는 작업은 매우 어렵습니다. 전체 브라우저의 높잇값을 `100vh`로 설정하고 `header`의 고정 픽셀(px)인 높잇값을 빼주기란 불가능하지만 `calc()` 함수를 이용하면 사람이 직접 계산하기 어려운 연산식을 CSS가 대신 처리해 주므로 편리합니다. 이때 주의할 점은 괄호 안에 수칫값과 연산자 사이를 무조건 한 칸씩 띄어야 연산 오류를 방지할 수 있다는 것입니다. `figure` 영역의 크기 설정을 완료했다면 이번엔 `video` 요소를 선택해서 `absolute`로 배치하고 `object-fit: cover`를 지정합니다. 이 속성은 동영상이 약간 잘리더라도 원래 비율을 유지하면서 `figure` 영역 안에 꽉 채웁니다.

예제 파일: 08\css\style.css

```css
(... 생략 ...)
figure .inner {
  width: 1180px;
  margin: 0px auto;
  position: relative;
}
figure .inner h1 {
  font: normal 120px/1 "arial";
  color: #fff;
  margin-bottom: 20px;
}
figure .inner p {
  font: 16px/1.4 "arial";
  color: #888;
  margin-bottom: 60px;
}
figure .inner a {
  display: block;
  width: 400px;
  height: 30px;
  border: 1px solid #bbb;
  font: bold 11px/30px "arial";
  color: #fff;
  text-align: center;
  letter-spacing: 1px;
  transition: all 0.5s;
}
figure .inner a:hover {
  background: #fff;
  color: #555;
}
(... 생략 ...)
```

`.inner` 안의 제목, 본문 그리고 하단 링크 버튼의 스타일을 위와 같이 작성합니다. 마찬가지로 버튼을 클릭할 수 있는 영역을 확장하기 위해 블록화한 뒤 너비와 높이를 고정값으로 지정

합니다. 이때 line-height값을 높잇값과 똑같이 지정하면 해당 버튼 영역 안에서 글자를 세로 가운데에 배치할 수 있습니다.

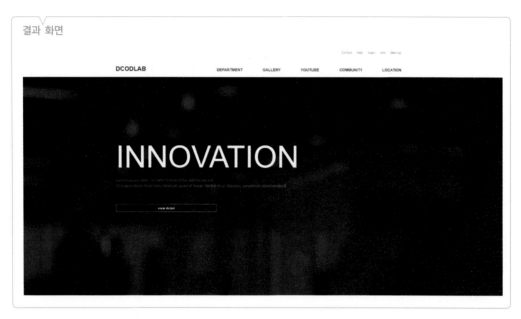

결과 화면

사용자가 웹 페이지에서 맨 처음 접하는 header와 figure 영역이 완성되었습니다.

5단계 section 영역 완성하기

이번 예제에서 가장 복잡한 메인 콘텐츠 영역을 section으로 제작해 보겠습니다.

예제 파일: 08\index.html

```
(… 생략 …)
<section>
  <div class="inner">
    <h1>RECENT NEWS</h1>
    <div class="wrap">
      <article>
        <div class="pic">
          <img src="img/news1.jpg" alt="1번째 콘텐츠 이미지">
        </div>
        <h2><a href="#">Lorem ipsum dolor sit.</a></h2>
        <p>Lorem ipsum dolor sit, amet consectetur adipisicing elit. Vitae minus,
eaque corrupti vero ad maiores!</p>
      </article>
```

```
      (2번째, 3번째 <article> 태그 ... 생략 ...)

        <article>
          <div class="pic">
            <img src="img/news4.jpg" alt="4번째 콘텐츠 이미지">
          </div>
          <h2><a href="#">Lorem ipsum dolor sit.</a></h2>
          <p>Lorem ipsum dolor sit, amet consectetur adipisicing elit. Vitae minus,
eaque corrupti vero ad maiores!</p>
        </article>
      </div>
    </div>
</section>
(... 생략 ...)
```

<section> 태그로 그룹화하고 콘텐츠가 들어갈 <div class="inner"> 태그를 넣습니다. 그리고
<article> 태그 4개를 묶어서 float를 해제할 <div class="wrap"> 태그를 작성합니다. <article>
안에는 <div class="pic"> 태그로 섬네일이 들어갈 프레임을 각각 만들고 자식인 <img> 태그로
이미지를 삽입합니다. 그리고 <h2>, <p> 태그로 제목과 본문을 입력합니다.

생략한 2번째, 3번째 <article> 태그 안의 코드는 1번째와 똑같이 입력하되, 이미지 파일만
news2.jpg와 news3.jpg으로 지정하면 됩니다.

예제 파일: 08\css\style.css

```
(... 생략 ...)
/* news */
section {
  width: 100%;
  padding: 200px 0px;
}
section .inner {
  width: 1180px;
  margin: 0px auto;
}
section .inner h1 {
  font: bold 24px/1 "arial";
  color: #555;
  text-align: center;
  margin-bottom: 50px;
```

```
}
section .inner .wrap {
  width: 100%;
}
section .inner .wrap::after { /* 자식 요소인 article의 float 해제 */
  content: "";
  display: block;
  clear: both;
}
section .inner .wrap article {
  width: 280px;
  float: left;
  margin-right: 20px;
}
section .inner .wrap article:last-child { /* 맨 오른쪽 마지막 요소의 여백만 제거 */
  margin-right: 0px;
}
section .inner .wrap article h2 {
  margin-bottom: 10px;
}
section .inner .wrap article h2 a {
  font: bold 16px/1 "arial";
  color: #555;
}
section .inner .wrap article p {
  font: 14px/1.4 "arial";
  color: #777;
}
section .inner .wrap article .pic {
  width: 100%;
  height: 120px;
  background: #333;
  margin-bottom: 15px;
  position: relative;
  overflow: hidden;
}
section .inner .wrap article .pic img {
  object-fit: cover; /* pic 프레임 안에 이미지를 꽉 채움 */
  width: 100%;
  height: 100%;
}
(... 생략 ...)
```

section 요소의 너비와 안쪽 여백을 설정하고, 마찬가지로 .inner 요소에도 너빗값을 1180px로 지정합니다. margin: 0px auto로 요소를 가로 가운데에 배치하고 제목 스타일을 설정합니다. 이후 자식 요소인 article의 float를 해제하기 위해 .wrap에 가상 선택자로 float를 해제합니다.

float를 이용해 article을 좌우로 배치한 뒤 오른쪽으로 margin-right를 20px만큼 설정하고 맨 마지막 요소에는 오른쪽의 간격이 없어야 하므로 :last-child 구문을 이용해 가장 오른쪽에 있는 마지막 article의 여백을 제거합니다. 만약 마지막 article의 여백을 제거하지 않으면 .inner의 너빗값은 1180px인데 article 요소의 오른쪽 여백을 포함한 전체 너빗값이 1200px이므로 부모 영역의 너빗값보다 커서 4번째 article 요소가 아래쪽으로 떨어져서 배치됩니다.

섬네일의 프레임인 .pic의 모양을 잡고 자식 요소인 img를 꽉 차게 배치하기 위해 object-fit: cover를 지정합니다. 나머지 중제목과 요약문의 서식 스타일도 위와 같이 적용합니다.

각 article 요소로 지정한 콘텐츠 영역이 잘 나타납니다. 이때 이미지 요소에 object-fit: cover를 지정하여 이미지의 원본 크기와 상관없이 섬네일 프레임에 꽉 차게 합니다.

6단계 footer 영역 완성하기

모든 웹 페이지 하단에는 해당 웹 페이지를 운영하는 기관의 정보 등이 담긴 footer 영역이 들어갑니다. 이 영역은 웹 페이지의 기존 제작 방식과 크게 다르지 않으니 차분하게 마무리를 지어 보겠습니다.

```
(... 생략 ...)
<footer>
  <div class="inner">
  <div class="upper">
    <h1>DCODELAB</h1>
    <ul>
      <li><a href="#">Policy</a></li>
      <li><a href="#">Terms</a></li>
      <li><a href="#">Family Site</a></li>
      <li><a href="#">Sitemap</a></li>
    </ul>
  </div>

  <div class="lower">
    <address>
    Lorem ipsum dolor sit amet consectetur adipisicing elit. Quas, facere.<br>
    TEL : 031-111-1234  C.P : 010-1234-5678
    </address>
    <p>
    2020 DOCDELAB &copy; copyright all rights reserved.
    </p>
  </div>
  </div>
</footer>
(... 생략 ...)
```

<footer>로 하단 콘텐츠를 그룹화하고 중앙에 배치할 그룹인 <div class= "inner">를 작성합니다. 해당 영역은 상하로 나눠서 배치할 예정이므로 다시 <div class= "upper">와 <div class="lower">로 그룹을 나눕니다. 그리고 위 코드와 같이 세부 콘텐츠를 채워 넣습니다.

```
(... 생략 ...)
/* footer */
footer {
  width: 100%;
  background: #333;
  padding: 100px 0px;
  border-top: 1px solid #888;
```

```
    }
    footer .inner {
      width: 1180px;
      margin: 0px auto;
    }
    footer .inner .upper {
      width: 100%;
      border-bottom: 1px solid #777;
      padding-bottom: 20px;
    }
    footer .inner .upper::after { /* 상단 영역 float 해제 */
      content: "";
      display: block;
      clear: both;
    }
    footer .inner .upper h1 {
      float: left;
      font: bold 24px/1 "arial";
      color: #666;
    }
    footer .inner .upper ul {
      float: right;
    }
    footer .inner .upper ul li {
      float: left;
      margin-left: 20px;
    }
    footer .inner .upper ul li a {
      font: bold 14px/1 "arial";
      color: #666;
    }
    footer .inner .lower {
      width: 100%;
      padding-top: 20px;
    }
    footer .inner .lower address {
      width: 100%;
      font: 12px/1.3 "arial";
      color: #777;
      margin-bottom: 20px;
    }
```

```
footer .inner .lower p {
  width: 100%;
  font: 12px/1 "arial";
  color: #777;
}
(... 생략 ...)
```

footer 영역을 100%로 지정하고 위아래 padding값을 지정합니다. 이후 .inner로 콘텐츠를 가운데로 묶어 주고 upper와 lower의 영역을 설정한 뒤 각 콘텐츠의 서식 스타일을 지정합니다. 이때 upper 부분에는 기업명과 메뉴 영역이 좌우로 배치되므로 가상 선택자를 이용하여 float를 해제합니다.

하단 영역의 콘텐츠 구성을 완료했습니다. 최종 완성된 기업형 페이지의 결과 화면은 다음과 같습니다.

결과 화면

09장

마을 애니메이션 제작하기

이번에는 04-3절에서 배운 animation 속성을 이용하여 웹 브라우저에서 동화 같은 애니메이션을 구현해 보겠습니다. 이번 예제를 만들어 보면서 실무에서 animation을 어떻게 응용할 수 있는지 확인해 보기 바랍니다.

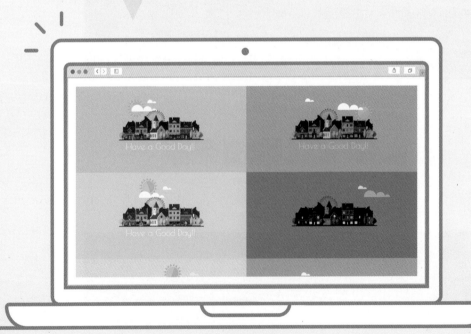

이 예제에서는 복잡한 자바스크립트 없이 기본 HTML과 CSS의 animation 속성을 사용하여 UI 모션을 만드는 방법을 알아봅니다.

1단계　작업 폴더 준비하기

다음과 같이 09장 템플릿 폴더를 에디터로 불러옵니다.

그림 9-1 에디터에서 작업 폴더 확인하기

작업 폴더에는 index.html, style.css 파일이 있고, img 폴더에는 우리가 작업할 다양한 이미지가 들어 있습니다.

2단계　레이아웃 구조 파악하기

작업을 시작하기 전에 이번에 제작할 예제의 레이아웃 구조를 분석해 보겠습니다.

그림 9-2 마을 애니메이션의 레이아웃 구조 파악하기

이번 예제에서는 body 요소의 배경색을 지정하고, section 요소로 모든 콘텐츠를 그룹화합니다. 그 안에 텍스트를 넣고 article.sky에 태양, 구름 등의 이미지를 앉힙니다. article.town 에는 마을의 건물 등을 배치한 다음 마지막으로 article.people 영역에 마을 사람들을 배치하겠습니다.

3단계 배경과 콘텐츠 영역 잡기

먼저 배경을 풀 스크린으로 설정하고 배경색과 콘텐츠가 들어갈 section 영역의 크기와 위치를 잡겠습니다.

예제 파일: 09\index.html

```
(... 생략 ...)
<body>
  <section>
  </section>
</body>
(... 생략 ...)
```

<body> 태그 안에 <section> 태그를 생성해 줍니다.

예제 파일: 09\css\style.css

```
@charset "utf-8";
@import url('https://fonts.googleapis.com/css?family=Poiret+One');

* {
  margin: 0px;
  padding: 0px;
}
body {
  width: 100%;
  height: 100vh;
  overflow: hidden;
  background-color: #b1e1e2;
}
section {
  width: 1000px;
  height: 400px;
```

```
    position: absolute;
    top: 50%;
    left: 50%;
    transform: translate(-50%, -70%);
    border: 1px solid red;
  }
```

구글 웹 폰트 사이트에서 Poiret One 폰트를 찾아서 연결합니다. body 요소에 width: 100%, height: 100vh를 지정해서 풀 스크린으로 만든 뒤, overflow: hidden을 설정해 자식 콘텐츠가 브라우저 영역에서 벗어나면 스크롤 바가 생기지 않게 합니다.

마지막으로 배경색을 연한 하늘색으로 지정합니다. section 요소의 너빗값과 높잇값을 각각 1000px과 400px로 지정하고 section 아래 영역에 텍스트를 삽입할 공간을 확보하기 위해 absolute와 transform을 이용하여 화면 가운데에서 살짝 위로 올라가 보이게 만듭니다.

결과 화면

배경이 하늘색으로 지정되고 마을과 콘텐츠 이미지가 들어갈 section 영역은 가로로 가운데, 세로로 살짝 위로 올라간 것을 확인할 수 있습니다.

4단계 텍스트와 구름, 태양 배치하기

상단 영역에 구름과 태양을 배치하고 하단에 텍스트를 배치해 보겠습니다.

예제 파일: 09\index.html

```
(... 생략 ...)
<body>
  <h1>Have a Good Day!!</h1>

  <section>
    <article class="sky">
      <img src="img/sun.png" class="sun" />
      <img src="img/cloud1.png" class="cloud1" />
      <img src="img/cloud2.png" class="cloud2" />
    </article>
  </section>
</body>
(... 생략 ...)
```

<section> 태그 위에 <h1> 태그로 텍스트를 삽입합니다. 그리고 <section> 태그 안에 <article> 태그로 태양과 구름 이미지를 묶습니다.

예제 파일: 09\css\style.css

```
(... 생략 ...)
h1 {
  width: 1000px;
  position: absolute;
  top: 50%;
  left: 50%;
  transform: translate(-50%, 150%);
  font: 92px/1 "Poiret one";
  color: #fff;
  text-align: center;
}
section {
  width: 1000px;
  height: 400px;
  position: absolute;
  top: 50%;
  left: 50%;
  transform: translate(-50%, -70%);
}
```

```
section .sky {
  position: absolute;
  width: 100%;
  height: 100%;
}
section .sky .sun {
  position:absolute;
  top: -150px;
  left: 50%;
  margin-left: -100px;
  transform-origin: center 500px; /* 태양의 중심축을 아래쪽으로 500만큼 이동 */
}
section .sky .cloud1 {
  position: absolute;
  top: -30px;
  left: 10%;
}
section .sky .cloud2 {
  position: absolute;
  top: 20px;
  left: 0%;
}
```

문서 구조에서 볼 때 h1 요소가 section보다 먼저 작성되었지만 position: absolute를 지정하여 화면 가운데에서 살짝 아래로 내려가게 만듭니다. font-family는 3단계에서 연결한 구글 웹 폰트인 Poiret One으로 지정합니다.

이제 구름을 section의 왼쪽 상단에 각각 배치합니다. 마지막으로 태양 이미지는 section 안에서 가로 가운데에 배치하고 top을 -150px로 지정하여 section 위쪽에서 살짝 더 위로 배치합니다. 그리고 나중에 animation을 적용할 때 section 영역 전체에서 크게 타원을 그리면서 회전하도록 transform-origin을 이용해 태양 이미지의 중심축을 500px만큼 내려 줍니다.

결과 화면

텍스트와 구름 , 태양을 배치한 화면이 완성되었습니다.

5단계 마을 건물 배치하기

하늘에 구름과 태양을 배치했으니 이제는 마을을 구성해 보겠습니다.

예제 파일: 09\index.html

```
(... 생략 ...)
<section>
  (... 생략 ...)
  <article class="town">
    <img src="img/circle.png" class="circle" />
    <img src="img/town_night.png" class="night" />
    <img src="img/town_day.png" class="day" />
  </article>
</section>
(... 생략 ...)
```

\<section\> 태그 안에 \<article\> 태그를 추가하고 클래스를 town으로 입력합니다. 그리고 그 안에 회전하는 놀이 기구와 낮과 밤에 보일 건물 이미지를 모두 넣습니다.

```
(... 생략 ...)
section .town .circle {
  position: absolute;
  bottom: 104px;
  left: 50%;
  margin-left: -165px;
  opacity: 0.7;
}
section .town .night {
  position: absolute;
  bottom: 0px;
  left: 40px;
}
section .town .day {
  position: absolute;
  bottom: 0px;
  left: 40px;
}
```

circle 요소를 건물 이미지 뒤쪽에 배치해 줍니다. 맨 뒤에 위치하는 요소이므로 opacity값
을 0.7로 입력해 흐리게 만들어 줍니다. 그리고 night와 day 요소의 이미지를 absolute 속성
을 이용해 section 요소 안쪽에서 겹쳐 놓습니다. 밤이 되면 건물이 어두워지고 창문에 따뜻
하게 불이 켜져 있는 느낌을 표현하기 위해 day 이미지 아래쪽에 night 이미지를 겹쳐서 깔아
주겠습니다. 다음 단계에서 animation 속성을 이용해 위쪽에 있는 day 이미지를 살짝 숨기고
아래쪽의 night 이미지가 출력되도록 변경하겠습니다.

결과 화면

하늘에 구름과 태양도 띄우고 건물도 배치하니 제법 그럴듯한 마을이 나타납니다. 하지만 사람이 없으니 마을이라고 할 수가 없겠죠? 이제 건물 앞에 사람들을 배치해 보겠습니다.

예제 파일: 09\index.html

```
(... 생략 ...)
<article class="people">
  <img src="img/man.png" class="man" />
  <img src="img/family.png" class="family" />
</article>
</section>
(... 생략 ...)
```

<section> 태그 안에 <article> 태그를 추가하고 클래스명으로 people을 적용한 뒤, 이미지 2개를 넣습니다.

예제 파일: 09\css\style.css

```
(... 생략 ...)
section .people {
  width: 100%;
  height: 100%;
  position: absolute;
  top: 0px;
  left: 0px;
}
section .people .man {
  position: absolute;
  left: 0%;
  bottom: 0px;
}
section .people .family {
  position: absolute;
  left: 0%;
  bottom: 0px;
}
```

사람 이미지를 section 영역 안의 왼쪽 하단에 모두 배치해 줍니다.

마을 건물 왼쪽 가장자리에 사람들이 나란히 사이좋게 서 있는 것이 보입니다. 이제 애니메이션의 콘텐츠 구성을 모두 완료했습니다. 지금은 낮의 배경색과 건물, 그리고 가만히 서 있는 사람들만 보이지만 animation을 적용하면 해가 자연스럽게 타원을 그리면서 움직이고 하늘 색도 변경되며 사람들도 활발히 돌아다니게 할 수 있습니다. 그리고 밤이 되면 사람들이 사라지고 건물에서 은은한 불빛이 새어 나오도록 작업해 보겠습니다.

7단계 각 요소에 적용할 키프레임 설정하기

현재 화면에 있는 여러 요소를 시간 흐름에 따라 서로 다른 모션이 나타나도록 만들겠습니다. 먼저 마을 중앙에 있는 놀이 기구를 회전시키고, 하늘 배경색도 시간 흐름에 따라 바뀌도록 하겠습니다. 또 시간이 지나면 마을 건물을 빛이 반사되는 이미지로 변경해 주고, 구름과 태양의 움직임 그리고 산책하는 사람들의 모션을 키프레임으로 설정하겠습니다.

예제 파일: 09\css\style.css

```
(... 생략 ...)
@keyframes rotation {
  0% {transform:rotate(0deg);}
  100% {transform:rotate(360deg);}
}
```

rotation이라는 이름의 키프레임을 1개 정의합니다. 이 키프레임은 마을 중앙에 있는 놀이 기구를 계속 회전시켜야 하므로 360° 회전하는 transform을 설정해 줍니다.

```css
(... 생략 ...)
/* 배경 하늘색을 변경하는 키프레임 */
@keyframes sky {
  0% {background-color: #b08fcc;}
  25% {background-color: #b1e1e2;}
  50% {background-color: #fcd2e2;}
  75% {background-color: #636888;}
  100% {background-color: #b08fcc;}
}

/* 태양이 회전하는 키프레임 */
@keyframes sun {
  0% {opacity: 0; transform: rotate(-90deg);}
  25% {opacity: 1; transform: rotate(-30deg);}
  50% {opacity: 1; transform: rotate(30deg);}
  75% {opacity: 0; transform: rotate(90deg);}
  100% {opacity: 0; transform: rotate(-90deg);}
}

/* 밤에 특정 요소를 숨기는 키프레임 */
@keyframes day {
  0% {opacity: 0;}
  25% {opacity: 1;}
  50% {opacity: 1;}
  75% {opacity: 0;}
  100% {opacity: 0;}
}

/* 사람과 구름을 오른쪽으로 이동시키는 키프레임 */
@keyframes flow {
  0% { left: 0%; opacity: 0;}
  10% { opacity: 1; }
  80% { opacity: 1; }
  100% { left: 90%; opacity: 0;}
}
```

이번에는 하루의 시간 흐름에 따라 하늘의 배경색, 태양의 회전, 건물의 이미지를 각각 변경하는 키프레임을 작성해 보겠습니다.

먼저 키프레임 주기를 0~25%는 새벽에서 아침으로 바뀌는 구간, 25~50%는 오전에서 낮으로 바뀌는 구간, 50~75%는 낮에서 저녁으로 바뀌는 구간, 마지막으로 75~100%는 밤 구간으로 설정합니다.

sky라는 이름의 키프레임을 생성하고 각 구간에 어울리는 배경 색상을 지정해 줍니다. 해당 구간마다 자연스럽게 배경색이 바뀌며 마치 태양의 위치에 따라 하늘색이 변경되는 것처럼 표현할 것입니다.

다음으로 sun이라는 이름의 키프레임을 생성해서 태양을 회전시키겠습니다. 현재 태양의 위치가 12시 방향을 가리키고 있으므로 처음 0%에서는 태양이 뜨는 모습을 표현하기 위해 9시에 해당하는 반시계 방향인 −90°로 회전 각도를 설정합니다. 그리고 해가 지는 구간인 75%에서는 시계 방향으로 3시를 나타내는 90°를 설정합니다. 그리고 중간인 25%와 50%는 각각 −30°와 30°로 설정합니다. 마지막으로 100%에는 다시 원래 위칫값인 −90°를 설정해 줍니다. 이때 처음 태양이 뜰 때는 안 보이다 서서히 나타나게 하고, 다시 질 때에는 서서히 사라지게 하기 위해 opacity값을 설정해 줍니다.

같은 방식으로 밤이 되면 건물 앞을 지나는 사람들이 사라지고 건물 모습도 밤에 맞는 이미지로 변경해야 합니다. 낮에서 밤으로 변경되는 구간에서 opacity가 0이 되는 day 키프레임도 추가합니다. 마지막으로 사람들과 구름이 왼쪽에서 오른쪽 끝으로 이동하여 사라지면 다시 왼쪽부터 서서히 나타나도록 flow 키프레임도 설정합니다.

8단계 각 요소에 애니메이션으로 키프레임 불러오기

이번에는 animation 구문을 이용하여 키프레임을 호출해 보겠습니다.

예제 파일: 09\css\style.css

```
(... 생략 ...)
body {
  (... 생략 ...)
  animation: sky linear 20s infinite;
}
h1 {
  (... 생략 ...)
  animation: day linear 20s infinite;
}
section .sky .sun {
  (... 생략 ...)
  animation: sun linear 20s infinite;
}
```

```
section .sky .cloud1 {
  (... 생략 ...)
  animation: flow linear 10s infinite;
}
section .sky .cloud2 {
  (... 생략 ...)
  animation: flow linear 20s infinite;
}
section .town .day {
  (... 생략 ...)
  animation: day linear 20s infinite;
}
section .town .circle {
  (... 생략 ...)
  animation: rotation linear 20s infinite;
}
section .people {
  (... 생략 ...)
  animation: day linear 20s infinite;
}
section .people .man {
  (... 생략 ...)
  animation: flow linear 7s infinite;
}
section .people .family {
  (... 생략 ...)
  animation: flow linear 20s infinite;
}
(... 생략 ...)
```

body 요소에는 배경색을 변경해 주는 sky 키프레임을 animation 구문으로 호출해 줍니다. h1 요소와 .day 요소에는 밤에 'Have a Good Day!!'라는 메시지와 사람들이 출력되지 않도록 day 키프레임으로 animation을 호출합니다. 놀이 기구인 .circle은 자체적으로 회전하는 요소이므로 rotation 키프레임을 호출하고, 태양은 타원을 그리면서 회전해야 하므로 sun 키프레임을 호출합니다. 마지막으로 사람들과 구름은 왼쪽에서 오른쪽으로 서서히 지나가므로 flow 키프레임을 animation으로 연결하면 모든 애니메이션 적용이 완료됩니다.

위의 결과 화면처럼 낮에는 태양이 보이고 사람들도 건물 앞을 지나가지만, 밤이 되면 태양이 사라지고 사람들도 사라지고 건물 유리창에 불이 켜지는 것을 확인할 수 있습니다.

10장

파노라마 회사 소개 페이지 제작하기

여기에서 제작해 볼 예제는 transform3D를 활용하여 입체감 나게 움직이는 회사 소개 페이지입니다. 회사 소개 콘텐츠 여러 개가 파노라마처럼 둥글게 돌다가 사용자가 콘텐츠를 살펴보려고 마우스 포인터를 올리면 정지하도록 만들 것입니다. 마치 SF 영화의 증강 현실 느낌이 나도록 제작해 보겠습니다.

 **Do it! 포트폴리오** ## 파노라마 회사 소개 페이지 난이도 ☆☆★★★

여기에서는 간단한 자바스크립트를 추가하여 사용자 인터랙션 작업을 합니다. 작성할 코드가 길지 않고 어렵지 않으므로 자바스크립트가 웹 브라우저에서 어떤 일을 하는지 간단히 알아보고 사용법을 미리 체험해 보세요.

여기서 잠깐!

웹 페이지를 제작하려면 자바스크립트를 꼭 알아야 하나요?

사실 우리가 자바스크립트를 배우는 가장 큰 이유는 해당 문법을 이용하여 사용자의 행동에 반응하여 일어나는 다양한 웹 모션이나 편의 기능 등을 제작하기 위함입니다. HTML, CSS가 웹 페이지에 정적인 콘텐츠를 출력하는 용도라면, 자바스크립트는 정적인 페이지에 사용자의 인터랙션, 즉 상호 작용 기능을 추가할 수 있습니다. 예를 들어 사용자 브라우저에 최적화된 화면을 출력하거나, 접속한 시간별로 달라지는 반응형 UI를 제공할 수 있습니다. 이처럼 자바스크립트를 활용하면 최적화된 사용자 경험을 제공하기 위해 작업자가 할 수 있는 것들이 크게 늘어나게 됩니다. 또한 분업화가 잘된 웹 에이전시나 대기업에서는 HTML, CSS 부서와 자바스크립트, 인터랙션 부서가 나뉘어 있기도 하니 당장 자바스크립트를 배워야 한다는 부담감을 갖지 않아도 됩니다. 책의 실습과 간단한 자바스크립트 기초 문법을 하나씩 배우고 업무에 조금씩 적용해 본다면 머지않아 이 기술을 자연스럽게 다룰 수 있습니다.

1단계 작업 폴더 준비하기

다음과 같이 템플릿 폴더를 에디터로 불러옵니다.

그림 10-1 에디터에서 작업 폴더 확인하기

이번에는 많은 콘텐츠로 구성할 계획이므로 img 폴더를 보면 다양한 이미지와 동영상 파일이 들어 있습니다. 그리고 자바스크립트 기능을 추가하기 위해 js 폴더 안에 main.js 파일을 만들어 연결합니다.

2단계 레이아웃 구조 파악하기

이번에 제작할 예제의 전체 작업 계획을 세우기 위해 레이아웃 구조를 알아보겠습니다.

그림 10-2 파노라마 회사 소개 페이지의 레이아웃 파악하기

전체 화면을 main.wrap으로 감싸고 동영상을 풀 스크린으로 구성합니다. 그리고 section #circle로 360° 파노라마로 구성된 여러 가지 입체 박스를 감싸는 그룹을 만듭니다. 각 article 요소 안에는 .inner로 자식 콘텐츠를 묶고 해당 article 안에서 분할된 개별 박스를 .inner>div로 구성합니다.

3단계 풀 스크린 배경에 동영상 삽입하기

먼저 전체 화면 영역을 만들고 동영상이 마치 배경처럼 무한 반복 자동 재생되게 설정하겠습니다.

```
(... 생략 ...)
<body>
  <main class="wrap">
    <video src="img/bg.mp4" loop autoplay muted></video>
  </main>
</body>
(... 생략 ...)
```

<main> 태그에 클래스 wrap을 적용해서 삽입합니다. 해당 요소는 전체 화면을 풀 스크린으로 만든 뒤, 동영상을 삽입하기 위한 최상위 태그입니다. 이후 <video> 태그로 배경으로 활용할 동영상을 불러옵니다. 이때 배경으로 쓰기 위해 loop로 무한 반복되게 하고 autoplay로 자동 재생 되도록 하겠습니다. 마지막으로 muted를 추가해 동영상을 음소거합니다.

```css
@charset "utf-8";
@import url('https://fonts.googleapis.com/css?family=Orbitron');

* {
  margin: 0;
  padding: 0;
}
ol, ul {
  list-style: none;
}
a {
  outline: 0;
  text-decoration: none;
}
img {
  border: 0;
}
body {
  font: 17px/1.4 "orbitron";
  letter-spacing: 1px;
  color: #ddd;
  background: #000;
}
```

이번에 제작할 웹 페이지의 콘셉트는 미래 지향적인 디자인이므로 구글 웹 폰트도 맞춰서
orbitron을 사용합니다. 전체 요소의 여백과 목록의 꾸밈 효과를 초기화합니다. a 요소에는
outline: 0을 설정해 링크를 클릭하면 나타나는 밑줄도 제거합니다.

이 예제는 디자인이 중요하므로 지저분한 테두리를 감췄지만, 만약 웹 접근성이 중요한 사이
트를 만든다면 outline값을 1로 설정하는 것이 좋습니다. img 요소의 테두리를 0으로 설정하
고, body 요소의 배경색을 어둡게 지정합니다. 전체 폰트 모양을 orbitron으로 입력하고 자간
은 1px로 지정합니다.

예제 파일: 10\css\style.css

```css
(... 생략 ...)
.wrap {
  position: fixed;
  width: 100%;
  height: 100%;
  perspective: 1300px;
}
.wrap>video {
  width: 100%;
  height: 100%;
  object-fit: cover;
  position: fixed;
  opacity: 0.5;
}
```

.wrap에는 position 속성을 fixed로 설정하고 너빗값과 높잇값을 각각 100%로 설정해 풀 스
크린으로 만듭니다. 이때 fixed가 아닌 width: 100vw와 height: 100vh를 적용해도 됩니다.
자식 요소에 입체감 나는 3D 요소도 넣을 것이므로 perspective: 1300px을 입력해서 원근감
도 미리 지정해 주겠습니다.

video 요소는 너빗값과 높잇값을 각각 100%로 지정하고 object-fit: cover 설정한 다음
position속성을 fixed로 지정합니다. 화면 크기에 맞게 영상을 꽉 채우는 작업입니다. 마지
막으로 투명도를 0.5로 설정해서 배경색에 검은색이 묻어나면서 영상이 약간 어두워지도록
만듭니다.

결과 화면

결과 화면처럼 풀 스크린의 동영상이 반복 재생되어 나타납니다. 이 영상 위에 여러 콘텐츠 박스를 올릴 것이므로 영상의 투명도를 낮춰 어두운 배경 분위기가 나도록 처리했습니다.

4단계 **콘텐츠 박스를 묶는 부모 프레임 생성하기**

이제는 입체적으로 회전하면서 움직일 콘텐츠 박스를 묶어 줄 부모 프레임을 구성해 보겠습니다.

예제 파일: 10\index.html

```
(... 생략 ...)
<body>
  <main class="wrap">
    <video src="img/bg.mp4" loop autoplay muted></video>

    <section id="circle"></section>
  </main>
</body>
(... 생략 ...)
```

콘텐츠 박스 8개를 묶어 줄 부모 요소인 <section> 태그를 만들고 아이디명을 circle로 지정합니다.

```
(... 생략 ...)
.wrap #circle {
  width: 600px;
  height: 800px;
  position: absolute;
  top: 50%;
  left: 50%;
  margin-top: -400px;
  margin-left: -300px;
  border: 1px solid aqua;
}
```

#circle 요소의 너빗값과 높잇값을 각각 600px, 800px로 지정한 뒤, absolute로 화면 정중앙에 배치합니다. 테두리를 aqua로 지정하여 박스 모양을 확인해 봅시다.

결과 화면

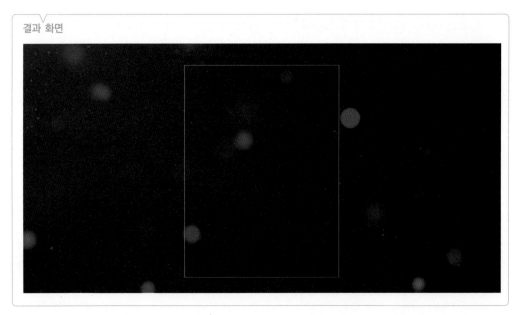

화면 정중앙에 콘텐츠 박스가 들어갈 프레임이 생성된 것을 확인할 수 있습니다.

5단계 자식 콘텐츠 박스 8개 생성하기

부모 프레임이 완성되었으니 이제는 자식 콘텐츠 박스를 만들겠습니다.

```
(... 생략 ...)
<body>
  <main class="wrap">
    <video src="img/bg.mp4" loop autoplay muted></video>

    <section id="circle">
      <article class="face1"></article>
      <article class="face2"></article>
      <article class="face3"></article>
      <article class="face4"></article>
      <article class="face5"></article>
      <article class="face6"></article>
      <article class="face7"></article>
      <article class="face8"></article>
    </section>
  </main>
</body>
(... 생략 ...)
```

<section> 안에 <article> 태그 8개를 생성하고 각 클래스 이름을 face1~face8로 입력합니다.

```
(... 생략 ...)
.wrap #circle article {
  width: 100%;
  height: 100%;
  position: absolute;
  top: 0px;
  left: 0px;
  background: rgba(255,255,255,0.4);
}
```

이 콘텐츠 박스를 공통 태그인 **article**로 선택하고, 너빗값과 높잇값을 각각 **100%**로 입력해 프레임과 같은 크기로 만들고 **absolute** 요소로 겹쳐 놓습니다. 그리고 배경색은 반투명한 흰색으로 지정합니다.

결과 화면을 보면 article 요소 8개가 #circle 프레임 안에서 같은 위치에 같은 크기로 겹쳐 있습니다. 각 article 요소의 배경색은 반투명하게 지정했지만 같은 위치에 8개의 article이 겹쳐져 있어서 마치 하나의 흰색 박스만 있는 것처럼 보입니다.

6단계 콘텐츠 박스 8개의 공통 스타일 지정하기

콘텐츠 박스들은 입체적으로 회전하면서 움직일 것이므로 박스에 3D 효과를 미리 적용하면 세부 콘텐츠의 모양을 확인하면서 작업하기가 매우 불편합니다. 그래서 우선은 박스를 하나 씩 작업하면서 모든 UI의 콘텐츠 구성을 완료한 후에 입체적으로 회전시키겠습니다. 다음과 같이 8개의 〈article〉 태그 안에 콘텐츠를 넣고 공통 스타일을 지정하겠습니다.

예제 파일: 10\index.html

```
(... 생략 ...)
<section id="circle">
  <article class="face1">
    <h1>Co Company</h1>
    <div class="inner">
      <div></div>
    </div>
  </article>
</section>
```

```
<article class="face2">
  <h1>What's New</h1>
  <div class="inner">
    <div></div>
  </div>
</article>

<article class="face3">
  <h1>Members</h1>
  <div class="inner">
    <div></div>
  </div>
</article>

<article class="face4">
  <h1>Advertisement</h1>
  <div class="inner">
    <div></div>
  </div>
</article>

<article class="face5">
  <h1>DCODELAB</h1>
  <div class="inner">
    <div></div>
  </div>
</article>

<article class="face6">
  <h1>Services</h1>
  <div class="inner">
    <div></div>
  </div>
</article>

<article class="face7">
  <h1>Promotion</h1>
  <div class="inner">
    <div></div>
  </div>
</article>
```

```
  <article class="face8">
    <h1>Temperature</h1>
    <div class="inner">
      <div></div>
    </div>
  </article>
</section>
(... 생략 ...)
```

모든 <article> 태그 안쪽에 <h1> 태그로 제목을 넣고, 작은 박스들을 다시 그룹으로 묶어 줄
<div class="inner">를 만든 뒤 다시 자식으로 <div> 태그를 만듭니다.

예제 파일: 10\css\style.css

```
(... 생략 ...)
.wrap #circle article {
  width: 100%;
  height: 100%;
  position: absolute;
  top: 0px;
  left: 0px;
}
.wrap #circle article h1 {
  position: absolute;
  left: 0px;
  top: 0px;
  font-size: 30px;
  opacity: 0;
  transition: all 0.5s;
}
.wrap #circle article:hover h1 {/* article 호버 시 제목이 위로 서서히 나타남 */
  top: -60px;
  opacity: 1;
}
.wrap #circle article .inner {
  width: 100%;
  height: 100%;
}
.wrap #circle article .inner>div {
```

```
    width: 100%;
    height: 100%;
    border: 1px solid rgba(255, 255, 255, 0.5);
    box-sizing: border-box;
    background: rgba(255, 255, 255, 0.06);
    padding: 50px;
    position: relative;
    opacity: 0.7;
    overflow: hidden;
    cursor: pointer;
    transition: all 0.5s;
}
.wrap #circle article .inner>div:hover {
    background: rgba(255, 255, 255, 0.15); /* 호버 시 div 박스 약간 진하게 활성화 */
    transform: scale(1.03); /* 호버 시 박스 약간 확대 */
    opacity: 1;
}
```

article이 아닌 자식 요소인 .inner>div에 배경색을 지정할 것이므로 article 요소의 배경색은 제거합니다. article의 자식인 h1의 폰트 크기를 지정한 다음에 박스 안 왼쪽 상단에 absolute로 배치하고, 투명도 0으로 입력해 숨김 처리합니다. 그리고 transition을 적용해 박스 위에 마우스 포인터를 올리면 전환 효과가 일어나도록 설정합니다.

h1의 hover 문에는 top을 -60px로 설정하고 투명도를 1로 입력합니다. article 박스에 마우스 포인터 올리면 제목이 아래에서 박스 위로 부드럽게 나타납니다.

article의 자식인 .inner는 부모 프레임의 크기를 100%로 상속받고, .inner의 자식인 div의 배경색을 지정합니다. 마우스 포인터를 올리면 박스가 선명해지는 전환 효과를 주기 위해 테두리를 지정하고 background: rgba(255, 255, 255, 0.06)을 입력하여 투명에 가까운 흰색을 만들어 줍니다. 마지막으로 transition 속성도 추가합니다. 이후 hover 문에서 마우스 포인터를 올리면 배경색이 조금 더 선명하게 설정하고 박스가 살짝 확대되도록 transform: scale(1.03)을 추가합니다. 이제 모든 박스의 모양을 만들었으니 section#circle의 테두리는 삭제합니다.

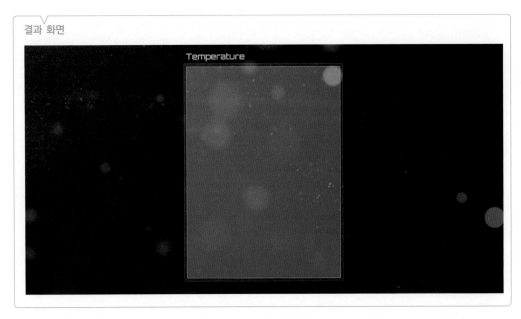

박스 위에 마우스 포인터를 올리면 살짝 확대되면서 선명하게 나타나고, 위쪽에 제목 텍스트가 부드럽게 올라오는 모션이 동작합니다. 위 결과 화면에서 Temperature 글자만 보이는 이유는 모든 박스가 absolute로 겹쳐 있어서 맨 마지막에 작성한 face8이 나머지 7개의 박스를 가렸기 때문입니다.

7단계   1번째 박스 콘텐츠 만들기

모든 박스의 공통 스타일을 만들었으니 1번째 박스인 face1을 완성하겠습니다. 1번째 박스에는 회사의 협력사를 아이콘 형태로 소개하는 콘텐츠를 넣겠습니다.

예제 파일: 10\index.html

```
(... 생략 ...)
<article class="face1">
  <h1>Co Company</h1>
  <div class="inner">
    <div>
      <p><i class="fab fa-android"></i></p>
      <h2>Android</h2>
    </div>
    <div>
```

```
        <p><i class="fab fa-apple"></i></p>
        <h2>Apple</h2>
      </div>
      <div>
        <p><i class="fab fa-twitter-square"></i></p>
        <h2>Twitter</h2>
      </div>
      <div>
        <p><i class="fab fa-facebook-square"></i></p>
        <h2>Facebook</h2>
      </div>
      <div>
        <p><i class="fab fa-youtube"></i></p>
        <h2>Youtube</h2>
      </div>
      <div>
        <p><i class="fab fa-google-play"></i></p>
        <h2>Google</h2>
      </div>
    </div>
  </article>
  (... 생략 ...)
```

1번째 박스는 작은 박스 6개로 구성되었으며, 각 박스 안에는 <p> 태그로 웹 폰트 아이콘과
<h2> 태그로 해당 아이콘의 텍스트를 입력해 줍니다.

예제 파일: 10\css\style.css

```
(... 생략 ...)
.wrap #circle article {
  (... 생략 ...)
  top: 0px;
  left: 0px;
  display: none;
}
(... 생략 ...)
```

박스 8개가 겹쳐 있어서 박스마다 세부 모양을 확인하기가 어려우므로 우선 모든 article 요
소를 선택해서 display: none으로 숨김 처리합니다.

```css
(... 생략 ...)
/* face1 */
.wrap #circle .face1 { /* 1번째 박스만 보이게 설정 */
  display: block;
}
.wrap #circle .face1 .inner>div {
  width: 290px;
  height: 254px;
  float: left;
  margin-bottom: 20px;
  text-align: center;
}
.wrap #circle .face1 .inner>div p i {
  font-size: 100px;
  transition: all 0.5s;
  opacity: 0.7;
}
.wrap #circle .face1 .inner>div h2 {
  margin-top: 20px;
  letter-spacing: 2px;
  transition: all 0.5s;
}
.wrap #circle .face1 .inner>div:nth-of-type(odd) {
  margin-right: 20px;
}
.wrap #circle .face1 .inner>div:hover i {
  color: lightcyan;
  text-shadow: 0px 0px 10px aqua;
  transform: scale(1.2);
  opacity: 1;
}
.wrap #circle article .inner>div:hover h2 {
  color: lightcyan;
  text-shadow: 0px 0px 10px aqua;
}
```

1번째 박스만 클래스 이름을 선택해서 display: block 처리하여 화면에 보이게 합니다. 너비 290px, 높이 254px를 설정하고 float으로 좌우 배치한 후 여백을 잡아 줍니다. 이때 홀수 번째의 요소만 선택해서 오른쪽 여백을 설정합니다. 안쪽에 있는 제목과 아이콘은 마우스 포인터를 올릴 때 lightcyan으로, text-shadow를 aqua로 적용하여 푸르게 빛나는 형광 느낌을 주고 살짝 확대합니다.

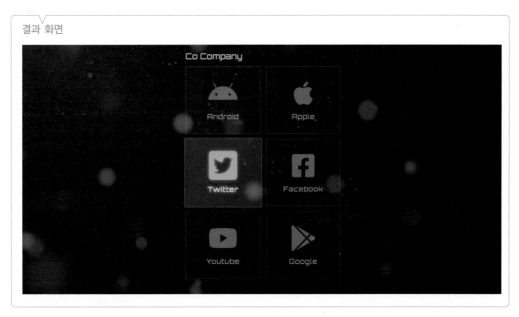

결과 화면

1번째 박스인 face1을 완성했습니다. div에 마우스 포인터를 각각 올리면 푸른 형광빛이 퍼지며 활성화되는 것을 확인할 수 있습니다.

마우스 호버 시 푸르게 활성화되는 중제목과 웹 아이콘은 이후 모든 세부 박스에도 공통으로 적용할 것입니다. 그러므로 해당 CSS 구문을 face1뿐 아니라 모든 박스에 공통으로 적용되도록 수정해 보겠습니다.

예제 파일: 10\css\style.css

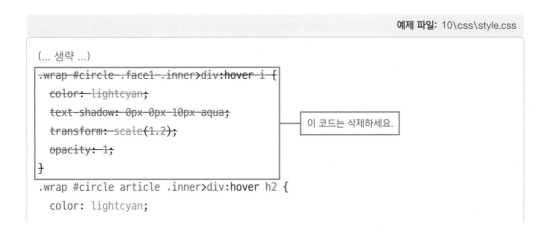

```
(... 생략 ...)
.wrap #circle .face1 .inner>div:hover i {
  color: lightcyan;
  text-shadow: 0px 0px 10px aqua;
  transform: scale(1.2);
  opacity: 1;
}
.wrap #circle article .inner>div:hover h2 {
  color: lightcyan;
```

이 코드는 삭제하세요.

```
    text-shadow: 0px 0px 10px aqua;
  }
  .wrap #circle article .inner>div:hover i {
    color: lightcyan;
    text-shadow: 0px 0px 10px aqua;
    transform: scale(1.2);
    transition: all 0.5s;
  }
  (... 생략 ...)
```

face1의 hover 구문을 활용하여 공통된 article 요소에 넣고 기존 face1의 hover 구문은 삭제합니다.

8단계 **2번째 박스 콘텐츠 만들기**

2번째 박스에 회사의 새로운 소식을 소개하는 콘텐츠를 넣겠습니다. 1번째 박스와 마찬가지로 나머지 모든 박스들은 숨기고 2번째 박스인 **face2**만 활성화 시킨 뒤 작업합니다.

예제 파일: 10\index.html

```
(... 생략 ...)
<article class="face2">
  <h1>What's New</h1>
  <div class="inner">
    <div>
      <h2>News n Articles</h2>
      <img src="img/pattern.jpg"/>
      <h3>What is Lorem Ipsum?</h3>
      <p>Lorem Ipsum is simply dummy text of the printing and typesetting indus-
try. <br><br>Lorem Ipsum has been the industry's standard.<br/>dummy text of the
printing and typesetting Lorem Ipsum has been the industry's standard.</p>
    </div>
  </div>
</article>
(... 생략 ...)
```

.inner>div 안에 <h2> 태그로 제목을 입력하고 이미지와 <p> 태그를 추가합니다. 이때 줄 바꿈이 되도록
 태그를 넣습니다.

```
(... 생략 ...)
/* face2 */
.wrap #circle .face2 {
  display: block;
}
.wrap #circle .face2 .inner>div {
  width: 100%;
  height: 100%;
}
.wrap #circle .face2 .inner>div img {
  width: 100%;
  margin-top: 30px;
  margin-bottom: 40px;
}
.wrap #circle .face2 .inner>div h3 {
  color: #fff;
margin-bottom: 20px;
}
.wrap #circle .face2 .inner>div p {
  font: 18px/1.3 "arial";
  color: #ccc;
}
(... 생략 ...)
```

2번째 박스인 face2만 display: block으로 활성화합니다. 그리고 안에 있는 메인 제목과 서브 제목, 그리고 이미지의 크기와 폰트의 크기를 설정합니다.

2번째 박스도 완성했습니다. 마우스 포인터를 박스 위에 올리면 살짝 확대되면서 선명해지는 것을 확인할 수 있습니다.

9단계 3번째 박스 콘텐츠 만들기

3번째 박스는 회사 멤버를 소개하는 콘텐츠입니다. 이 박스에 담을 직원 3명의 사진과 소개하는 글을 좌우로 배치하겠습니다.

예제 파일: 10\index.html

```
(... 생략 ...)
<article class="face3">
  <h1>Members</h1>
  <div class="inner">
    <div>
      <div class="pic"></div>
      <div class="con">
        <h2>Member Infomation1</h2>
        <p>Here comes Member Infomation contents in detail. Here comes Member
Infomation contents in detail.</p>
        <span>2018-03-05</span>
      </div>
    </div>
```

```
    <div>
      <div class="pic"></div>
      <div class="con">
        <h2>Member Infomation2</h2>
        <p>Here comes Member Infomation contents in detail. Here comes Member
Infomation contents in detail.</p>
        <span>2018-06-18</span>
      </div>
    </div>
    <div>
      <div class="pic"></div>
      <div class="con">
        <h2>Member Infomation3</h2>
        <p>Here comes Member Infomation contents in detail. Here comes Member
Infomation contents in detail.</p>
        <span>2018-07-26</span>
      </div>
    </div>
  </div>
</article>
(... 생략 ...)
```

직원 3명을 소개하므로 <div> 태그 3개로 박스를 분리해 줍니다. 그리고 <div> 태그 안에는
직원의 프로필 사진이 들어갈 <div class="pic">을 각각 만듭니다. 이 영역의 프로필 사진은
원형으로 넣겠습니다. 그 아래에는 <h2> 태그로 직원의 이름을, <p> 태그로 설명을 적고
<span> 태그를 사용해 입사 날짜도 입력합니다.

<div align="right">**예제 파일:** 10\css\style.css</div>

```
(... 생략 ...)
/* face3 */
.wrap #circle .face3 {
  display: block;
}
.wrap #circle .face3 .inner>div {
  width: 100%;
  height: 253px;
  margin-bottom: 20px;
}
```

```css
.wrap #circle .face3 .inner>div .pic {
  width: 120px;
  height: 120px;
  background-repeat: no-repeat;
  background-position: center top;
  overflow: hidden;
  border-radius: 60px;
  border: 1px solid #fff;
  float: left;
  position: relative;
  top: 15px;
  background-size: cover;
}
/* 배경으로 프로필 이미지 처리 */
.wrap #circle .face3 .inner>div:nth-of-type(1) .pic {
  background-image: url(../img/member1.jpg);
}
.wrap #circle .face3 .inner>div:nth-of-type(2) .pic {
  background-image: url(../img/member2.jpg);
}
.wrap #circle .face3 .inner>div:nth-of-type(3) .pic {
  background-image: url(../img/member3.jpg);
}
.wrap #circle .face3 .inner>div .con {
  width: 340px;
  float: right;
}
.wrap #circle .face3 .inner>div .con h2 {
  color: #fff;
}
.wrap #circle .face3 .inner>div .con p {
  font: 18px/1.3 "arial";
  color: #ddd;
  margin-top: 20px;
}
.wrap #circle .face3 .inner>div .con span {
  position: absolute;
  bottom: 50px;
  right: 50px;
  font: 12px/1 "orbitron";
```

```
    color: aqua;
    opacity: 0.5;
}
```

먼저 3번째 박스인 **face3**을 활성화합니다. 직원 프로필이 들어갈 **div**의 크기는 너빗값 **100%**, 높잇값 **253px**로 지정합니다. 아래에 **20px**만큼 여백을 띄우고, 프로필 이미지가 들어갈 **.pic** 요소의 크기는 너비와 높이를 똑같이 **120px**로 지정하고 **border-radius**로 박스의 모서리를 둥글게 만듭니다. 이때 공통으로 지정될 배경 관련 크기와 위치를 잡고 **nth-of-type**을 이용하여 서로 다른 프로필 이미지 3개를 설정합니다. 마지막으로 프로필 이미지를 **float: left**로 왼쪽에 배치해 줍니다. 이번에는 이미지를 다양하게 활용하는 것을 보여 주려고 **.pic** 요소에 **background-image** 속성을 사용했습니다.

그리고 프로필 설명 글을 묶어 줄 **.con** 요소를 선택해 **float: right**로 오른쪽에 배치한 뒤 모양을 잡아 줍니다. 직원의 이름과 설명, 날짜를 각각 **h2**, **p**, **span**으로 선택해서 글자 크기와 간격 그리고 글꼴 등을 지정합니다.

결과 화면

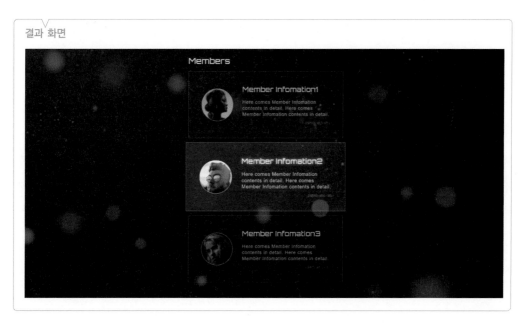

3번째 박스를 완성했습니다. 직원 소개 부분에 마우스 포인터를 올리면 살짝 확대되면서 선택된 직원의 프로필만 활성화됩니다.

4번째 박스에는 컨트롤 패널이 있는 동영상 플레이어를 포함한 콘텐츠를 넣겠습니다.

예제 파일: 10\index.html

```
(... 생략 ...)
<article class="face4">
  <h1>Advertisement</h1>
  <div class="inner">
    <div>
      <video src="img/intro.mp4" autoplay loop controls></video>
      <h2>Promotion</h2>
      <p>Here comes Promotion contents in detail.Here comes Promotion contents
in detail.Here comes Promotion contents in detail.<br/><br/>Here comes Promotion
contents in detail.Here comes Promotion contents in detail.</p>
    </div>
    <div>
      <h2>Information</h2>
      <p>Here comes Text dscription</p><em>2018.06.21</em>
    </div>
  </div>
</article>
(... 생략 ...)
```

2개의 세부 박스로 구성하기 위해 <div class="inner"> 안에 <div> 태그 2개를 생성하고 1번째 박스에는 <video> 태그로 영상을 넣습니다. 이때 컨트롤 패널을 출력하도록 controls 옵션을 추가합니다. 나머지 제목과 본문 내용은 <h2>, <p> 태그로 콘텐츠를 구성합니다. 2번째 박스에는 <em> 태그를 이용하여 날짜를 추가합니다.

예제 파일: 10\css\style.css

```
(... 생략 ...)
/* face4 */
.wrap #circle .face4 {
  display: block;
}
.wrap #circle .face4 .inner>div p {
font: 16px/1.3 "arial";
color: #bbb;
```

```
    margin-top: 20px;
  }
  .wrap #circle .face4 .inner>div:nth-of-type(1) {
    width: 100%;
    height: 600px;
    margin-bottom: 20px;
  }
  .wrap #circle .face4 .inner>div:nth-of-type(1) video {
    width: 100%;
    border: 1px solid #fff;
    margin-bottom: 30px;
  }

  .wrap #circle .face4 .inner>div:nth-of-type(2) {
    width: 100%;
    height: 180px;
  }
  .wrap #circle .face4 .inner>div:nth-of-type(2) p {
    float: left;
  }
  .wrap #circle .face4 .inner>div:nth-of-type(2) em {
    float: right;
    font-size: 12px;
    color: #ccc;
    margin-top: 23px;
  }
```

4번째 박스인 face4를 활성화하고 1번째 박스는 너비를 100%, 높이는 600px로 지정한 뒤, 아래쪽으로 여백을 20px만큼 지정합니다. 이 박스 안에 있는 동영상의 크기는 100%로 입력합니다. 2번째 박스의 너비와 높이는 각각 100%, 180px로 지정합니다. 자식인 p 요소와 em은 float로 좌우 배치합니다.

결과 화면

4번째 박스를 완성했습니다. \<video\> 태그에 controls 옵션을 추가했으므로 재생 관련 메뉴들이 출력되며 사용자가 영상을 직접 제어할 수 있습니다.

11단계 **5번째 박스 콘텐츠 만들기**

콘텐츠 구성이 비교적 간단한 회사의 제품을 소개하는 5번째 박스를 만들겠습니다.

예제 파일: 10\index.html

```
(... 생략 ...)
<article class="face5">
  <h1>DCODELAB</h1>
  <div class="inner">
    <div>
      <img src="img/tit.png">
      <div class="pic"></div>
      <img src="img/txt.png">
      <img src="img/btn.png">
      <img class="reflection" src="img/reflect.png">
    </div>
  </div>
</article>
```

이 박스에는 `<img>` 태그 4개와 배경 이미지가 들어갈 `<div class="pic">` 태그를 생성합니다.

예제 파일: 10\css\style.css

```css
(... 생략 ...)
/* face5 */
.wrap #circle .face5 {
  display: block;
}
.wrap #circle .face5 .inner>div {
  width: 100%;
  height: 100%;
}
.wrap #circle .face5 .inner div img {
  margin-bottom: 40px;
}
.wrap #circle .face5 .inner div .pic {
  width: 100%;
  height: 250px;
  border: 1px solid #bbb;
  box-sizing: border-box;
  background: rgba(0, 0, 0, 0.3) url(../img/robot.png) no-repeat center center/
cover;
  margin-bottom: 50px;
}
.wrap #circle .face5 .inner div .reflection {
  position: absolute;
  top: 100%;
  right: 0%;
  transition: all 0.5s;
}
/* 마우스 호버 시 리플렉션 이미지가 위쪽으로 이동 */
.wrap #circle .face5:hover .inner div .reflection{
  top: -40%;
}
```

5번째 박스인 **face5**만 활성화하고 작업을 시작합니다. 이 박스 안쪽의 모든 이미지는 일괄적으로 `margin-bottom: 40px`를 적용해 줍니다. 그리고 `.pic` 요소에는 배경 이미지가 들어갈 프레임의 너비와 높이를 입력하고 배경 이미지를 넣습니다. 마지막으로 `reflect.png` 이미지는 `absolute`로 해당 프레임의 아래에 배치한 다음 `transition`을 적용합니다. `top`을 -40%로 설정해서 이 박스에 마우스 포인터를 올리면 박스에 반사광이 나타나는 효과를 적용합니다.

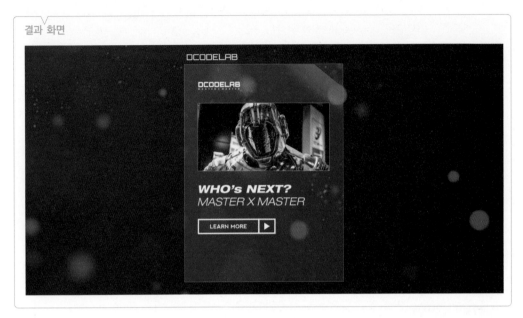

결과 화면

5번째 박스에 마우스 포인터를 올리면 보라색 반사광이 박스 위로 이동하는 모션이 나타납니다.

12단계 6번째 박스 콘텐츠 만들기

6번째 박스인 face6은 회사의 서비스를 소개하는 영역입니다. 각 서비스의 내용을 아이콘과 텍스트로 콘텐츠를 구성하겠습니다.

예제 파일: 10\index.html

```
(... 생략 ...)
<article class="face6">
  <h1>Services</h1>
  <div class="inner">
    <div>
      <i class="fas fa-rss"></i>
      <div class="con">
        <h2>Network Services</h2>
        <p>Here comes the contents for Network<br>Show this in Detail</p>
      </div>
    </div>
    <div>
```

```
      <i class="fas fa-code"></i>
      <div class="con">
        <h2>Technical Support</h2>
        <p>Here comes the contents for Network<br>Show this in Detail</p>
      </div>
    </div>
    <div>
      <i class="fas fa-envelope"></i>
      <div class="con">
        <h2>Customer Servieces</h2>
        <p>Here comes the contents for Network<br>Show this in Detail</p>
      </div>
    </div>
    <div>
      <i class="fas fa-list"></i>
      <div class="con">
        <h2>Contact Lists</h2>
        <p>Here comes the contents for Network<br>Show this in Detail</p>
      </div>
    </div>
  </div>
</article>
(... 생략 ...)
```

<div class="inner"> 태그 안에 다시 4개의 <div> 태그로 그룹화하고, 각 <div> 태그 안에는 웹 폰트 아이콘과 오른쪽에 배치할 콘텐츠를 묶는 <div class="con"> 태그도 만듭니다. 다시 <div class="con"> 안에는 <h2>, <p> 태그로 제목과 본문을 넣습니다.

예제 파일: 10\css\style.css

```
(... 생략 ...)
/* face6 */
.wrap #circle .face6 {
  display: block;
}
.wrap #circle .face6 .inner>div {
  width: 100%;
  height: 185px;
  margin-bottom: 20px;
```

```
  }
.wrap #circle .face6 .inner>div i {
  width: 22%;
  height: 100%;
  border-right: 1px solid #bbb;
  float: left;
  font-size: 50px;
  color: #fff;
  position: relative;
  text-align: left;
  line-height: 90px;
  box-sizing: border-box;
  padding-left: 15px;
}
.wrap #circle .face6 .inner>div .con {
  width: 75%;
  height: 100%;
  box-sizing: border-box;
  padding-left: 40px;
  float: right;
}
.wrap #circle .face6 .inner>div .con p {
font: 18px/1 "arial";
color: #999;
}
```

6번째 박스인 **face6**만 활성화합니다. 공통된 **div**의 너빗값은 **100%**, 높잇값은 **185px**로 지정합니다. 웹 폰트 아이콘인 **i** 요소의 너비는 **22%**로 지정해 **float: left**로 왼쪽에 배치하고 **.con** 요소의 너빗값은 **75%**로 지정해 **float: right**로 오른쪽에 배치합니다. 웹 폰트 아이콘은 오른쪽에만 테두리를 보여 주고 오른쪽 **.con** 영역에 들어갈 글자색과 크기도 지정합니다.

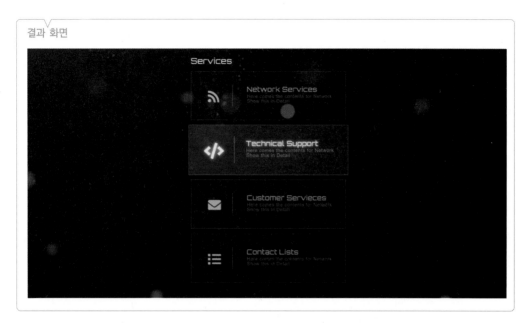

face6을 완성했습니다. 아이콘이 있는 **div** 각 영역에 마우스 오버하면 은은하면서도 푸르스름하게 활성화되며 확대되는 것을 확인할 수 있습니다.

13단계 7번째 박스 콘텐츠 만들기

이번에는 7번째 박스이자 간단한 홍보 영상을 소개하는 face7을 작업해 보겠습니다.

예제 파일: 10\index.html

```
(... 생략 ...)
<article class="face7">
  <h1>Promotion</h1>
  <div class="inner">
    <div >
      <div>
        <video src="img/loop.mp4" autoplay loop muted></video>
        <h2>Promote<br> Your<br/> Company</h2>
        <img src="img/txt2.png"/>
        <img src="img/line.png"/>
      </div>
    </div>
  </div>
</article>
(... 생략 ...)
```

`<div class="inner">` 태그 안에 `<div>` 태그를 자식으로 만들고 안쪽에 `<video>` 태그와 제목 그리고 이미지 태그 2개를 배치합니다. 이때 영상은 무한 반복 재생되도록 `autoplay loop muted` 속성을 적용합니다.

예제 파일: 10\css\style.css

```
(... 생략 ...)
/* face7 */
.wrap #circle .face7 {
  display: block;
}
.wrap #circle .face7 .inner>div {
  width: 100%;
  height: 100%;
}
.wrap #circle .face7 .inner>div>div {
  width: 100%;
  height: 100%;
  position: relative;
  overflow: hidden;
  border: 1px solid #aaa;
  box-sizing: border-box;
}
.wrap #circle .face7 .inner>div>div video {
  width: 100%;
  height: 100%;
  object-fit: cover;
  opacity: 0.9;
}
.wrap #circle .face7 .inner>div>div h2 {
  position: absolute;
  top: 140px;
  left: 50px;
  font-size: 40px;
  color: #fff;
  text-align: left;
  line-height: 1.1;
  text-shadow: 2px 2px 5px #555;
  z-index: 2;
}
```

```
.wrap #circle .face7 .inner>div>div img:nth-of-type(1) {
  position: absolute;
  bottom: 0px;
  right: 0px;
}
.wrap #circle .face7 .inner>div>div img:nth-of-type(2) {
  position: absolute;
  bottom: 85px;
  right: -18px;
  width: 90%;
}
```

face7만 활성화한 후 .inner>di>div에 border-box를 적용합니다. 다시 그 안에서 video 요소의 너빗값, 높잇값을 각각 100%로 설정하고 object-fit: cover 로 영상을 꽉 채워서 배치합니다. 그리고 h2의 제목과 이미지 2개를 absolute를 이용하여 영상 위쪽의 적당한 위치에 배치해 줍니다.

결과 화면

.inner>di>div 안쪽에 영상이 꽉 차게 배치되었습니다.

14단계 8번째 박스 콘텐츠 만들기

드디어 마지막 박스인 face8은 날씨 관련 아이콘과 콘텐츠로 만들어 보겠습니다.

```
(... 생략 ...)
<article class="face8">
  <h1>Temperature</h1>
  <div class="inner">
    <div>
      <h2>Weather</h2>
      <i class="fab fa-mixcloud"></i>
      <span>26<em>o</em></span>
    </div>
    <div>
      <i class="fas fa-sun"></i>
      <h3>Sunny</h3>
      <p>Afternoon temperature</p>
      <h4>23<b>o</b></h4>
    </div>
    <div>
      <i class="fas fa-bolt"></i>
      <h3>Lightning</h3>
      <p>Night temperature</p>
      <h4>18<b>o</b></h4>
    </div>
  </div>
</article>
(... 생략 ...)
```

face8에는 날씨 관련 콘텐츠를 3개 넣을 것이므로 <div> 태그 3개를 입력합니다. 그리고 그 안에는 제목 태그와 날씨를 나타내는 웹 폰트 아이콘, 온도 관련 텍스트를 <span>, <em>, <h4> 태그 등으로 작성합니다.

```
/* face8 */
.wrap #circle .face8 {
  display: block;
}
.wrap #circle .face8 .inner>div:nth-of-type(1) {
  width: 100%;
  height: 400px;
  margin-bottom: 20px;
}
```

```
.wrap #circle .face8 .inner>div:nth-of-type(1) i {
  color: #fff;
  font-size: 200px;
  position: absolute;
  bottom: 60px;
  left: 50px;
  opacity: 0.9;
}
.wrap #circle .face8 .inner>div:nth-of-type(1) span {
  font-weight: bold;
  font-size: 120px;
  position: absolute;
  bottom: 60px;
  right: 60px;
}
.wrap #circle .face8 .inner>div:nth-of-type(1) span em {
  font: bold normal 60px/1 "arial";
  position: absolute;
  right: -20px;
  top: -20px;
}
```

face8의 1번째 영역부터 작업하겠습니다. 우선 너빗값을 100%, 높잇값을 400px로 지정합니다. 이 영역의 i 요소를 선택해서 날씨 아이콘을 적당한 크기로 설정하고, absolute로 배치해 줍니다. span과 em도 같은 방식으로 배치해서 온도 관련 정보를 보기 좋게 배치합니다.

예제 파일: 10\css\style.css

```
(... 생략 ...)
.wrap #circle .face8 .inner>div:nth-of-type(2) {
  width: 290px;
  height: 380px;
  margin-right: 20px;
  float: left;
  text-align: center;
}
.wrap #circle .face8 .inner>div:nth-of-type(2)  i {
  font-size: 120px;
```

```
    color: #fff;
    opacity: 0.8;
  }
.wrap #circle .face8 .inner>div:nth-of-type(2)  h3 {
    margin-top: 30px;
    margin-bottom: 14px;
    font: bold 20px/1 "orbitron";
  }
.wrap #circle .face8 .inner>div:nth-of-type(2) p {
    font: 16px/1 "arial";
    color: #ccc;
  }
.wrap #circle .face8 .inner>div:nth-of-type(2) h4 {
    font-size: 40px;
    margin-top: 20px;
    letter-spacing: 3px;
    position: relative;
  }
.wrap #circle .face8 .inner>div:nth-of-type(2) h4 b {
    font: bold 24px/1 "arial";
    color: #ddd;
    position: absolute;
    top: 0px;
    right: 40px;
  }
```

2번째 영역의 div는 너비를 290px, 높이를 380px로 설정해서 float 배치하고 날씨 아이콘의 크기와 색상을 font-size와 color값을 사용해 지정합니다. 그다음에 온도와 텍스트 설명 글의 글꼴과 글자 크기, 색상 등을 설정합니다.

예제 파일: 10\css\style.css

```
(... 생략 ...)
.wrap #circle .face8 .inner>div: nth-of-type(3) {
    width: 290px;
    height: 380px;
    float: left;
    text-align: center;
  }
```

```
.wrap #circle .face8 .inner>div: nth-of-type(3) i {
  font-size: 120px;
  color: #fff;
  opacity: 0.8;
}
.wrap #circle .face8 .inner>div: nth-of-type(3) h3 {
  margin-top: 30px;
  margin-bottom: 14px;
  font: bold 20px/1 "orbitron";
}
.wrap #circle .face8 .inner>div: nth-of-type(3) p {
  font: 16px/1 "arial";
  color: #ccc;
}
.wrap #circle .face8 .inner>div: nth-of-type(3) h4 {
  font-size: 40px;
  margin-top: 20px;
  letter-spacing: 3px;
  position: relative;
}
.wrap #circle .face8 .inner>div: nth-of-type(3) h4 b {
  font: bold 24px/1 "arial";
  color: #ddd;
  position: absolute;
  top: 0px;
  right: 40px;
}
```

3번째 박스의 영역도 위와 같은 방법으로 스타일을 지정해 줍니다.

마지막 박스인 **face8**을 완성했습니다. 총 3개의 영역으로 구성되어 있고 날씨 아이콘과 온도
가 표시됩니다. 이제 모든 `article`에서 `display: none` 구문을 삭제해서 전체 콘텐츠가 화면
에 보이게 수정합니다.

15단계 각 박스를 3D 형태로 배치하기

지금까지 만든 박스들을 원통 모양으로 입체감 나게 배치하겠습니다.

예제 파일: 10\css\style.css

```
(... 생략 ...)
/* 3D 배치 */
.face1 {
  transform:rotateY(0deg);
}
.face2 {
  transform:rotateY(45deg);
}
.face3 {
  transform:rotateY(90deg);
}
.face4 {
  transform:rotateY(135deg);
}
```

```
.face5 {
  transform:rotateY(180deg);
}
.face6 {
  transform:rotateY(225deg);
}
.face7 {
  transform:rotateY(270deg);
}
.face8 {
  transform:rotateY(315deg);
}
```

총 8개의 면인 구조이므로 각 article이 회전해야 하는 각도는 360° 에서 8로 나눈 45° 가 됩니다. 이제 face1~face8까지 선택해서 transform: rotateY값을 0부터 차례대로 45씩 증가시킨 값을 넣습니다.

결과 화면

이제 각 article이 y축으로 45°씩 입체감 나게 회전하는 모습을 확인할 수 있습니다. 하지만 우리가 원하는 결과는 같은 위치에서 회전하는 것이 아니라 박스들이 서로 떨어져서 원통 모양으로 배치하는 것이므로 추가 작업을 하겠습니다.

현재 박스 8개가 자신의 위치에서 45°씩 회전하고 있습니다. 하지만 우리가 원하는 원통 모양을 만들려면 article이 자기가 바라보는 위치에서 z축으로 이동해야 합니다. 결국 각 article에 transform: translateZ값만 적용하면 되는데, 문제는 수치를 정확히 얼마만큼 z축으로 보내야 원통 모양이 되느냐입니다.

초등학교 때 배운 원의 테두리 구하는 공식을 기억해 보겠습니다. 만약 반지름을 알고 있다는 가정 아래 반지름에 2를 곱해서 지름값을 구한 뒤 이 지름값에 파이값(3.14)을 곱하면 원의 테두리 길잇값을 정확히 알 수 있습니다.

우리가 만들고 있는 원통도 위에서 아래를 내려다본다면 조금 각진 원의 모양입니다. 그렇다면 각 article 요소는 해당 원 테두리의 반지름 크기만큼만 z축으로 이동하면 원통 모양을 정확하게 구현할 수 있습니다.

우리는 원의 전체 길이를 알고 있습니다. 각 article의 너비가 600px이고 article 요소 8개가 원을 그리면서 배치될 테니 전체 원의 길이는 4800px입니다. 이 상태에서 다시 해당 원의 반지름값을 알기만 하면 되니 이번엔 반대로 4800px / 3.14를 하면 지름값이 나오고 다시 반으로 나누면 반지름값이 나옵니다. 그럼 반지름값은 article이 z축으로 이동할 거릿값이라는 것을 알 수 있습니다. 즉, translateZ로 보낼 거릿값은 다음 식으로 구할 수 있습니다.

$$((600px * 8) / 3.14) / 2 = 반지름(z축으로 이동할 거릿값)$$

위 식에 대입해서 계산하면 소수점을 제외하고 764가 나옵니다. 그렇다면 이제 각 article 요소에 transform : translateZ(764px)을 적용하겠습니다.

예제 파일: 10\css\style.css

```
(... 생략 ...)
/* 3D 배치 */
.face1 {
  transform:rotateY(0deg) translateZ(764px);
}
.face2 {
  transform:rotateY(45deg) translateZ(764px);
}
.face3 {
```

```
    transform:rotateY(90deg) translateZ(764px);
  }
  .face4 {
    transform:rotateY(135deg) translateZ(764px);
  }
  .face5 {
    transform:rotateY(180deg) translateZ(764px);
  }
  .face6 {
    transform:rotateY(225deg) translateZ(764px);
  }
  .face7 {
    transform:rotateY(270deg) translateZ(764px);
  }
  .face8 {
    transform:rotateY(315deg) translateZ(764px);
  }
```

각 article을 먼저 y축으로 회전시킨 뒤, 바라보는 방향에서 z축으로 764px만큼 이동하는 CSS 구문을 추가합니다.

결과 화면

section으로 구성한 원통이 너무 크다 보니 콘텐츠가 브라우저 화면 밖으로 벗어납니다. 따라서 전체 모양을 확인하기 위해 브라우저를 강제로 축소해 결과 화면을 확인합니다. 우선 입체감 나는 원통 모양이 제대로 나타납니다. 하지만 우리는 원통 밖이 아니라 원통 안에서 콘텐츠를 볼 것이므로 z축의 위칫값을 음수로 수정해야 합니다.

예제 파일: 10\css\style.css

```
(... 생략 ...)
/* 3D 배치 */
.face1 {
  transform:rotateY(0deg) translateZ(-764px);
}
.face2 {
  transform:rotateY(45deg) translateZ(-764px);
}
.face3 {
  transform:rotateY(90deg) translateZ(-764px);
}
.face4 {
  transform:rotateY(135deg) translateZ(-764px);
}
.face5 {
  transform:rotateY(180deg) translateZ(-764px);
}
.face6 {
  transform:rotateY(225deg) translateZ(-764px);
}
.face7 {
  transform:rotateY(270deg) translateZ(-764px);
}
.face8 {
  transform:rotateY(315deg) translateZ(-764px);
}
```

위와 같이 모든 article의 z축 이동값을 음수로 수정하고 결과 화면을 다시 확인해 보세요.

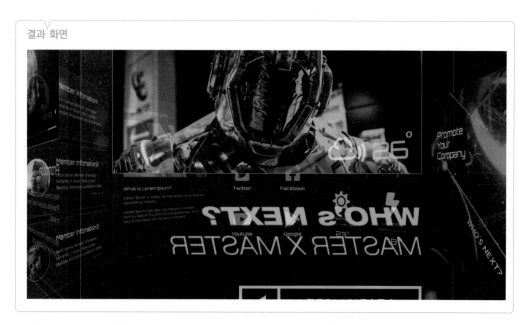

콘텐츠가 반대 방향으로 z축으로 이동했으므로 원통 밖에서는 각 article의 콘텐츠가 좌우로 뒤집혀 보이지만 안에서는 정상으로 보일 것이라고 유추할 수 있습니다. 그럼 마지막으로 뒤집혀 있는 면만 화면에서 사라지게 하면 우리가 원하는 형태의 파노라마 뷰 UI를 구현할 수 있습니다.

예제 파일: 10\css\style.css

```css
(... 생략 ...)
.wrap #circle article {
  width: 100%;
  height: 100%;
  position: absolute;
  top: 0px;
  left: 0px;
  backface-visibility: hidden; /* 반대쪽인 뒷면을 숨김 처리 */
}
```

모든 article의 backface-visibility값을 hidden으로 설정하면 뒷면 요소는 화면에서 숨길 수 있습니다.

처음에 계획했던 파노라마 뷰가 제대로 구현된 것을 확인할 수 있습니다.

17단계 UI 전체를 animation으로 회전시키기

지금까지 구현한 원통 모양의 UI를 y축을 기준으로 회전하도록 만들겠습니다.

예제 파일: 10\css\style.css

```
(... 생략 ...)
@keyframes ani {
  0% {transform: rotateY(0deg);}
  100% {transform: rotateY(360deg);}
}
.wrap #circle {
  width: 600px;
  height: 800px;
  position: absolute;
  top: 50%;
  left: 50%;
  margin-top: -400px;
  margin-left: -300px;
  transform-style: preserve-3d;
  animation: ani linear 30s infinite;
}
```

먼저 ani라는 이름의 keyframes를 생성하고 y축을 기준으로 한 번 회전하도록 미리 설정합니다. 그다음 #circle 요소에 키프레임을 호출하고 무한 반복해서 돌도록 animation: ani linear 30s infinite를 설정합니다. 각 원통이 y축을 기준으로 한 번 도는 데 걸리는 시간을 30초로 설정하고 이 루프를 무한 반복하도록 만들었습니다.

결과 화면

결과 화면처럼 원통이 왼쪽 방향으로 계속해서 빙글빙글 도는 것을 확인할 수 있습니다.

18단계 **자바스크립트로 모션 제어하기**

마지막으로 자바스크립트를 추가하여 article에 마우스 포인터를 올리면 회전하던 원통이 멈추도록 만들겠습니다.

예제 파일: 10\js\main.js

```
(... 생략 ...)
<script>
  //아이디가 circle인 요소를 찾아서 저장
  const circle = document.querySelector("#circle");
  //태그명이 article인 요소를 찾아서 저장
  const article = circle.querySelectorAll("article");

  //article의 전체 개수만큼 반복하면서 mouseenter, mouseleave 이벤트 연결
  for(let el of article){
```

```
    //article에 마우스 포인터를 올리면 부모인 #circle의 animation-play-state값을
    "paused"로 변경
    el.addEventListener("mouseenter",e=>{
      circle.style.animationPlayState = "paused";
    });

    //article에서 마우스가 떠나면 부모인 #circle의 animation-play-state값을 다시
 "running"으로 변경
    el.addEventListener("mouseleave",e=>{
      circle.style.animationPlayState = "running";
    });
  }
</script>
```

js 폴더 안의 main.js 파일을 열고 제어할 대상인 #circle과 article 요소를 변수에 저장합니다. 이후 for of 반복문을 이용하여 article 변수에 담긴 article 요소의 개수만큼 반복하면서 mouseenter와 mouseleave 이벤트를 연결합니다.

이때 article 요소마다 이벤트가 발생하면 circle의 스타일 속성인 animationPlayState값을 paused와 running으로 변경해서, 좌우로 회전하는 animation에 마우스 포인터를 올리면 정지했다가 내리면 다시 재생하도록 설정합니다.

결과 화면을 열어 article 박스마다 마우스 포인터를 올리면 전체 section의 모션이 멈추었다가, 내리면 모션을 이어서 다시 실행되는 것을 확인할 수 있습니다.

11장

flex 기반 동영상 웹 페이지 제작하기

여기에서는 flex를 활용하여 웹 레이아웃을 제작하고, 자바스크립트로 동영상을 제어하는 영상 소개 페이지를 만듭니다. 기존의 float 방식에서 벗어나 flex를 활용하여 보다 더 효율적인 인터랙티브 웹을 구현하고, 동영상과 같은 멀티미디어 요소를 사용자 행동에 따라 반응하게 만들 수 있습니다.

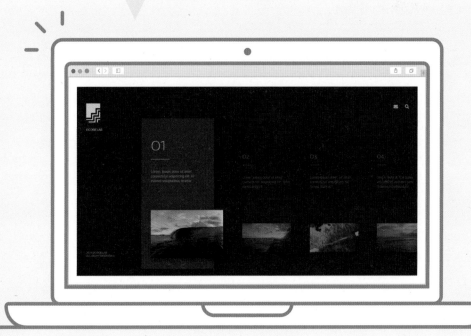

flex 레이아웃 배치는 실무에서도 자주 쓰이는 기술입니다. 이 예제를 직접 만들면서 flex 레이아웃 기술을 더욱 확실하게 익혀보세요.

1단계 **작업 폴더 준비하기**

11장의 예제 템플릿 폴더를 에디터로 불러옵니다. 웹 페이지에 삽입할 mp4 동영상 파일 4개가 vids 폴더 안에 들어 있습니다. 나머지 파일은 이전 예제와 똑같이 구성되어 있습니다.

그림 11-1 에디터에서 작업 폴더 확인하기

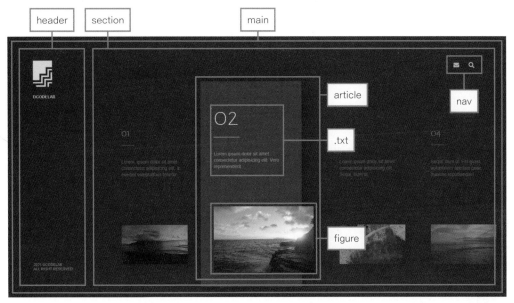

그림 11-2 동영상 페이지의 레이아웃 파악하기

전체 화면은 main 요소로 풀 스크린 영역을 잡습니다. 왼쪽 패널은 header로 구성하고 오른쪽 상단은 nav로 아이콘 영역을 그룹화합니다. 그리고 메인 콘텐츠 영역인 리스트는 section이고, 그 안에 자식 요소 article을 4개 구성합니다. 마지막으로 화면에는 보이지 않지만 aside로 또 하나의 풀 스크린 화면을 숨겨 놓았습니다.

각 article 안은 텍스트 정보를 출력하는 .txt 영역과 영상이 출력될 figure 영역으로 크게 구분합니다. 해당 article에 마우스 포인터를 올리면 figure 안의 영상이 자동 재생되고, 마우스 포인터가 벗어나면 정지합니다. 그리고 article 영역을 클릭하면 숨겨 놓은 aside 요소를 왼쪽에서 오른쪽으로 슬라이드하면서 나타나게 만듭니다.

전체 콘텐츠를 배치할 배경 영역을 만들겠습니다.

예제 파일: 11\index.html

```
(... 생략 ...)
<body>
  <main>
    <header>
    </header>
```

```
    <nav>
    </nav>

    <section>
    </section>
  </main>
</body>
(... 생략 ...)
```

<body> 안에 풀 스크린 프레임이 될 <main> 태그를 작성하고 <header>, <nav>, <section> 하위 태그를 생성합니다.

예제 파일: 11\css\style.css

```
@charset "utf-8";
@import url("https://fonts.googleapis.com/css2?family=Alegreya+Sans+SC:w-
ght@100&display=swap");

* {
  margin: 0px;
  padding: 0px;
  box-sizing: border-box;
}
ul, ol, li {
  list-style: none;
}
a {
  text-decoration: none;
  outline: 0;
}
```

구글 웹 폰트에서 Alegreya Sans SC 폰트를 찾아 연결합니다. 그리고 전체 요소의 마진과 패딩값을 초기화하고 box-sizing: border-box를 적용합니다. 목록과 링크도 앞에서 작성한 예제와 똑같이 초기화합니다.

```
(... 생략 ...)
main {
  width: 100%;
  height: 100vh;
  background: #333;
  display: flex; /* header와 section을 좌우 배치하기 위해 flex 설정 */
}
main header {
  width: 20%;
  height: 100%;
  padding: 10vh 5vw;
  display: flex;
  flex-wrap: wrap; /* 세로로 줄 바꿈 되도록 처리 */
  align-content: space-between; /* 세로축은 상단 하단 양 끝으로 콘텐츠를 배치 */
  justify-content: center; /* 가로축은 가운데로 배치 */
  position: relative;
  z-index: 3; /* section 요소와 aside 팝업 요소보다 위에 배치하기 위해 3을 지정 */
  border: 10px solid pink;
}
main nav {
  position: absolute;
  top: 10vh;
  right: 5vw;
  z-index: 3; /* section 요소와 aside 팝업 요소보다 위에 배치하기 위해 3을 지정 */
  border: 10px solid aqua;
}
main section {
  position: relative;
  width: 80%;
  height: 100%;
  display: flex;
  padding-top: 140px;
  z-index: 1; /* aside 팝업 요소보다 아래에 배치하기 위해 1을 지정 */
  border: 10px solid yellow;
}
```

먼저 **main** 요소의 너비와 높이를 각각 **100%**, **100vh**로 설정하여 전체 화면으로 잡아 줍니다. 배경색은 **#333**으로 지정해 어둡게 만들고, 전체 레이아웃을 flex로 설정하기 위해 `display:` `flex`를 입력합니다.

header 영역과 section 영역의 너비는 퍼센트값으로 설정하고, nav 영역은 absolute로 배치해 줍니다. 이때 안쪽 여백을 px 단위가 아닌 vh, vw로 지정한 이유는 웹 브라우저 크기가 변경되어도 동일한 비율로 화면에 출력하기 위함입니다. 이제 header와 section 요소에 flex 속성을 설정하여 자식 요소가 배치될 방식을 지정해 줍니다.

마지막으로 header, nav 요소의 z-index값을 3으로 설정하고, section의 z-index값은 1로 입력합니다. 나중에 aside 요소에 z-index값을 2로 설정하여 aside 레이어 패널을 z축에서 section보다는 위에, 그리고 header와 nav 요소보다는 아래에 배치할 예정입니다.

결과 화면

header와 section 영역이 좌우로 배치된 것을 확인할 수 있습니다. 아직 nav 영역에는 콘텐츠를 넣지 않아서 오른쪽 상단에 absolute 속성으로 위치만 설정되어 있습니다.

4단계 header 영역 콘텐츠 채우기

이제 header 영역에 로고와 콘텐츠를 채워 넣겠습니다.

예제 파일: 11\index.html

```
(... 생략 ...)
<header>
  <h1>
    <i class="fab fa-firstdraft"></i> <br>
    <span>DCODELAB</span>
```

```
    </h1>

    <address>
        2021 DCODELAB<br>ALL RIGHTS RESERVED.
    </address>
</header>
(… 생략 …)
```

<h1> 안에 <i> 태그로 웹 폰트 아이콘을 작성하고, <span> 태그로 텍스트를 추가합니다. 그리고 <h1>의 형제 요소로 <address> 태그를 만들고 텍스트를 입력합니다.

예제 파일: 11\css\style.css

```
(… 생략 …)
main header {
  (… 생략 …)
  border: 10px solid pink;
}
main header h1 {
    font-size: 0px; /* 안쪽의 자간과 줄 높이를 초기화 */
    color: #fff;
}
main header h1 i {
font-size: 5vw;
margin-bottom: 15px;
}
main header h1 span {
    font: normal 0.8vw/1 "arial";
}
main header address {
    font: normal 11px/1.2 "arial";
    color: #888;
}
(… 생략 …)
```

기존 header에 있던 테두리 설정을 삭제합니다. h1 요소와 address 요소에 폰트 모양과 색상을 지정합니다. 블록 요소 안에 인라인 요소로 콘텐츠를 배치하면 인라인 요소에 불필요한 글자 간격과 줄 높잇값이 추가되는 오류가 있는데, 위 코드처럼 h1 부모 요소에 font-size: 0px을 적용하면 해결할 수 있습니다.

결과 화면

header 영역에 flex를 설정하고 align-content를 space-between으로 지정했으므로 h1과
address 요소가 상단과 하단 양쪽 끝에 잘 배치되었습니다.

5단계 nav 영역 콘텐츠 채우기

이번에는 상단의 웹 아이콘을 배치해 보겠습니다.

예제 파일: 11\index.html

```
(... 생략 ...)
  <nav>
    <ul>
      <li>
        <a href="#">
          <i class="fas fa-envelope"></i>
        </a>
      </li>
      <li>
        <a href="#">
          <i class="fas fa-search"></i>
        </a>
      </li>
    </ul>
  </nav>
</main>
(... 생략 ...)
```

<nav> 태그 안에 목록을 2개 생성하고 링크와 <i> 태그를 넣어 웹 폰트 아이콘을 입력합니다.

예제 파일: 11\css\style.css

```
(... 생략 ...)
main nav {
  (... 생략 ...)
  border: 10px solid aqua;
}
main nav ul {
  display: flex; /* 자식 li 요소를 좌우 배치되도록 설정 */
}
main nav ul li a {
  font-size: 18px;
  color: #bbb;
  margin-right: 30px;
}
(... 생략 ...)
```

nav 영역의 테두리는 삭제하고 ul 요소에 flex를 입력하여 자식 li 요소들이 좌우 배치되도록 설정합니다.

결과 화면

nav 영역의 목록이 좌우로 배치된 것을 확인할 수 있습니다.

6단계 **메인 콘텐츠 article 영역 채우기**

이 예제의 핵심 콘텐츠인 section 안의 article 영역을 작업하겠습니다.

예제 파일: 11\index.html

```
(... 생략 ...)
<main>
  (... 생략 ...)
  <section>
    <article>
      <div class="inner">
        <div class="txt">
          <h2>01</h2>
          <p>Lorem, ipsum dolor sit amet consectetur adipisicing elit. In eveniet
voluptatibus tenetur.</p>
        </div>
      </div>
    </article>
```

```
    <article>
      <div class="inner">
        <div class="txt">
          <h2>02</h2>
          <p>Lorem, ipsum dolor sit amet consectetur adipisicing elit. In eveniet
voluptatibus tenetur.</p>
        </div>
      </div>
    </article>
```

```
    <article>
      <div class="inner">
        <div class="txt">
          <h2>03</h2>
          <p>Lorem, ipsum dolor sit amet consectetur adipisicing elit. In eveniet
voluptatibus tenetur.</p>
        </div>
      </div>
    </article>
```

```
    <article>
      <div class="inner">
        <div class="txt">
          <h2>04</h2>
          <p>Lorem, ipsum dolor sit amet consectetur adipisicing elit. In eveniet
voluptatibus tenetur.</p>
        </div>
      </div>
    </article>
  </section>
</main>
(... 생략 ...)
```

위와 같이 `<section>` 안에 `<article>` 태그 4개를 삽입하고, 각 `<article>`에는 `<div class="inner">` 태그로 콘텐츠를 묶어 줄 그룹을 설정합니다. 그리고 `<div class="txt">` 태그를 넣어 제목과 본문 콘텐츠를 그룹화합니다.

예제 파일: 11\css\style.css

```
(... 생략 ...)
main section {
  border: 10px solid yellow;
}
main section article {
  position: relative;
  flex: 1; /* 모든 article 요소의 너비를 동등하게 적용 */
  padding: 70px 40px 100px;
  opacity: 0.6;
  transition: flex 1s, opacity 1s; /* flex, opacity 속성에만 전환 효과 적용 */
  z-index: 1; /* 호버되지 않을 시 1 설정 */
  cursor: pointer;
}
main section article::before { /* 마우스 호버 시 왼쪽에서 나타날 가상의 패널 요소 */
  content: "";
  display: block;
  width: 80%;
  height: 95%;
  background: #444;
  position: absolute;
  top: 0px;
```

```
    left: -200px; /* 마우스 호버 전 article의 왼쪽 바깥쪽에 배치 */
    opacity: 0;    /* 마우스 호버 전 투명하게 숨김 처리 */
    transition: 1s;
  }
main section article .inner {
    width: 100%;
    height: 100%;
    display: flex;
    flex-wrap: wrap;
    align-content: space-between; /* .txt와 figure 요소를 위아래 끝에 배치 */
    position: relative; /* ::before 요소 위쪽으로 배치되게 하기 위해 position 처리 */
  }
main section article .inner .txt {
    width: 100%;
    transition: 0.5s; /* 호버 시 전환 효과 처리 */
  }
main section article .inner .txt h2 {
    font: normal 2vw/1 "Alegreya Sans SC";
    color: #fff;
    margin-bottom: 40px;
    padding-top: 70px;
    transition: 1s; /* 호버 시 전환 효과 처리 */
  }
main section article .inner .txt h2::after { /* h2 요소 하단 꾸밈 효과 */
    content: "";
    display: block;
    width: 40px;
    height: 2px;
    background: #777;
    margin-top: 20px;
    transition: 1.5s; /* 호버 시 전환 효과 처리 */
  }
main section article .inner .txt p {
    font: 14px/1.4 "arial";
    color: #999;
  }
(... 생략 ...)
```

section 영역의 테두리는 삭제하고, 각 article의 flex 속성값을 1로 설정하여 너비를 균등
하게 배치합니다. 그리고 z-index값을 1로 입력하는데, 그 이유는 article 요소에 마우스를

호버할 때 z-index값을 2로 변경하여 호버된 article 요소만 z축에서 가장 위에 배치하기 위함입니다. 이번에는 각 article 안에 가상 요소 ::before를 선택해 모양을 잡고 배경색보다 조금 밝게 설정한 뒤, absolute로 .inner 요소 뒤쪽으로 투명하게 숨겨 놓습니다. 이 요소는 나중에 각 article 요소에 마우스를 호버할 때 왼쪽에서 부드럽게 슬라이딩하며 나타나도록 만들 것입니다.

결과 화면

.inner 요소 안쪽에 .txt 콘텐츠가 출력되는 것을 확인합니다. ::before로 설정한 슬라이딩 박스는 아직은 비활성화되어 화면에는 보이지 않습니다.

7단계 동영상 박스 추가하기

이 예제의 비주얼을 담당하는 동영상 박스를 각 article 영역 안에 추가하겠습니다.

예제 파일: 11\index.html

```
(... 생략 ...)
<section>
  <article>
    <div class="inner">
      (... 생략 ...)
      <figure>
        <video src="vids/vid1.mp4" muted loop></video>
      </figure>
```

```
      </div>
    </article>

    <article>
      <div class="inner">
        (... 생략 ...)
        <figure>
          <video src="vids/vid2.mp4" muted loop></video>
        </figure>
      </div>
    </article>

    <article>
      <div class="inner">
        (... 생략 ...)
        <figure>
          <video src="vids/vid3.mp4" muted loop></video>
        </figure>
      </div>
    </article>

    <article>
      <div class="inner">
        (... 생략 ...)
        <figure>
          <video src="vids/vid4.mp4" muted loop></video>
        </figure>
      </div>
    </article>
  </section>
  (... 생략 ...)
```

4개의 `<article>` 태그 안에 각각 `<figure>` 태그를 만들고 자식으로 `<video>` 태그를 넣습니다. 이때 muted와 loop 속성을 추가해 영상이 무한 재생되도록 설정합니다.

예제 파일: 11\css\style.css

```
(... 생략 ...)
main section article .inner figure {
  width: 100%;
```

```
  height: 15vh;
  background: #777;
  transform-origin: left center; /* 왼쪽 방향 기준으로 변형이 일어나도록 중심축 변경 */
  box-shadow: 5px 5px 30px rgba(0, 0, 0, 0.3);
  position: relative;
  overflow: hidden;
  filter: saturate(10%); /* 영상 박스의 채도를 낮춤 */
  transition: 1s;
}
main section article .inner figure video {
  width: 100%;
  height: 100%;
  object-fit: cover; /* 영상이 figure 영역 안에 꽉 차도록 설정 */
  transform: scale(1.1); /* 영상 가장자리의 여백을 숨기기 위해 약간 확대 */
}
```

영상이 배치될 프레임인 figure 영역의 모양을 위의 코드와 같이 지정합니다. 이때 figure 영역 전체의 채도를 낮추고 transform의 중심축을 왼쪽으로 변경합니다. 나중에 마우스를 호버할 때 영상 박스의 채도를 높이면서 왼쪽에서 크기를 키울 예정입니다. 그리고 자식 video 요소는 object-fit: cover를 설정하여 figure 영역 안에 꽉 차게 배치하고 1.1배 확대하여 영상 가장자리의 지저분한 테두리를 숨깁니다.

결과 화면

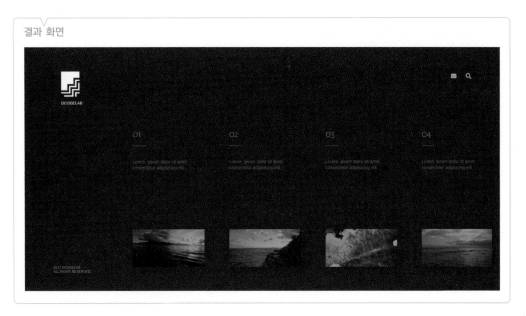

section 영역의 article 콘텐츠가 모두 완성되었습니다. 호버 효과와 영상이 아직 재생되지

않아서 밋밋한 느낌이 듭니다. 다음 단계에서 사용자가 article 영역에 마우스 포인터를 올리면 모션 효과가 나타나도록 만들겠습니다.

8단계 **article 영역에 호버 효과 적용하기**

article 영역에 마우스 포인터를 올리면 패널이 늘어나면서 모션 효과가 나타나도록 설정하겠습니다. 이 단계에서 index.html 파일에는 추가로 입력할 코드가 없으므로 다음과 같이 style.css 파일에서 hover 구문만 추가합니다.

예제 파일: 11\css\style.css

```
(... 생략 ...)
main section article:hover { /* article 요소 호버 시 변경 구문 */
  flex: 1.5; /* 호버된 요소만 너비를 1.5배 증가 */
  opacity: 1;
  z-index: 2;
}
main section article:hover::before { /* article 요소 호버 시 ::before 변경 구문 */
  left: 0px;
  opacity: 1;
}
main section article:hover .inner .txt { /* article 요소 호버 시 .txt 변경 구문 */
  width: 75%;
}
main section article:hover .inner .txt h2 { /* article 요소 호버 시 h2 변경 구문 */
  font-size: 5vw;
  padding-top: 0px;
}
main section article:hover .inner .txt h2::after { /* article 요소 호버 시
h2::after 변경 구문 */
  width: 120px;
  background: orange;
}
main section article:hover .inner figure { /* article 요소 호버 시 figure 변경 구문 */
  height: 25vh;
  filter: saturate(120%);
  transform: translateY(3vh);
}
```

article 요소는 마우스를 호버하면 너비가 1.5배로 증가하면서 ::before로 숨겨 놓은 패널

이 왼쪽에서부터 나타나게 설정합니다. .txt와 figure 요소에도 위의 코드와 같이 호버 효과를 지정해 줍니다.

결과 화면
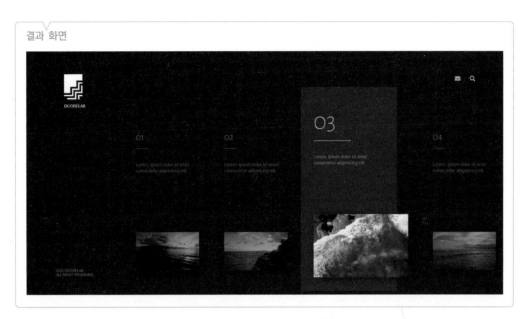

이제 article 영역에 마우스 포인터를 올리면 슬라이딩 박스가 왼쪽에서 나타나고, 영상 박스가 선명해지면서 확대됩니다. 동영상은 아직 재생되지 않으므로 다음 단계에서 자바스크립트를 사용해 제어하겠습니다.

9단계 마우스 포인터를 올리면 동영상 재생하기

article 영역에 마우스 포인터를 올리면 영상이 재생되는 자바스크립트를 작성하겠습니다.

예제 파일: 11\js\main.js

```
//모든 article 요소를 변수 items에 저장
const items = document.querySelectorAll("article");

//article 요소의 개수만큼 반복
for(let el of items){
  //현재 반복하는 article 요소에 mouseenter 이벤트 발생
el.addEventListener("mouseenter",e=>{
  //자식 요소인 video 재생
    e.currentTarget.querySelector("video").play();
  });
```

```
    //현재 반복하는 article 요소에 mouseleave 이벤트 발생
  el.addEventListener("mouseleave",e=>{
    //자식 요소인 video 일시 정지
    e.currentTarget.querySelector("video").pause();
  });
}
```

모든 article 요소를 변수 items에 저장하고 for of 문을 이용하여 article 요소마다 반복하며
mouseenter, mouseleave 이벤트를 연결합니다. 또한 e.currentTarget을 이용해서 마우스 포인
터를 올리고 있는 article 요소를 선택하고, 이 요소의 자식 요소인 video를 찾아 재생, 정지시
킵니다.

결과 화면

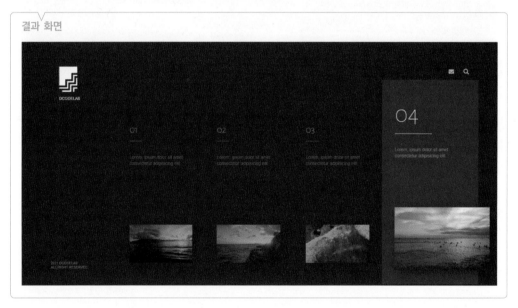

이제 각 article 영역에 마우스 포인터를 올리면 동영상이 재생되고, 마우스 포인터가 떠나
면 정지되는 것을 확인할 수 있습니다.

10단계 목록을 클릭하면 영상 소개 페이지 보여 주기

article 목록을 클릭하면 각 목록의 세부 영상 소개 페이지를 띄워 보겠습니다.

```
(... 생략 ...)
<main>
  (... 생략 ...)
  <aside>
    <div class="txt">
      <h1>TITLE COMES HERE</h1>
      <p>Lorem ipsum dolor sit amet, consectetur adipisicing elit. explicabo!</p>
      <span>CLOSE</span>
    </div>
    <figure>
      <video src="vids/vid1.mp4" loop muted ></video>
    </figure>
  </aside>
</main>
(... 생략 ...)
```

세부 영상 소개 콘텐츠가 들어갈 **<aside>** 태그를 생성하고 **<div class="txt">** 태그로 텍스트 설명 영역을 입력합니다. 그리고 **<figure>** 태그로 동영상 재생 영역을 지정하고 **<video>** 태그로 영상을 넣습니다.

```
(... 생략 ...)
main aside {
  width: 100%;
  height: 100vh;
  background: #222;
  position: absolute;
  top: 0px;
  left: -100%; /* 왼쪽 화면 바깥에 배치 */
  opacity: 0;  /* 투명도 0으로 비활성화 */
  z-index: 2;  /* z축의 순서를 2로 설정하여 section은 덮고 h1과 nav는 aside 위에 배치 */
  box-sizing: border-box;
  padding: 20vh 7vw 14vh 20vw;
  display: flex;
  justify-content: space-between; /* 자식 요소인 .txt와 figure를 좌우 양 끝에 배치 */
  transition: 1s; /* 전환 효과 설정 */
```

```
  }
  main aside.on { /* 클래스 on이 붙으면 */
    opacity: 1;
    left: 0%;      /* 왼쪽 바깥에서 화면 안쪽으로 이동 */
  }
  main aside .txt {
    width: 25%;
    height: 100%;
  }
  main aside .txt h1 {
    font: normal 6vw/1 "Alegreya Sans SC";
    color: #ddd;
    margin-bottom: 20px;
  }
  main aside .txt p {
    font: 1.1vw/1.3 "arial";
    color: #666;
    margin-bottom: 60px;
  }
  main aside .txt span {
    cursor: pointer;
    color: orange;
  }
  main aside figure {
    width: 72%;
    height: 100%;
  }
  main aside figure video {
    width: 100%;
    height: 100%;
    object-fit: cover;
  }
```

aside 영역은 화면 전체를 덮으면서 나타나도록 너비와 높이를 전체 화면으로 설정합니다.
이때 z-index값은 2를 지정하여 section보다는 높고 header와 nav보다는 낮게 지정합니다.
투명도는 0으로 설정하고 left값을 -100%로 설정하여 초기 화면에서 보이지 않도록 왼쪽 밖
의 영역으로 내보냅니다. aside 요소에 클래스 on이 붙으면 화면 안쪽으로 들어오도록 바로
아래 코드에 미리 구문을 입력해 줍니다. 다음 단계에서 자바스크립트를 이용하여 article을
클릭하면 aside 요소에 클래스 on을 추가할 예정입니다.

```
const items = document.querySelectorAll("article");
const aside = document.querySelector("aside");
const close = aside.querySelector("span");
(... 생략 ...)
```

기존의 article 요소를 클릭하면 aside 요소에 클래스 on을 추가하기 위해 aside 요소를 선택해 aside 변수에 할당합니다. 추후 aside 안쪽의 span 요소를 클릭하면 해당 패널이 다시 비활성화하도록 span 요소도 close 변수에 담습니다.

```
(... 생략 ...)
for(let el of items){
  (... 생략 ...)
  //현재 반복하는 article요소에 mouseenter 이벤트 발생
  el.addEventListener("click", e=>{
    //제목과 본문의 내용, 그리고 video 요소의 src값을 변수에 저장
    let tit = e.currentTarget.querySelector("h2").innerText;
    let txt = e.currentTarget.querySelector("p").innerText;
    let vidSrc = e.currentTarget.querySelector("video").getAttribute("src");

    //aside 요소 안쪽 콘텐츠에 위의 변수를 적용
    aside.querySelector("h1").innerText = tit;
    aside.querySelector("p").innerText = txt;
    aside.querySelector("video").setAttribute("src", vidSrc);

    //aside 요소 안쪽의 동영상을 재생하고 aside 요소에 on을 붙여 패널 활성화
    aside.querySelector("video").play();
    aside.classList.add("on");
  });
}
```

기존 mouseenter, mouseleave 이벤트 문 아래에 위와 같이 click 이벤트 문을 추가합니다. article 요소를 클릭하면 이벤트가 발생한 article 요소의 자식 콘텐츠의 정봇값을 변수에 저장하고 aside 요소 안쪽의 자식 콘텐츠에 적용합니다. 마지막으로 aside 요소 안쪽 영상을 재생하고 aside 자체에 on 클래스를 추가하면 상세 페이지가 왼쪽 밖에서 미끄러지듯이 나타나면서 영상이 재생될 것입니다.

```
(... 생략 ...)
for(let el of items){
  (... 생략 ...)
  //close 요소 클릭 시
  close.addEventListener("click", ()=>{
    //aside 요소에 클래스 on을 제거해 비활성화하고 안쪽의 영상을 재생 정지
    aside.classList.remove("on");
    aside.querySelector("video").pause();
  });
}
(... 생략 ...)
```

close 변수에 담긴 닫기 버튼을 클릭하면 aside 요소에서 on 클래스를 제거해 패널을 왼쪽 바
깥으로 사라지게 만들고, 동영상을 .pause() 함수로 정지시킵니다.

결과 화면

위의 결과 화면처럼 aritlce을 클릭하면 이 요소의 제목과 본문 그리고 영상 주솟값을 불러와
서 새로운 상세 페이지를 보여 줍니다. 그리고 aside 상세 페이지 패널의 close 버튼을 클릭
하면 상세 페이지가 사라지면서 영상이 정지되고 목록 화면으로 돌아옵니다.

12장

뮤직 플레이어 제작하기

자바스크립트를 활용하면 사용자가 웹 페이지에서 멀티미디어 요소를 제어하기가 쉽습니다. 이번에는 11장과 마찬가지로 flex를 활용하여 레이아웃을 배치하고, 사용자가 음악 파일을 자유롭게 제어할 수 있는 뮤직 플레이어를 만들겠습니다.

여기에서는 자바스크립트를 활용해 음악 파일을 제어하고, 화면 UI를 보다 더 세밀하게 조작하는 실습 예제를 만들어 보겠습니다.

1단계   작업 폴더 준비하기

다음과 같이 12장 템플릿 폴더를 에디터로 불러옵니다.

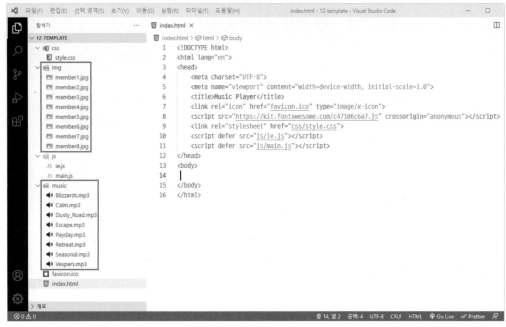

그림 12-1 에디터에서 작업 폴더 확인하기

총 8개의 음악을 재생할 수 있는 뮤직 플레이어를 제작할 예정이므로 img 폴더에는 음악 커버 이미지가 있고, music 폴더에는 mp3 음악 파일 8개가 들어 있습니다. 그리고 외부 자바스크립트로 사용할 main.js 파일과 index.html 파일을 미리 연결해 둡니다.

2단계 레이아웃 구조 파악하기

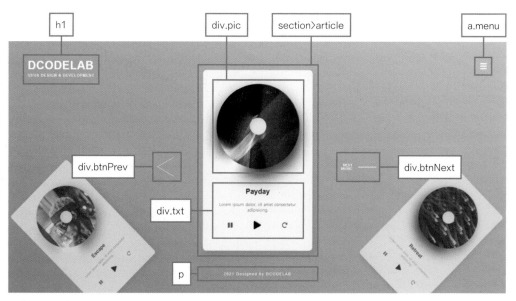

그림 12-2 뮤직 플레이어 레이아웃 파악하기

전체 프레임은 `<figure>` 태그로 감쌉니다. `<h1>` 태그로 로고를 만들고, 오른쪽 상단의 메뉴 아이콘을 웹 폰트 아이콘으로 생성합니다. 하단에는 `<p>` 태그로 제작 정보를 입력합니다.

8개의 음악 플레이어 패널은 `<article>`로 작성하고 이 요소들을 `<section>`으로 그룹화합니다. 다시 `<article>` 안에는 크게 앨범 커버 이미지, 그리고 음악 정보와 컨트롤 메뉴가 있는 텍스트 영역으로 나눕니다. 마지막으로 음악 플레이어 패널을 좌우로 회전시킬 버튼으로 구성되어 있습니다.

3단계 flex로 풀 스크린 레이아웃 구성하기

전체 콘텐츠가 배치될 배경 영역을 만들겠습니다.

예제 파일: 12\index.html

```
(... 생략 ...)
<body>
  <figure>
    <h1>
      <strong>DCODELAB</strong> <br>
      <span>UI/UX DESIGN & DEVELOPMENT</span>
    </h1>
```

```
    <a href="#" class="menu"><i class="fas fa-bars"></i></a>

    <p>2021 Designed by DCODELAB</p>
  </figure>
</body>
(... 생략 ...)
```

`<figure>` 태그로 전체 프레임을 감싸 주고 `<h1>` 태그로 제목 텍스트를 입력합니다. 그리고 `<a class="menu">` 태그로 웹 폰트 메뉴 아이콘을 삽입하고, `<p>` 태그로 중앙 하단에 위치할 제작 정보도 입력합니다.

예제 파일: 12\css\style.css

```css
@charset "utf-8";

* {
  margin: 0px;
  padding: 0px;
  box-sizing: border-box;
}
ul, ol, li {
  list-style: none;
}
a {
  text-decoration: none;
  outline: 0;
}
figure {
  width: 100%;
  height: 100vh;
  overflow: hidden;
  position: relative;
  background: linear-gradient(25deg, violet, pink);
}
figure h1 {
  position: absolute;
  top: 7vh;
  left: 4vw;
  font-size: 0;
```

```
  }
  figure h1 strong {
    font-size: 36px;
    font-family: "arial";
    color: #fff;
    line-height: 1.4;
    letter-spacing: 1px;
  }
  figure h1 span {
    font-size: 12px;
    font-family: "arial";
    color: #fff;
    opacity: 0.8;
    line-height: 1;
    letter-spacing: 1px;
  }
  figure .menu {
    position: absolute;
    top: 8vh;
    right: 4vw;
    font-size: 24px;
    color: #fff;
  }
  figure > p {
    position: absolute;
    bottom: 7vh;
    left: 50%;
    transform: translateX(-50%);
    font: 12px/1 "arial";
    color: #fff;
    letter-spacing: 2px;
    opacity: 0.8;
  }
```

제일 먼저 CSS를 초기화합니다. 이후 figure 요소를 풀 스크린으로 설정하고 배경에 그레이
디언트 색상을 적용합니다. h1 요소와 오른쪽 상단의 메뉴 아이콘 그리고 하단의 위칫값은 각
각 vw, vh 단위로 설정하여 사용자 화면 크기에 따라 일정한 비율로 배치되도록 작성합니다.

결과 화면

풀 스크린의 레이아웃 화면이 완성되었습니다.

4단계 뮤직 플레이어 패널 생성하기

이제는 화면 중앙에 들어갈 뮤직 플레이어 패널을 생성하겠습니다.

예제 파일: 12\index.html

```
(... 생략 ...)
<figure>
  (... 생략 ...)
  <section>
    <article>
      <div class="inner">
      </div>
    </article>
  (2~8번째 <article> 태그 ... 생략 ...)
  </section>
</figure>
(... 생략 ...)
```

<figure> 태그 안에 <section>으로 프레임을 잡고 자식인 <article> 태그를 8개 생성합니다. 그리고 자식으로 패널의 모양을 잡아 줄 <div class="inner"> 태그를 추가합니다.

```
(... 생략 ...)
figure section { /* 음악 플레이어 패널 프레임 그룹 */
  width: 20vw;
  height: 65vh;
  position: absolute;
  left: 50%;
  top: 50%;
  margin-top: -32vh;
  margin-left: -10vw;
  border: 1px solid aqua;
}
figure section article { /* 개별 음악 플레이어 패널 */
  width: 100%;
  height: 100%;
  position: absolute;
  top: 0px;
  left: 0px;
}
figure section article .inner { /* 음악 플레이어 패널 콘텐츠 그룹 */
  width: 100%;
  height: 100%;
  background: #f0f7ff;
  padding: 5vh 2.5vw 8vh;
  box-sizing: border-box;
  display: flex;
  justify-content: center;
  align-content: space-between; /* 자식 콘텐츠의 안쪽 세로 여백을 균등 배치 */
  flex-wrap: wrap;
  border-radius: 10px;
  box-shadow: 10px 10px 20px rgba(0, 0, 0, 0.1);
  opacity: 0.6; /* 투명도를 낮춰서 비활성화 */
  transform: scale(0.8); /* 축소시켜서 비활성화 */
}
```

article 패널 크기의 기준인 section의 너빗값과 높잇값을 각각 **20vw, 65vh**로 생성합니다. 이후 화면 중앙에 배치되도록 **absolute**로 설정하고 모양을 확인하기 위해 테두리를 지정합니다. 이제 자식인 **article**은 section의 크기를 **100%**로 받고 **absolute**로 겹쳐 놓습니다. 마지막으로 실제 뮤직 플레이어의 패널이 될 **div.inner**의 크기를 그대로 상속받은 후 배경색을 지정하고 그림자와 flex를 지정합니다. 이때 활성화된 패널과 그렇지 않은 패널을 구분할 수 있도록 기본적으로 모든 패널의 투명도를 0.6으로 입력하고 0.8 정도 축소합니다.

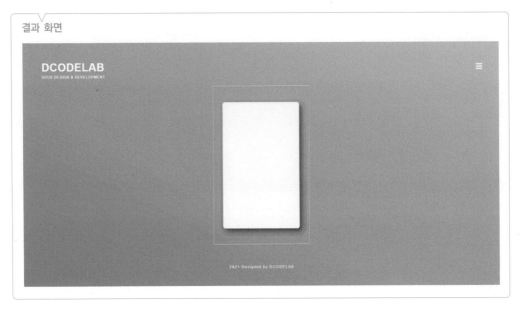

결과 화면

화면 정중앙에 section 영역이 나타나고, 뮤직 플레이어 패널 모양이 원래 크기에 비해서 **80%** 축소되어 겹쳐 있습니다.

5단계 article 패널을 자바스크립트로 회전시키기

같은 위치에 겹친 각 패널들을 자바스크립트를 이용해서 회전시키겠습니다. 물론 CSS로도 만들 수 있지만 이렇게 하면 패널의 개수가 많아서 불필요한 반복 작업을 해야 하므로 권장하지 않습니다. 또한 패널 양쪽에 버튼을 생성하여 좌우로 회전시킬 것이므로 자바스크립트를 사용해 초기 위칫값을 잡아 주는 것이 좋습니다.

예제 파일: 12\js\main.js

```
const frame = document.querySelector("section");
const lists = frame.querySelectorAll("article");
const deg = 45; //각각의 article 요소가 회전할 각도
const len = lists.length-1; //순번이 0부터 시작하므로 전체 개수에서 1을 뺌
let i = 0;
```

```
//article의 개수만큼 반복
for(let el of lists) {
  //각 article 요소를 45도씩 회전하고 아래로 배치
  el.style.transform = `rotate(${deg*i}deg) translateY(-100vh)`;
  i++;
}
```

frame 변수에는 section 요소를 담고, 자식 요소인 article 8개를 변수 lists에 저장합니다. 변수 deg에는 각 패널의 회전 각도 수칫값인 45를 할당합니다. 이 값은 전체 360°에서 총 패널이 8개이므로 정원을 만들기 위해 360 / 8 = 45를 계산한 결과입니다.

전체 패널 개수는 변수 len에 저장합니다. 이때 전체 개수에서 1을 뺀 이유는 자바스크립트의 순번이 1이 아닌 0부터 시작하기 때문입니다.

이제 각 패널을 반복하면서 회전시킬 준비가 되었습니다. 변수 i에 처음 카운트될 초깃값 0을 설정하고 for of 문으로 변수 lists에 저장된 8개의 article 개수만큼 반복하면서 45° 간격으로 회전시키고, 회전된 방향을 기준으로 세로로 –100vh만큼 위쪽에 배치합니다. translateY 값을 설정한 이유는 해당 패널이 같은 위치에서 겹친 상태로 회전시키는 것이 아니라 위쪽으로 퍼트려서 원의 테두리 형태를 만들기 위해서입니다.

결과 화면

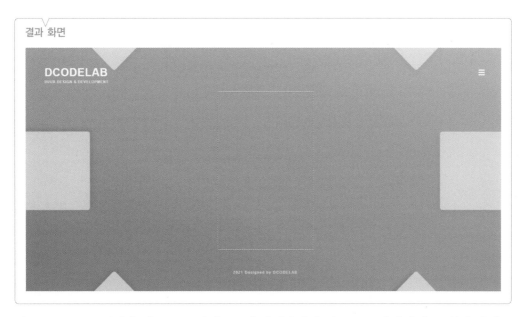

기존 section 프레임을 기준으로 해서 45°씩 회전하면서 위쪽으로 퍼져 나가 큰 원의 형태로 배치된 것을 확인할 수 있습니다.

회전하는 전체 패널을 아래쪽으로 내려서 상단 패널이 화면 중앙에 위치하도록 만들겠습니다.

예제 파일: 12\css\style.css

```
(... 생략 ...)
figure section {
    width: 20vw;
    height: 65vh;
    position: absolute;
    left: 50%;
    top: 140%; /* 세로 위칫값 조절 */
    margin-top: -25vh; /* 세로 위칫값 조절 */
    margin-left: -10vw;
    border: 1px solid aqua;
}
```

top값과 margin-top값을 위와 같이 조절해서 전체 패널을 아래쪽으로 이동시킵니다. 그리고 기존에 모양을 확인하기 위해 입력했던 테두리 속성은 삭제합니다.

결과 화면

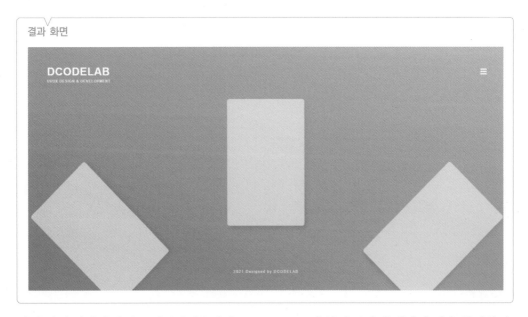

이제 전체 패널이 아래로 이동하여 1번째 **article** 요소가 화면 중앙에 배치된 것을 확인할 수 있습니다.

현재 화면 가운데에 위치한 패널을 활성화해 보겠습니다.

예제 파일: 12\index.html

```
(... 생략 ...)
<section>
  <article class="on">
    <div class="inner">
    </div>
  </article>
(... 생략 ...)
</section>
(... 생략 ...)
```

1번째 `<article>` 태그가 현재 화면 중앙에 있는 패널이므로 이 요소에 on 클래스를 적용합니다.

예제 파일: 12\css\style.css

```
(... 생략 ...)
figure section article .inner {
  (... 생략 ...)
  transition: opacity 1s, transform 1s;
}
figure section article.on .inner {
  opacity: 0.9;
  transform: scale(1.1);
}
```

나중에 자바스크립트로 article에 on 클래스를 추가하면 모션을 처리하도록 미리 transition: opacity 1s, transform 1s;를 설정합니다. 그리고 이 요소에 on 클래스가 추가되었을 때 투명도를 0.9로 변경하고 1.1배로 확대합니다.

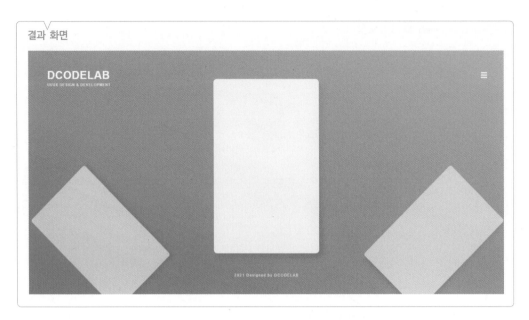

가운데에 위치한 1번째 article 패널에 on 클래스가 붙어서 활성화되었습니다.

8단계 패널에 음악 커버 이미지 생성하기

이제부터는 각 패널 안에 콘텐츠를 채우겠습니다. 먼저 패널 상단의 음반 디스크 모양으로 커버 이미지를 만들겠습니다.

예제 파일: 12\index.html

```
(... 생략 ...)
<section>
  <article class="on">
    <div class="inner">
      <div class="pic">
        <div class="dot"></div>
      </div>
    </div>
  </article>

  <article>
    <div class="inner">
      <div class="pic">
        <div class="dot"></div>
      </div>
    </div>
```

```
  </article>
  (3~8번째 <div class="pic">, <div class="dot"> 태그 … 생략 …)
</section>
(... 생략 ...)
```

각 패널의 .inner 안에 .pic으로 커버 이미지가 들어갈 프레임을 만들고 중앙에 디스크를 표현할 .dot를 입력합니다.

예제 파일: 12\css\style.css

```
(... 생략 ...)
figure section article .inner .pic {
  width: 15vw;
  height: 15vw;
  margin: 0px auto;
  border-radius: 50%;
  background-repeat: no-repeat;
  background-position: 200%; /* 배경 이미지 위칫값을 조절하여 .pic 요소의 이미지 숨김 */
  position: relative;
  display: flex;
  justify-content: center;
  align-items: center;
}
figure section article .inner .pic::before,
figure section article .inner .pic::after {
  content: "";
  display: block;
  width: inherit;
  height: inherit;
  border-radius: inherit;
  position: absolute;
  top: 0px;
  left: 0px;
  background-image: inherit; /* 부모 요소 .pic으로부터 이미지 상속 */
  background-position: center;
  background-repeat: inherit;
  background-size: cover;
  transform-origin: center center;
}
figure section article .inner .pic::before {
  transform: translateY(10%);
```

```
    filter: blur(20px) brightness(1.6); /* 이미지를 블러 처리하고 밝게 적용 */
  }
  figure section article .inner .pic .dot {
    width: 3vw;
    height: 3vw;
    border-radius: 50%;
    background: #e4f1ff;
    position: relative;
    z-index: 3;
    box-shadow: inset 5px 5px 10px rgba(0, 0, 0, 0.1); /* inset으로 안쪽 그림자 생성 */
  }
  (... 생략 ...)
```

.pic의 크기를 15vw로 입력하여 정원을 만든 후, flex를 설정해 자식인 .dot를 가운데에 배치합니다. .pic 안에 배경 이미지 8개를 CSS에서 일일이 변경하는 것은 상당히 비효율적입니다. 그래서 나중에 자바스크립트의 반복문을 이용하여 자동으로 배경 이미지를 삽입할 예정입니다. 이때 자바스크립트로 자동 적용될 배경 이미지가 .pic 프레임 안에서 보이지 않도록 background-repeat와 background-position값도 지정합니다. 프레임에 배경 이미지를 굳이 보이지 않게 하는 이유는 나중에 해당 프레임 안에 가상 요소인 ::before, ::after를 이용해서 음반 커버 이미지와 그림자를 그 아래에 생성할 때 공통된 배경 이미지를 부모 요소인 .pic에서 상속받기 위함입니다. 따라서 .pic 프레임은 단지 배경 이미지만 2개의 가상 자식 요소에 전달하는 용도이므로 .pic 자체에 이미지를 출력하면 안 됩니다.

이제 자식인 가상의 자식 요소 ::before, ::after에 부모 요소인 .pic으로부터 크기와 배경 이미지 등을 inherit를 적용하여 상속받습니다. 그리고 ::before는 음반 커버 이미지의 그림자로 만들어 줄 것이므로 살짝 아래쪽에 배치하고, filter를 이용하여 blur 처리하고 1.6배 밝게 설정합니다. 마지막으로 .dot 모양을 설정합니다.

예제 파일: 12\js\main.js

```
(... 생략 ...)
for(let el of lists) {
  let pic = el.querySelector(".pic");
  el.style.transform = `rotate(${deg * i}deg) translateY(-100vh)`;
  pic.style.backgroundImage = `url(../img/member${i+1}.jpg)`; /* 배경 이미지 추가 */
  i++;
}
```

이제 main.js에서 각 lists에 담긴 article 개수만큼 반복하면서 자식인 .pic 요소에 자동으로 배경 이미지를 적용해 줍니다.

결과 화면

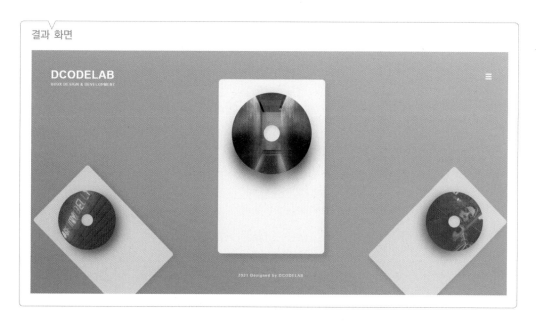

커버 이미지가 .pic에 반복 적용되었고, ::before는 아래쪽에 은은하게 깔리는 커버 이미지의 그림자로 표현되었습니다. 그리고 ::after가 그 위에 커버 이미지로 나타납니다.

9단계 음악 정보와 컨트롤 버튼 생성하기

음악 커버 이미지 아래에 음악 정보와 음악을 재생·정지하는 컨트롤 버튼을 만들겠습니다.

예제 파일: 12\index.html

```
(… 생략 …)
<section>
  <article class="on">
    <div class="inner">
    (… 생략 …)
    <div class="txt">
      <h2>Blizzards</h2>
      <p>Lorem ipsum dolor, sit amet consectetur adipisicing.</p>
      <ul>
        <li class="pause">
          <i class="fas fa-pause"></i>
```

```
      </li>
      <li class="play">
        <i class="fas fa-play"></i>
      </li>
      <li class="load">
        <i class="fas fa-redo-alt"></i>
      </li>
    </ul>
    <audio src="music/Blizzards.mp3"></audio>
  </div>
  </div>
</article>

<article>
  <div class="inner">
  (... 생략 ...)
    <div class="txt">
      <h2>Calm</h2>
      <p>Lorem ipsum dolor, sit amet consectetur adipisicing.</p>
      <ul>
        (... 생략 ...)
      </ul>
      <audio src="music/Calm.mp3"></audio>
    </div>
  </div>
</article>

<article>
  <div class="inner">
  (... 생략 ...)
    <div class="txt">
      <h2>Dusty Road</h2>
      <p>Lorem ipsum dolor, sit amet consectetur adipisicing.</p>
      <ul>
        (... 생략 ...)
      </ul>
      <audio src="music/Dusty_Road.mp3"></audio>
    </div>
  </div>
</article>
```

```
<article>
  <div class="inner">
  (... 생략 ...)
    <div class="txt">
      <h2>Escape</h2>
      <p>Lorem ipsum dolor, sit amet consectetur adipisicing.</p>
      <ul>
        (... 생략 ...)
      </ul>
      <audio src="music/Escape.mp3"></audio>
    </div>
  </div>
</article>

<article>
  <div class="inner">
  (... 생략 ...)
    <div class="txt">
      <h2>Payday</h2>
      <p>Lorem ipsum dolor, sit amet consectetur adipisicing.</p>
      <ul>
        (... 생략 ...)
      </ul>
      <audio src="music/Payday.mp3"></audio>
    </div>
  </div>
</article>

<article>
  <div class="inner">
  (... 생략 ...)
    <div class="txt">
      <h2>Retreat</h2>
      <p>Lorem ipsum dolor, sit amet consectetur adipisicing.</p>
      <ul>
        (... 생략 ...)
      </ul>
      <audio src="music/Retreat.mp3"></audio>
    </div>
  </div>
</article>
```

```
<article>
  <div class="inner">
  (... 생략 ...)
    <div class="txt">
      <h2>Seasonal</h2>
      <p>Lorem ipsum dolor, sit amet consectetur adipisicing.</p>
      <ul>
        (... 생략 ...)
      </ul>
      <audio src="music/Seasonal.mp3"></audio>
    </div>
  </div>
</article>

<article class="on">
  <div class="inner">
    (... 생략 ...)
    <div class="txt">
      <h2>Vespers</h2>
      <p>Lorem ipsum dolor, sit amet consectetur adipisicing.</p>
      <ul>
        (... 생략 ...)
      </ul>
      <audio src="music/Vespers.mp3"></audio>
    </div>
  </div>
</article>
</section>
(... 생략 ...)
```

8개의 <article> 태그 안에 <div class="txt"> 태그를 각각 입력해 텍스트 박스를 만들고,
음악 제목과 정보 그리고 컨트롤 버튼을 생성합니다. <li class="pause">는 일시 정지, <li
class="play">는 재생, 마지막 <li class="load">는 처음부터 재생하기 버튼입니다.

재생할 음악 파일을 <audio> 태그를 이용하여 넣습니다. 그리고 <audio> 태그의 기본 컨트롤
패널이 아닌 웹 아이콘 버튼에 자바스크립트를 이용하여 기능을 적용할 것이므로, 화면에는
기본 컨트롤 패널이 출력되지 않도록 controls 옵션을 넣지 않습니다.

```
(... 생략 ...)
figure section article .inner .txt {
  text-align: center;
  position: relative;
  z-index: 3;
}
figure section article .inner .txt h2 {
  font-size: 20px;
  font-family: "arial";
  color: #222;
  margin-bottom: 2vh;
}
figure section article .inner .txt p {
  font-size: 12px;
  margin-bottom: 3vh;
  color: #777;
}
figure section article .inner .txt ul {
  display: flex;
  justify-content: space-around;
}
figure section article .inner .txt ul li {
  cursor: pointer;
  opacity: 0.6;
  transition: 0.5s;
}
figure section article .inner .txt ul li.play {
  transform: scale(1.5); /* 가운데 재생 버튼만 1.5배 확대해서 강조 */
  opacity: 0.9;
}
figure section article .inner .txt ul li:hover {
  transform: scale(1.5); /* 좌우 버튼은 마우스 호버 시 1.5배로 확대 */
  opacity: 0.8;
}
figure section article .inner .txt ul li.play:hover {
  transform: scale(2); /* 재생 버튼은 마우스 호버 시 2배로 확대 */
  opacity: 1;
}
```

.txt 프레임에 음악 제목과 정보를 보여 줄 텍스트 스타일을 각각 설정합니다. 그리고 하단에 배치된 버튼에는 마우스 포인터를 올리면 확대하는 모션을 추가합니다.

뮤직 플레이어의 패널 모양이 완성되었습니다. 결과 화면처럼 audio 요소의 기본 컨트롤이 아닌 웹 폰트 아이콘으로 컨트롤 버튼을 구성하여 직접 제작했습니다.

10단계 컨트롤 패널 버튼으로 음악을 재생·정지하기

앞에서 제작한 컨트롤 패널 버튼을 클릭하면 음악이 재생·정지하거나, 처음부터 재생하도록 자바스크립트를 연결하겠습니다. 재생 버튼을 클릭하면 음악이 나오면서 커버 이미지가 회전하고, 정지 버튼을 클릭하면 이미지 회전도 멈추도록 만들어 보겠습니다.

예제 파일: 12\css\style.css

```
(... 생략 ...)
@keyframes ani { /* 앨범 커버 이미지 회전 키프레임 */
  0% {
    transform: rotate(0deg);
  }
  100% {
    transform: rotate(360deg);
  }
}
```

```
@keyframes ani2 { /* 앨범 커버 그림자 회전 키프레임 */
  0% {
    transform: translateY(10%) rotate(0deg);
  }
  100% {
    transform: translateY(10%) rotate(360deg);
  }
}

figure section article .inner .pic.on::after {
  animation: ani 4s linear infinite;
}
figure section article .inner .pic.on::before {
  animation: ani2 4s linear infinite;
}
```

먼저 커버 이미지와 그림자 이미지를 회전할 키프레임을 2개 정의합니다. 기본 360° 회전하는 건 같지만 ani2 키프레임은 살짝 아래에 배치된 상태에서 회전하도록 만듭니다. 그리고 div.pic에 on 클래스가 붙으면 가상 요소인 ::before, ::after에 무한 회전하도록 animation을 설정합니다.

예제 파일: 12\css\style.css

```
(... 생략 ...)
for(let el of lists) {
  (... 생략 ...)
  //각 article 요소 안쪽의 재생, 정지, 처음부터 재생 버튼을 변수에 저장
  let play = el.querySelector(".play");
  let pause = el.querySelector(".pause");
  let load = el.querySelector(".load");

  //play 버튼 클릭 시
  play.addEventListener("click", e=>{
    //play 버튼부터 .pic 요소까지 탐색한 뒤 클래스 on 추가하여 활성화
    e.currentTarget.closest("article").querySelector(".pic").classList.add("on");
    //play 버튼부터 audio 요소까지 탐색한 뒤 음악 재생
    e.currentTarget.closest("article").querySelector("audio").play();
  });

  //pause 버튼 클릭 시
```

```
  pause.addEventListener("click", e=>{
    //pause 버튼부터 .pic 요소까지 탐색한 뒤 클래스 on 제거하여 비활성화
    e.currentTarget.closest("article").querySelector(".pic").classList.re-
move("on");
    //pause 버튼부터 audio 요소까지 탐색한 뒤 음악 정지
    e.currentTarget.closest("article").querySelector("audio").pause();
  });

  //load 버튼 클릭 시
  load.addEventListener("click", e=>{
    //load 버튼부터 .pic 요소까지 탐색한 뒤 클래스 on 추가하여 활성화
    e.currentTarget.closest("article").querySelector(".pic").classList.add("on");
    //load 버튼부터 audio 요소까지 탐색한 뒤 음악 다시 로드하고 재생
    e.currentTarget.closest("article").querySelector("audio").load();
    e.currentTarget.closest("article").querySelector("audio").play();
  });
}
```

for of 문 안에서 play, pause, load 버튼을 각 변수에 저장하고 클릭 이벤트를 연결합니다.
재생 버튼을 클릭하면 클릭한 버튼을 기준으로 제일 가까운 부모 article 요소를 찾은 뒤 다
시 .pic 요소까지 탐색해서 클래스 on을 추가하고, 오디오 파일을 .play() 함수로 재생합니다.
같은 방식으로 정지 버튼을 클릭하면 on 클래스를 제거해 커버 이미지의 모션을 중지하고, 음
악 재생도 일시 정지시킵니다. 마지막으로 로드 버튼을 클릭하면 .load() 함수를 호출하여 해당
오디오 파일을 다시 처음으로 되돌린 다음에 다시 .play() 함수를 실행하여 재생시킵니다.

결과 화면

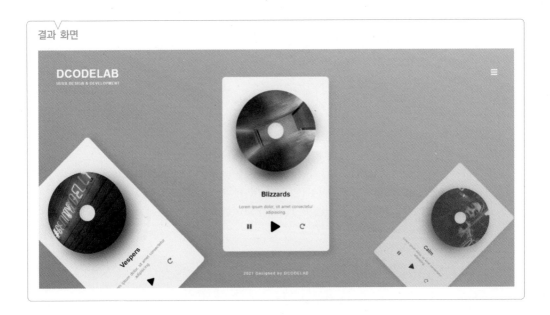

재생 버튼을 클릭하면 커버 이미지가 회전하면서 음악이 재생됩니다. 정지 버튼을 클릭하면 커버 이미지 회전이 멈추면서 음악도 일시 정지됩니다. 마지막으로 오른쪽의 로드 버튼을 클릭하면 다시 처음부터 음악이 재생되는 것을 확인할 수 있습니다.

11단계 좌우 버튼 클릭 시 패널 회전시키기

마지막 단계로 좌우 버튼을 클릭하면 음악 플레이어 패널이 좌우로 회전하게 만들겠습니다.

예제 파일: 12\index.html

```
(... 생략 ...)
  </section>
  <div class="btnPrev">
    <span>PREV MUSIC</span>
  </div>
  <div class="btnNext">
    <span>NEXT MUSIC</span>
  </div>
  </figure>
(... 생략 ...)
```

`<div class="btnPrev">`와 `<div class="btnNext">` 태그를 생성하고, 자식으로 `<span>` 태그를 이용해 텍스트를 입력합니다.

예제 파일: 12\css\style.css

```
(... 생략 ...)
figure section {
  (... 생략 ...)
  transition: 1s;
}
(... 생략 ...)
figure .btnPrev {
  width: 60px;
  height: 60px;
  position: absolute;
  top: 50%;
  left: 50%;
  transform: translate(-20vw, -50%);
  display: flex;
  align-items: center;
```

```css
  text-align: left;
  cursor: pointer;
}
figure .btnPrev span {
  font: 11px/1 "arial";
  color: #fff;
  opacity: 1;
  transform: translateX(30%);
  transition: 0.5s;
}
figure .btnPrev::before {   /* 이전 버튼 화살표 라인 가상 요소 */
  content: "";
  display: block;
  width: 100%;
  height: 1px;
  background: #fff;
  position: absolute;
  top: 50%;
  left: 0px;
  transform-origin: left center;
  transform: rotate(-180deg);
  transition: 0.5s;
}
figure .btnPrev::after { /* 이전 버튼 화살표 라인 가상 요소 */
  content: "";
  display: block;
  width: 100%;
  height: 1px;
  background: #fff;
  position: absolute;
  bottom: 50%;
  left: 0px;
  transform-origin: left center;
  transform: rotate(180deg);
  transition: 0.5s;
}
figure .btnPrev:hover span {
  opacity: 0;
  transform: translateX(100%);
}
```

```css
figure .btnPrev:hover::before {
  transform: rotate(-30deg);
}
figure .btnPrev:hover::after {
  transform: rotate(30deg);
}
figure .btnNext {
  width: 60px;
  height: 60px;
  position: absolute;
  top: 50%;
  right: 50%;
  transform: translate(20vw, -50%);
  display: flex;
  align-items: center;
  text-align: right;
  cursor: pointer;
}
figure .btnNext span {
  font: 11px/1 "arial";
  color: #fff;
  opacity: 1;
  transform: translateX(-30%);
  transition: 0.5s;
}
figure .btnNext::before { /* 다음 버튼 화살표 라인 가상 요소 */
  content: "";
  display: block;
  width: 100%;
  height: 1px;
  background: #fff;
  position: absolute;
  top: 50%;
  left: 0px;
  transform-origin: right center;
  transform: rotate(180deg);
  transition: 0.5s;
}
figure .btnNext::after { /* 다음 버튼 화살표 라인 가상 요소 */
  content: "";
  display: block;
```

```
    width: 100%;
    height: 1px;
    background: #fff;
    position: absolute;
    bottom: 50%;
    left: 0px;
    transform-origin: right center;
    transform: rotate(-180deg);
    transition: 0.5s;
}
figure .btnNext:hover span {
    opacity: 0;
    transform: translateX(-100%);
}
figure .btnNext:hover::before {
    transform: rotate(30deg);
}
figure .btnNext:hover::after {
    transform: rotate(-30deg);
}
```

div.btnPrev를 선택해 너비와 높이를 설정하고 translate(-20vw, -50%)로 위치를 화면 비율에 맞게 조정합니다. 해당 요소 안에 있는 span 요소의 텍스트 모양과 위치를 잡아 줍니다. 이제는 버튼 요소 안쪽 가상의 자식 요소인 ::before, ::after를 블록화하여 너비와 높이를 설정하고 라인을 잡습니다. 해당 라인이 왼쪽을 기준으로 회전하기 때문에 transform-origin을 left center로 설정합니다. 각 라인이 부모 영역에 마우스 포인터를 올리기 전에는 반대편에 수평으로 배치하고, 마우스 포인터를 올리면 회전 각도를 설정하여 화살표 모양으로 만듭니다. 같은 방식으로 반대쪽 .btnNext의 모양도 설정합니다. 마지막으로 좌우 버튼을 클릭하면 section 요소에 모션이 작동하는 transition: 1s;도 추가합니다.

예제 파일: 12\js\main.js

```
(... 생략 ...)
const prev = document.querySelector(".btnPrev");
const next = document.querySelector(".btnNext");

let num = 0;
(... 생략 ...)
```

좌우 버튼을 담을 변수를 생성합니다. 그리고 변수 num을 숫자 0으로 초기화합니다. num은 좌우 버튼을 클릭할 때마다 frame 요소를 회전하기 위해 카운트값으로 활용할 예정입니다.

예제 파일: 12\js\main.js

```
(... 생략 ...)
prev.addEventListener("click", ()=>{
  num++;
  frame.style.transform = `rotate(${deg * num}deg)`;
});

next.addEventListener("click", ()=>{
  num--;
  frame.style.transform = `rotate(${deg * num}deg)`;
});
(... 생략 ...)
```

먼저 prev 버튼을 클릭하면 num값을 1씩 증가시키면서 기존 45°에 곱하기를 합니다. 이렇게 하면 처음 초깃값은 45 * 0deg로 0°가 되고 prev 버튼을 클릭할 때마다 45°, 90°, ⋯ 로 45° 간격으로 증가하면서 frame이 오른쪽으로 회전합니다.

같은 방식으로 next 버튼을 클릭하면 num값을 1씩 감소시키면서 음수를 곱하면 처음은 0°에서 시작해 -45°, -90°, ⋯ 로 감소하면서 왼쪽으로 회전합니다.

예제 파일: 12\js\main.js

```
(... 생략 ...)
let active = 0;
(... 생략 ...)
function activation(index, lists){
  for( let el of lists){
    el.classList.remove("on");
  }
  lists[index].classList.add("on");
}
(... 생략 ...)
```

전체 리스트가 회전할 때 가운데 있는 패널을 활성화해 보겠습니다. 활성화 패널의 순번이 저장될 변수 active를 입력하고 0으로 초기화합니다.

그리고 activation 이름의 함수를 정의하고 1번째 인수로 순번을, 2번째 인수로 패널의 그룹을 전달받습니다. for 문 안을 반복하면서 모든 패널의 on 클래스를 제거하고 1번째 인수로 받은 순번의 패널만 on 클래스를 추가해 줍니다.

예제 파일: 12\js\main.js

```javascript
(... 생략 ...)
//prev 버튼을 클릭할 때마다
prev.addEventListener("click", ()=>{
  //num값을 1씩 증가시켜서 아래 transform 연산식에 적용
  num++;
  frame.style.transform = `rotate(${deg * num}deg)`;

  //현재 패널의 순번이 0이면 다시 마지막 패널의 순번으로 변경하고
  //그렇지 않으면 현재 패널 순번에서 1씩 감소시켜서 activation 함수 호출
  (active == 0 ) ? active = len : active--;
  activation(active, lists);
});

//next 버튼을 클릭할 때마다
next.addEventListener("click", ()=>{
  //num값을 1씩 감소시켜서 아래 transform 연산식에 적용
  num--;
  frame.style.transform = `rotate(${deg * num}deg)`;

  //현재 패널의 순번이 마지막 순번이면 다시 처음 패널의 순번으로 변경하고
  //그렇지 않으면 현재 패널 순번에서 1씩 증가시켜서 activation 함수 호출
  (active == len ) ? active = 0 : active++;
  activation(active, lists);
});
```

좌우 버튼의 이벤트 연결 구문 안쪽에 activation 함수를 각각 호출합니다. prev 버튼을 클릭할 때마다 active값을 계속 감소시키되 만약 현재 순번이 0이어서 더 이상 감소할 수 없을 때는 마지막 순번으로 변경되도록 삼항 연산자로 조건을 설정하고, 해당 순번을 activation 함수의 첫 번째 인수로 넣어 줍니다.

같은 방식으로 next 버튼을 클릭하면 active값을 계속 증가시키면서 현재 순번이 최대 순번이면 다시 처음으로 돌아가도록 설정합니다.

결과 화면

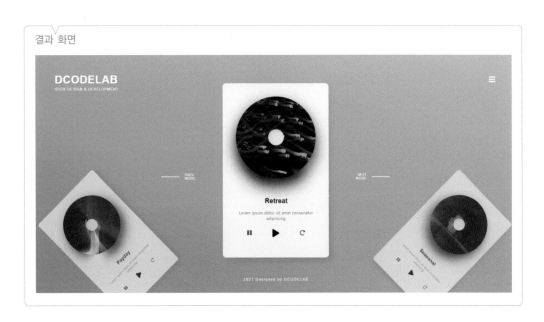

좌우 버튼을 클릭할 때마다 패널이 회전하면서 중앙에 위치한 패널만 활성화 모션이 적용됩니다. 그런데 한 가지 문제점이 있습니다. 만약 활성화된 패널에서 재생 버튼을 눌러 음악을 재생한 상태에서 좌우 버튼을 클릭하면, 현재 재생한 음악이 정지되지 않은 상태에서 다른 패널로 넘어갑니다. 그리고 현재 활성화되지 않은 좌우 패널의 컨트롤 버튼도 클릭하면 음악이 재생 또는 정지됩니다. 이것은 정상적인 상황이 아니므로 가운데 활성화된 패널이 아닌 경우에는 컨트롤 관련 이벤트가 발생하지 않도록 수정해야 합니다.

예제 파일: 12\js\main.js

```
(... 생략 ...)
const audio = frame.querySelectorAll("audio");
(... 생략 ...)
//모든 오디오 요소를 반복하면서 정지시키고 .pic 요소의 모션을 중지해서 초기화하는 함수
function initMusic(){
  for( let el of audio ){
    el.pause();
    el.load();
    el.parentElement.previousElementSibling.classList.remove("on");
  }
}

prev.addEventListener("click", ()=>{
  //음악 초기화 함수 호출
```

```
    initMusic();
    num++;
    frame.style.transform = `rotate(${deg * num}deg)`;

    (active == 0 ) ? active = len : active--;
    activation(active, lists);
});


next.addEventListener("click", ()=>{
    //음악 초기화 함수 호출
    initMusic();
    num--;
    frame.style.transform = `rotate(${deg * num}deg)`;

    (active == len ) ? active = 0 : active++;
    activation(active, lists);
});
(... 생략 ...)
```

변수 audio를 만들어 audio 요소를 모두 저장합니다. 이후 initMusic 함수를 정의한 뒤 함수 내부에 audio의 개수만큼 반복하면서 정지시키고, 부모 프레임의 이전 요소인 .pic 요소에서 on 클래스를 제거하도록 설정합니다. 이제 prev, next 버튼을 클릭할 때마다 initMusic 함수를 호출하면 모든 패널의 오디오 요소가 자동으로 재생·정지될 것입니다.

예제 파일: 12\js\main.js

```
(... 생략 ...)
play.addEventListener("click", e=>{
    let isActive = e.currentTarget.closest("article").classList.contains("on");
    if(isActive){
        (... 생략 ...)
    }
});
pause.addEventListener("click", e=>{
    let isActive = e.currentTarget.closest("article").classList.contains("on");
    if(isActive){
        (... 생략 ...)
    }
});
```

```
load.addEventListener("click", e=>{
  let isActive = e.currentTarget.closest("article").classList.contains("on");
  if(isActive){
    (... 생략 ...)
  }
}
```

마지막으로 각각의 play, pause, load 버튼의 클릭 이벤트가 발생할 때 클릭한 요소의 제일 가까운 부모 article 요소를 탐색한 뒤, 해당 요소에 on 클래스가 있는지 classList.contains()로 확인해서 결괏값을 변수 isActive에 저장합니다. 그리고 조건문을 이용하여 isActive가 true일 때에만 제어 기능을 실행하면 활성화되지 않은 패널의 컨트롤 기능을 비활성화할 수 있습니다.

결과 화면

결과 화면을 확인하면 현재 활성화된 패널 외의 버튼을 클릭하면 음악이 재생되지 않습니다. 또한 재생중인 음악을 정지하지 않고 좌우 버튼을 클릭해 패널을 이동하면 자동으로 재생·정지되는 것을 확인할 수 있습니다.

13장

핀터레스트 스타일의
반응형 웹 갤러리 제작하기

이번에는 04-5절에서 다룬 미디어 쿼리 구문을 활용하여 웹 브라우저 너비에 따라 형태가 변하는 반응형 웹 갤러리를 제작합니다. 브라우저 폭이 넓은 데스크톱 화면에서는 메뉴를 왼쪽에, 이미지들을 오른쪽에 보여 주고 모바일 기기에서는 메뉴를 위쪽으로 이동시키고 이미지들은 아래에 자동 정렬되도록 만들겠습니다.

Do it! 포트폴리오 **핀터레스트 스타일의 반응형 웹 갤러리** 난이도 ★★★★★

이 예제에서는 실무에서 많이 사용하는 isotope 플러그인으로 작업합니다. 플러그인은 초보자가 사용하기 어려운 자바스크립트의 기능을 쉽게 가져다 쓸 수 있도록 도와줍니다.

> **여기서 잠깐!**
>
> **플러그인이란?**
>
> 플러그인은 자바스크립트를 이용하여 특정 기능을 미리 구현해 놓은 기능 모음집입니다. 보통은 자바스크립트를 활용하여 동적인 기능을 구현하지만 플러그인을 사용하면 번거롭고 복잡한 기능을 쉽게 추가할 수 있습니다. 플러그인은 사용법이 어렵지 않으므로 이번 예제에서 간단히 체험해 보기 바랍니다. 하지만 플러그인을 무분별하게 사용하면 웹 페이지의 로딩 속도와 성능을 저하시키므로 보조 수단으로 활용하길 추천합니다.

1단계 작업 폴더 준비하기

그림 13-1 에디터에서 작업 폴더 확인하기

js 폴더를 열어보면 isotope.pkgd.min.js라는 플러그인 파일이 있고, 이 플러그인 파일의 기능을 가져와 직접 코드를 작성할 main.js 파일이 있습니다. 일단 이 예제에서는 스크립트 파일이 2개 필요하다는 정도만 알고 넘어가겠습니다. 각 파일의 사용법은 단계를 진행하면서 자세히 다룰 예정입니다. 이전 예제와 마찬가지로 index.html 파일과 css 폴더 안에 style.css 파일이 있고, img 폴더 안에는 이미지들이 들어 있습니다.

2단계 레이아웃 구조 파악하기

작업을 시작하기 전에 다음 레이아웃 구조를 살펴보겠습니다.

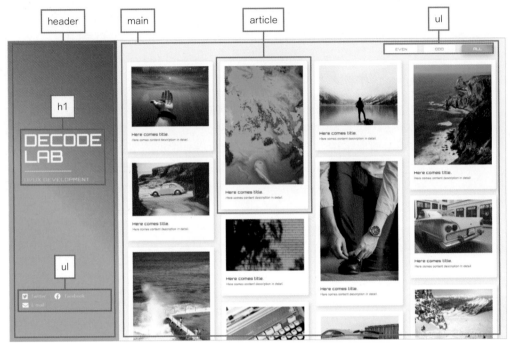

그림 13-2 반응형 웹 갤러리의 레이아웃 파악하기

이 예제는 크게 header와 main 영역으로 구성됩니다. header 영역에는 메뉴를 넣어 왼쪽 세로
방향에 위치시키고, main 영역에는 갤러리 이미지들과 분류 버튼을 넣어 그룹화합니다.
header 영역 안에는 h1 요소의 로고와 ul 요소의 하단 SNS 메뉴를 만듭니다. 또한 main 영역
안에는 ul로 분류 기능을 제작하고, article 요소로 이미지와 정보를 묶어 주겠습니다.

3단계 세로형 메뉴 구조 레이아웃 제작하기

화면 왼쪽에 고정할 header와 오른쪽에 들어갈 콘텐츠 영역인 main을 작성합니다.

예제 파일: 13\index.html

```
(... 생략 ...)
<body>
  <header>
  </header>

  <main>
```

```
    </main>
  </body>
(... 생략 ...)
```

<header>와 <main> 태그로 왼쪽 메뉴 영역과 오른쪽 이미지가 출력될 영역을 생성합니다.

예제 파일: 13\css\style.css

```
@charset "utf-8";
@import url('https://fonts.googleapis.com/css?family=Orbitron&display=swap');

* {
  margin: 0px;
  padding: 0px;
}
ul, ol, li {
  list-style: none;
}
a {
  text-decoration: none;
}
body {
  background: #efefef;
}

header {
  width: 400px;
  height: 100%;
  background: linear-gradient(45deg, aqua, royalblue);
  position: fixed; /* 화면 왼쪽에 고정 */
  top: 0px;
  left: 0px;
}
main {
  margin-left: 400px ; /* 너빗값 없이 왼쪽 여백만 추가 */
  box-sizing: border-box;
  padding: 20px;
}
```

구글 웹 폰트에서 orbitron을 찾아 CSS에 연결합니다. 모든 요소의 margin값과 padding값을 0으로 초기화하고 전체 리스트의 꾸밈 효과를 제거합니다. body에는 배경색을 #efefef로 입력해 밝은 회색으로 설정합니다.

이제부터 header와 main 콘텐츠를 좌우로 배치하겠습니다. 언뜻 생각하면 header와 main 모두 float을 이용해서 좌우 배치할 것 같지만, 실제로는 오른쪽의 메인 영역에서 콘텐츠를 스크롤해도 헤더 영역은 항상 왼쪽 상단에 고정되어야 합니다. 따라서 header 부분만 position: fixed로 브라우저 왼쪽에 고정시킵니다. 너빗값은 400px로, 높잇값은 100%로 입력한 후 배경색은 푸른 계열의 색상으로 그레이디언트를 설정합니다.

다음에 만들 메인 영역은 너빗값을 설정하기가 애매합니다. header 영역의 너비가 400px 고정값인 상태에서 main 영역의 너빗값은 사용자가 브라우저를 리사이즈하더라도 왼쪽 400px을 제외한 나머지 크기로 자동 설정되어야 하기 때문입니다. 이때 main 영역에 너빗값을 적용하지 않은 상태에서 왼쪽에 400px만큼 margin-left로 여백을 설정하면 브라우저는 전체 너비에서 왼쪽 margin-left값을 제외한 나머지 너빗값으로 자동 계산해 줍니다. 마지막으로 box-sizing: border-box를 적용하고 padding값을 사방으로 20px만큼 입력합니다.

결과 화면

왼쪽의 header 영역은 너비 400px의 크기로 고정되어 있고, 오른쪽의 main 영역은 브라우저를 리사이즈하면 전체 너비에서 왼쪽 여백 400px을 뺀 나머지로 너빗값이 자동 계산됩니다.

헤더 영역에 로고를 삽입하고 그 안에 넣을 세부 콘텐츠를 스타일링하겠습니다.

예제 파일: 13\index.html

```
(... 생략 ...)
<header>
  <h1>DECODE LAB</h1>
</header>
(... 생략 ...)
```

<h1> 태그를 만들고 로고 텍스트를 입력합니다.

예제 파일: 13\css\style.css

```
(... 생략 ...)
header h1 {
  font: bold 50px/1 'orbitron';
  color: #fff;
  letter-spacing: 1px;
  position: absolute;
  left: 50px;
  top: 50%;
  transform: translateY(-150%);
}
```

로고는 **50px**로 크게 지정하고, orbitron 폰트를 입력합니다. orbitron 폰트의 기본 자간이 좁은 편이라서 letter-spacing값을 1px로 입력해 자간을 설정합니다. position: absolute로 왼쪽에서 오른쪽으로 **50px**만큼 떨어져서 배치하고, 세로 방향은 가운데에서 살짝 위에 배치되도록 transform: translateY(-150%)를 입력합니다.

로고가 세로 가운데에서 살짝 위로 올라간 것을 확인할 수 있습니다. 그런데 텍스트만 있으니
허전한 느낌이 들어 가상 선택자를 이용해서 꾸밈 요소를 추가하겠습니다.

예제 파일: 13\css\style.css

```css
(... 생략 ...)
header h1::before {
  content: 'UI/UX DEVELOPMENT';
  display: block;
  font: 14px/1 'orbitron';
  color: #fff;
  letter-spacing: 2px;
  position: absolute;
  left: 0px;
  top: 140px;
  opacity: 0.8;
}
header h1::after {
  content: '';
  display: block;
  width: 150px;
  height: 2px;
  background: #fff;
  margin-top: 20px;
}
```

::before를 이용해 content에 UI/UX DEVELOPMENT라는 설명 글을 입력합니다. 권장 사항은
아니지만 가상 선택자를 이용하면 HTML이 아닌 CSS로도 콘텐츠를 작성할 수 있습니다.
이 콘텐츠의 폰트를 설정하고, absolute로 h1 영역을 기준으로 아래쪽에 배치해 줍니다.
::after는 블록화하고, 너비와 높이를 지정해서 흰색의 가로 막대를 만든 다음 로고 텍스트
아래에 배치합니다.

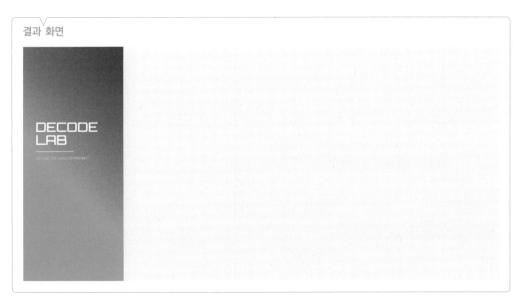

로고 텍스트 아래에 가로 막대와 설명 글이 추가되었습니다.

5단계 헤더 영역 하단에 SNS 버튼 제작하기

헤더 영역 하단에 SNS 버튼을 추가해 보겠습니다.

예제 파일: 13\index.html

```
(... 생략 ...)
<head>
  (... 생략 ...)
  <link rel="stylesheet" href="css/style.css" />
  <script src="https://kit.fontawesome.com/c47106c6a7.js"></script>
</head>
(... 생략 ...)
```

웹 폰트 아이콘을 적용하기 위해 CSS 연결 구문 아래에 폰트 어썸 추가 코드를 입력합니다.

```
(... 생략 ...)
<header>
  <h1>DECODE LAB</h1>
  <ul>
    <li>
      <a href="#">
        <i class="fab fa-twitter-square"></i>
        <span>Twitter</span>
      </a>
    </li>
    <li>
      <a href="#">
        <i class="fab fa-facebook"></i>
        <span>Facebook</span>
      </a>
    </li>
    <li>
      <a href="#">
        <i class="fas fa-envelope"></i>
        <span>E-mail</span>
      </a>
    </li>
  </ul>
</header>
(... 생략 ...)
```

<ul>안에 <li> 태그 3개를 입력하고, <a> 태그의 자식으로 각각 트위터, 페이스북, 메일 아이콘을 폰트 어썸으로 연결합니다. 그리고 <a>와 형제 요소로 <span> 태그를 만들어 SNS 종류를 입력합니다.

```
(... 생략 ...)
header ul {
  position: absolute;
  left: 40px;
  bottom: 100px;
}
```

```
header ul li {
  float: left;
  margin-right: 10px;
}
header ul li a {
  font-size: 20px;
  color: #fff;
}
header ul li a span {
  display: inline-block;
  font-weight: bold;
  opacity: 0.7;
  transform: scale(0.7) translateX(-10px); /* 70% 축소하고 왼쪽으로 -10px만큼 이동 */
}
```

ul 요소 자체를 absolute를 이용해 왼쪽 하단에 배치합니다. 이후 li 요소를 각각 float로 좌우 배치한 뒤 a 요소의 폰트 크기를 설정합니다. 이때 웹 폰트 아이콘인 i 요소에 비해 span 요소의 글자가 상대적으로 너무 커보이므로 크기를 약간 줄이겠습니다. font-size 속성으로 조절할 수도 있지만 그러면 왼쪽 아이콘과 세로 정렬이 틀어지므로 해당 위치에서 크기만 축소하기 위해 transform: scale을 사용하고, translateX를 이용해 살짝 왼쪽으로 밀어 줍니다.

결과 화면

header 영역 하단에 SNS 메뉴까지 정상으로 출력되는 것을 확인할 수 있습니다. 여기까지 입력하면 header 영역은 모두 완성됩니다.

메인 콘텐츠인 오른쪽 갤러리 영역에 이미지 요소를 추가하겠습니다.

예제 파일: 13\index.html

```
(... 생략 ...)
<main>
  <section>
    <article>
      <div>
        <img src="img/p1.jpg" alt="">
        <h2>Lorem, ipsum dolor.</h2>
        <p>Lorem ipsum dolor, sitamet consectetur adipisicing.</p>
      </div>
    </article>
    (2~19번째의 <article> 태그 ... 생략 ...)
    <article>
      <div>
        <img src="img/p20.jpg" alt="">
        <h2>Animi, nisi dolore.</h2>
        <p>Inve, nihil provident? Iste adii est tempore.</p>
      </div>
    </article>
  </section>
</main>
(... 생략 ...)
```

<main>안에 이미지 요소들을 묶어 줄 <section> 태그를 만듭니다. 그리고 20개의 <article> 안에 <div> 자식 요소를 만든 다음, 갤러리 이미지인 <img>와 이미지 제목인 <h2>를 입력하고, <p> 태그로 이미지의 설명 글을 넣습니다. 여기에서 많은 코드를 입력하는 것 같지만 자세히 살펴보면 이미지 파일명의 번호만 변경하는 것 외에는 모든 구조가 동일합니다. 따라서 이 많은 코드를 직접 일일이 입력하는 것보단 에디터의 내장 기능인 자동 완성 기능을 사용하는 게 훨씬 편합니다. 다음 코드를 살펴보겠습니다.

```
<main>
    section>article*20>div>img[src="img/p$.jpg"]+h2>lorem3^p>lorem7
</main>                                                        section
```

그림 13-3 에디터에서 자동 완성 코드 입력하기

앞의 복잡하고 긴 코드를 한번에 작성해 주는 자동 완성 코드입니다. 이 코드의 규칙을 간단히 설명하면 <section> 태그 안에 자식으로 <article> 태그 20개를 만드는데, 다시 자식으로 <div> 태그를 생성하고, 또 이 태그의 자식으로 <img> 태그를 생성하라는 의미입니다. 여기서 [ ]를 입력하면 태그의 속성까지 지정할 수 있는데, 그 안에 이미지 경로인 "img/p$.jpg"를 넣습니다. 이때 $를 넣으면 태그가 반복될 때마다 숫자를 카운트해서 증가시킨 값이 입력됩니다.

그리고 뒤에 붙은 +h2는 <img> 태그에서 형제 요소로 <h2> 태그를 생성하라는 의미이고, >lorem3은 자식 요소로 단어 3개인 텍스트를 자동 입력하라는 구문입니다. 마지막 ^p는 글자를 입력하려고 자식 요소로 들어왔으므로 다시 상위 요소로 올라가기 위해 <p> 태그로 이동하는 구문입니다.

▶ 해당 자동 완성 기능은 동영상 강의에 자세히 설명해 놓았으니 참고하세요.

예제 파일: 13\css\style.css

```
(... 생략 ...)
main section {
  width: 100%;
}
main section::after {
  content: '';
  display: block;
  clear: both;
}
main section article {
  width: 20%;
  float: left;
  box-sizing: border-box;
  padding: 12px;
}
main section article div {
  width: 100%;
  height: 100%;
  background: #fff;
  border-radius: 4px;
  box-shadow: 5px 5px 10px rgba(0, 0, 0, 0.1);
  box-sizing: border-box;
  padding: 14px;
}
```

```
main section article div img {
  width: 100%;
}
main section article div h2 {
  margin-top: 15px;
  font: bold 11px/1 'orbitron';
  letter-spacing: 1px;
  color: #444;
  margin-bottom: 5px;
}
main section article div p {
  font: 10px/1.2 'arial';
  color: #777;
  margin-bottom: 15px;
}
```

section 요소의 너비를 100%로 설정한 뒤, 가상 선택자를 이용하여 미리 float를 합니다. 자식 요소인 article을 float로 좌우 배치하기 위해서입니다. 이제 각 article 요소의 너빗값을 20%로 설정해 main 영역에서 가로로 5개가 배치되도록 합니다. 그리고 box-sizing을 적용하고 안쪽 여백을 20px로 지정합니다. 여기서 padding값은 박스를 구분하기 위해 입력하는데, article 요소에 바깥 여백을 주지 않는 이유는 각 요소의 너비를 퍼센트로 지정하면 더욱 편하기 때문에 margin이 아닌 padding으로 여백을 주고, box-sizing: border-box를 설정합니다.

이제 콘텐츠로 구성될 자식인 div의 너비를 100%로 지정하고 배경색을 채우면 padding을 제외한 안쪽 영역이 콘텐츠 박스처럼 보이고, padding의 여백은 div 요소를 기준으로 바깥 여백처럼 보입니다. 이후 div 요소에 그림자도 은은하게 설정합니다. 이미지와 제목, 설명 글도 예제와 어울리도록 여백과 서식을 스타일링합니다.

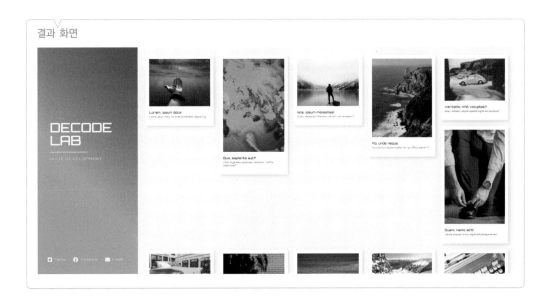

메인 영역에 이미지들이 생성되었지만 그 크기가 다 달라서 박스의 높잇값이 일정하지 않고, float된 요소들이 빈 여백에 배치되지 못합니다. 만약 세로로 긴 요소가 왼쪽 방향으로 float되고 해당 방향으로 여백이 생기면 다음에 나오는 요소들은 float의 방향이 바뀌지 않는 한 해당 여백에 들어갈 수가 없습니다. 이러한 문제점을 해결하기 위해 isotope이라는 플러그인을 활용해 레이아웃을 보기 좋게 수정하겠습니다.

7단계 **float 배치한 레이아웃 재정렬하기**

isotope 플러그인 파일은 다음과 같이 isotope.metafizzy.co 사이트에서 내려받을 수 있습니다.

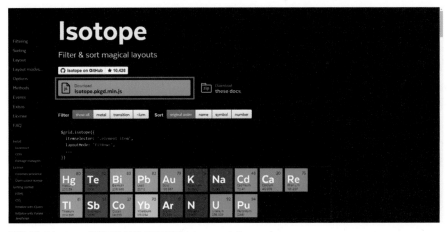

그림 13-4 isotope 플러그인 파일 내려받기(isotope.metafizzy.co)

여기서 잠깐!

isotope 플러그인은 비상업용일 때만 무료입니다!

필자는 무분별한 플러그인의 사용은 지양하는 편이지만, 실무에서 상당히 유용하게 쓰이는 기능이므로 이 예제를 통해서 그 사용법을 알아보겠습니다. 참고로 isotope 플러그인은 기존 masonry 플러그인에 다양한 레이아웃 정렬 기능을 추가되었습니다. 상업용일 때는 비용을 지불한다는 점만 다를 뿐 동작 방식과 사용법은 거의 같습니다. 기능과 편의성을 고려하면 사용할 가치가 충분히 있으니, isotope 웹 사이트의 [License] 메뉴를 클릭하여 자세한 내용을 확인하기 바랍니다.

예제 파일: 13\index.html

```
(... 생략 ...)
<head>
  (... 생략 ...)
  <script src="https://kit.fontawesome.com/c47106c6a7.js"></script>
  <script src="js/isotope.pkgd.min.js"></script>
  <script defer src="js/main.js"></script>
</head>
(... 생략 ...)
```

위의 코드처럼 <head>에 **isotope.pkgd.min.js**와 **main.js** 파일을 연결합니다. isotope 파일은 실제 적용할 플러그인 파일이며, main.js는 플러그인의 기능을 바탕으로 작업 구조에 맞게 직접 수정할 isotope 플러그인의 호출 파일입니다. 따라서 isotope.pkgd.min.js는 단지 연결만 하고 수정할 필요가 없는 파일이고, main.js 파일만 열어서 간단한 구문만 추가해 주면 됩니다.

예제 파일: 13\js\main.js

```
(... 생략 ...)
//페이지 로드 이벤트
window.addEventListener("load", ()=>{
  const grid = new Isotope("section", { //배치할 요소를 감싸고 있는 부모 요소명
    itemSelector: "article",    //배치할 요소명
    columnWidth: "article",     //너빗값을 구할 요소명
    transitionDuration: "0.5s" //화면 재배치 시 요소가 움직이는 속도
  });
});
```

addEventListener 구문으로 **window** 요소, 즉 브라우저 요소 자체에 **load** 이벤트를 연결해 줍

니다. 이 이벤트 문은 웹 페이지의 단순한 DOM 출력뿐 아니라 그에 따른 다양한 이미지 소스까지 로딩이 모두 완료되어야 블록 안쪽 코드를 실행합니다. isotope 플러그인은 이미지까지 모두 포함한 각 article 요소의 높잇값을 인식해야만 레이아웃을 정상으로 재배치할 수 있으므로 모든 이미지 소스의 로딩이 완료될 때까지 기다렸다가 플러그인 기능을 호출해야 합니다. 이제 그 안쪽에 isotope 플러그인의 호출 구문을 위와 같이 입력합니다. 처음 보는 문법이 있어도 크게 걱정하지 않아도 됩니다. 이 구문은 isotope 사이트에서 복사하여 붙여 넣은 뒤 필요한 값만 수정해서 쓰라고 올려놓았으니까요. 맨 윗줄에는 배치할 요소의 부모 요소인 section을 입력하고 itemSelector와 columnWidth에는 실제로 재배치할 요소명인 article을 적용합니다. 마지막으로 transitionDuration값은 0.5s로 입력합니다.

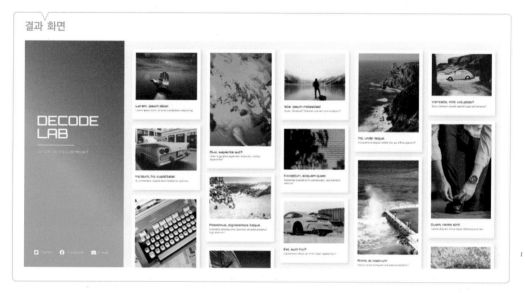

결과 화면을 열어 보면 플러그인 기능이 적용되어 article 요소들이 깔끔하게 재배치된 것을 확인할 수 있습니다.

8단계 미디어 쿼리를 이용하여 반응형 웹 제작하기

이제는 미디어 쿼리를 활용하여 다양한 브라우저 폭에 반응하여 각 화면에 최적화된 브라우저 사이즈를 보여 주는 반응형 웹을 만들겠습니다.

브라우저 폭이 1600px 미만일 때

브라우저 폭이 1600px 미만일 때에는 왼쪽 header 영역의 너빗값을 약간 축소하고, 오른쪽 영역의 article 요소를 가로로 4개씩 배치합니다.

```
(... 생략 ...)
@media screen and (max-width:1599px){
  header {
    width: 350px;
  }
  main {
    margin-left: 350px;
  }
  main section article {
    width: 25%;
  }
}
```

header의 너빗값을 350px로 줄이고, 오른쪽 main의 왼쪽 여백을 350px으로 수정합니다. 그리고 article은 main 영역에서 가로로 4개를 배치하기 위해 너비를 25%로 설정합니다.

브라우저 폭이 1200px 미만일 때

브라우저 폭이 1200px 미만이라면 헤더를 왼쪽에서 상단으로 배치한 다음, main 콘텐츠를 아래로 내리고 article 요소를 가로 5개에서 4개로 배치합니다.

```
(... 생략 ...)
@media screen and (max-width:1199px){
  header {
    width: 100%;
    height: 80px;
    position: relative;
  }
  header h1 {
    font: bold 24px/1 'orbitron';
    transform: translateY(-50%);
  }
  header h1::before, #header h1::after {
    display: none;
  }
  header ul {
```

```
      left: 83%;
      bottom: 25px;
    }
    header ul li {
      margin-right: 20px;
    }
    header ul li a {
      font-size: 20px;
    }
    header ul li a span {
      display: none;
    }
    main {
      width: 100%
      margin-left: 0px
    }
    main section article {
      width:25%;
    }
  }
```

1200px 미만부터 스타일을 변경할 예정이므로 미디어 쿼리의 max-width값을 1199px로 설정합니다. header는 왼쪽 위에 배치되어야 하므로 너빗값을 100%로, 높잇값을 80px로 입력합니다. 그리고 이제는 header 밑으로 main 콘텐츠가 쌓이도록 position값을 relative로 변경합니다.

로고 글자 크기를 조금 줄이고 위치를 적당하게 조절합니다. 그리고 가상 선택자로 적용했던 꾸밈 효과도 제거합니다. SNS 메뉴에서 텍스트는 제거하고, 웹 폰트 아이콘만 적당한 위치에 배치합니다. 메인 콘텐츠도 오른쪽이 아닌 header 영역 아래에 꽉 채워져야 하므로 너빗값을 100%로 변경하고, article은 가로로 4개씩 배치되도록 너빗값을 25%로 늘립니다.

결과 화면

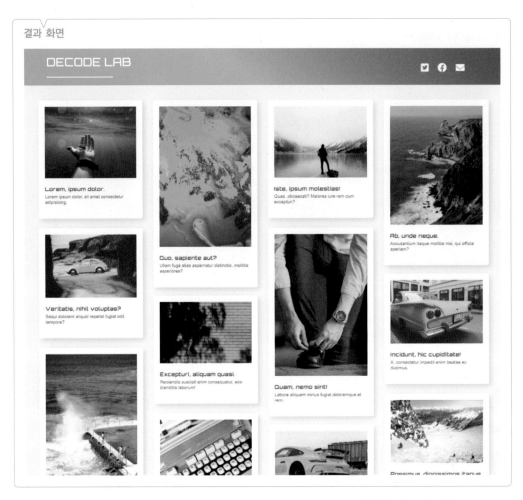

이제 브라우저를 1200px 미만으로 줄이면 왼쪽에 있던 header 영역이 위로 올라가고 오른쪽의 메인 콘텐츠가 아래로 내려가면서 그 안의 article 요소가 가로로 4개씩 재정렬되는 것을 확인할 수 있습니다.

브라우저 폭이 900px 미만일 때

브라우저 폭이 900px 미만일 때에는 article이 가로로 3개씩 배치되도록 변경합니다.

예제 파일: 13\css\style.css

```
(... 생략 ...)
@media screen and (max-width:899px){
  header ul {
    left: 80%;
```

```
    }
  main section article {
    width: 33.333%;
  }
}
```

이번에는 max-width를 899px로 입력하고, header의 ul 위치를 조정하고, article은 너빗값을
33.333%로 입력해 가로로 3개씩 배치되도록 만듭니다.

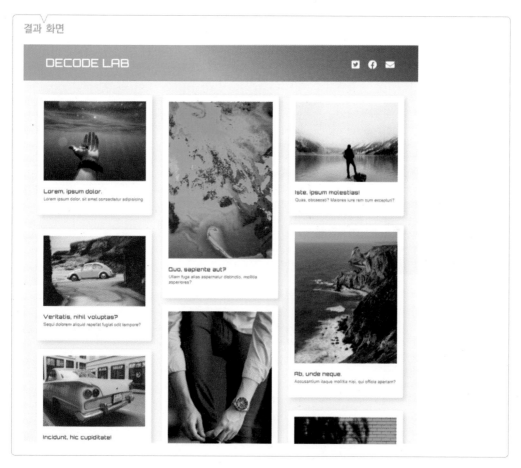

이제 브라우저를 900px 미만으로 줄이면 article의 배치가 가로로 3개씩 재정렬되는 것을 확
인할 수 있습니다.

브라우저 폭이 680px 미만일 때

브라우저 폭이 680px 미만일 때에는 article을 가로로 2개씩 배치되게 변경합니다.

```
(... 생략 ...)
@media screen and (max-width:679px){
  header ul {
    left: 70%;
  }
  main section article {
    width: 50%;
  }
}
```

max-width값을 679px로 변경하고, 마찬가지로 ul의 위칫값을 조절한 뒤 article의 너빗값을 50%로 설정해 가로로 2개씩 배치되게 설정합니다.

결과 화면

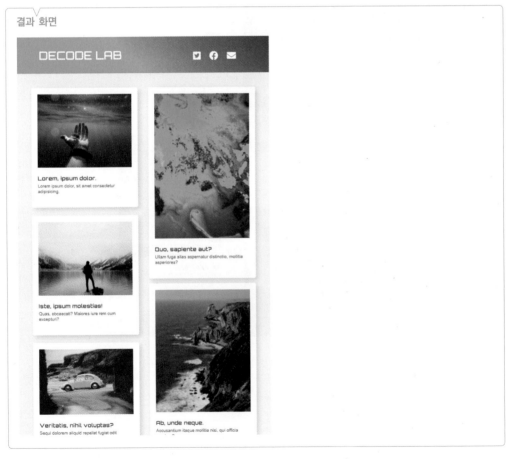

브라우저를 680px 미만으로 줄이면 이미지 박스가 가로 2개 형태로 재배치됩니다.

브라우저 폭이 540px 미만일 때

브라우저 폭이 540px 미만일 때에는 article을 가로로 1개씩 배치되도록 변경합니다.

예제 파일: 13\css\style.css

```
(... 생략 ...)
@media screen and (max-width:539px){
  header ul {
    display: none;
  }
  main section article {
    width: 100%;
  }
}
```

마지막으로 미디어 쿼리 구문의 max-width값을 539px로 추가해 줍니다. 이 브라우저 폭은 가로 영역이 매우 좁기 때문에 header 영역에서 로고를 제외한 SNS 메뉴는 숨김 처리합니다. 그리고 메인 영역의 article 너빗값을 100%로 설정합니다.

결과 화면

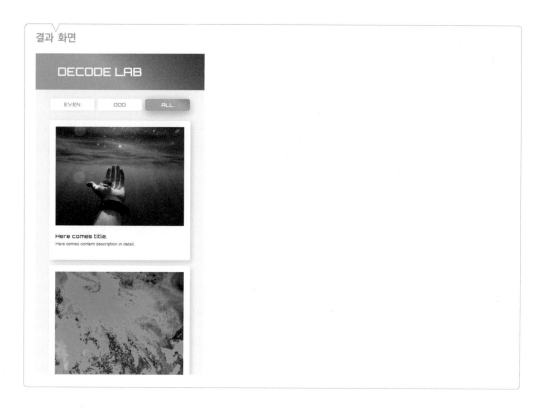

540px 미만의 미디어 쿼리 구간에서는 모든 콘텐츠가 하나씩 배치되는 것을 확인할 수 있습니다. 이제 모든 반응형 웹의 작업이 완료되었습니다. 웹 브라우저를 리사이즈하면서 지금까지 설정한 모든 구간에서 UI가 제대로 변경되는지 확인해 보세요.

9단계 분류 기능 추가하기

마지막으로 isotope 플러그인을 사용해 분류 기능을 추가하겠습니다. 분류 기능이란 특정 메뉴 버튼을 클릭하면 관련된 콘텐츠만 보이게 재정렬해 주는 역할을 합니다.

예제 파일: 13\index.html

```
(... 생략 ...)
<main>
  <ul>
    <li class='on'><a href="*">ALL</a></li>
    <li><a href=".odd">ODD</a></li>
    <li><a href=".even">EVEN</a></li>
  </ul>

  <section>
(... 생략 ...)
```

<main> 태그 안에 <section> 태그의 형제 요소인 <ul> 태그를 만들고, 3개의 <li> 태그로 메뉴를 입력하고 <a> 태그도 추가합니다. 1번째 메뉴에는 All이라고 입력하고 href="*"를 설정합니다. 2번째, 3번째 메뉴의 href값을 각각 .odd, .even로 입력합니다. 나중에 이 버튼을 클릭하면 href값에 등록된 클래스명의 요소를 찾아서 해당 요소만 보이도록 만들려고 합니다.

예제 파일: 13\index.html

```
(... 생략 ...)
<section>
  <article class="odd">
    <div>
      <img src="img/p1.jpg" alt="">
      <h2>Lorem, ipsum dolor.</h2>
      <p>Lorem ipsum dolor, sit amet consectetur sicing.</p>
    </div>
  </article>
  <article class="even">
```

```
      <div>
        <img src="img/p2.jpg" alt="">
        <h2>Quo, sapiente aut?</h2>
        <p>Ullam fuga alias aspernatur inctio, asperiores?</p>
      </div>
    </article>
(... 생략 ...)
```

이번에는 해당 메뉴의 href에 article 요소가 매치되도록 클래스를 적용해 주겠습니다. 홀수의 article에는 클래스명 odd를, 짝수의 article에는 클래스명 even을 적용합니다.

예제 파일: 13\css\style.css

```
(... 생략 ...)
main ul {
  width: 100%;
  margin-bottom: 10px;
  margin-right: 20px;
}
main ul::after {
  content: '';
  display: block;
  clear: both;
}
main ul li {
  float: right;
  margin-right: 20px;
  width: 100px;
  height: 26px;
}
main ul li a{
  display: block;
  width: 100%;
  height: 100%;
  font: bold 7px/26px 'orbitron';
  color: #aaa;
  letter-spacing: 1px;
  text-align: center;
  border-radius: 5px;
  box-shadow: 0px 0px 10px rgba(0, 0, 0, 0.05);
```

```
    background: #fff;
}
main ul li.on a {
    background: linear-gradient(45deg, #67faf3, #58abf8);
    box-shadow: 0px 5px 20px rgba(0, 255, 255, 0.527);
    color: #fff;
}
```

메뉴 버튼 그룹인 ul 요소를 section 위에 위치시킨 뒤, 너빗값을 100%로 지정해 오른쪽과 아래쪽에 바깥 여백을 설정합니다. float를 해제하고 자식인 li 요소에 float: right를 설정하여 오른쪽에 배치되게 해줍니다. 이때 자식인 a 요소의 모양을 잡고, 만약 부모인 li 요소에 클래스 on이 추가되면 활성화되는 모양도 입력합니다.

결과 화면

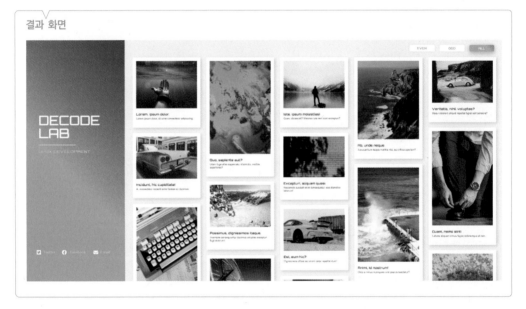

main 안의 section 영역 오른쪽 상단에 분류 버튼이 잘 배치되었습니다. 이때 1번째 li 요소에만 클래스 on을 붙였기 때문에 ALL 버튼만 파란색으로 활성화됩니다.

그림 13-5 모바일 크기로 폭을 줄여 분류 버튼이 틀어진 화면

그런데 앞의 결과 화면에서 모바일 크기로 폭을 줄이면 위 그림처럼 분류 버튼의 UI가 틀어집니다. 미디어 쿼리를 수정하여 틀어진 버튼의 위치를 수정해 보겠습니다.

예제 파일: 13\css\style.css

```
(... 생략 ...)
@media screen and (max-width:539px){
  header ul {
  display: none;
  }
  main ul {
  margin-right: 0px;
  box-sizing: border-box;
  padding: 0px 13px;
  }
  main ul li {
  margin-right: 2%;
```

```
    width: 32%;
    }
    main ul li:nth-of-type(1) {
    margin-right: 0%;
    }
  main section article {
  width: 100%;
  }
}
```

마지막 미디어 쿼리 구문인 max-width: 539px에 위와 같이 main ul 관련 속성을 추가합니다.
ul li 버튼의 총합이 부모 영역인 main ul 너빗값의 100%가 되게 설정하고, box-sizing을 입
력한 뒤 padding값을 기존 퍼센트 영역 안에 흡수되도록 해줍니다.

결과 화면

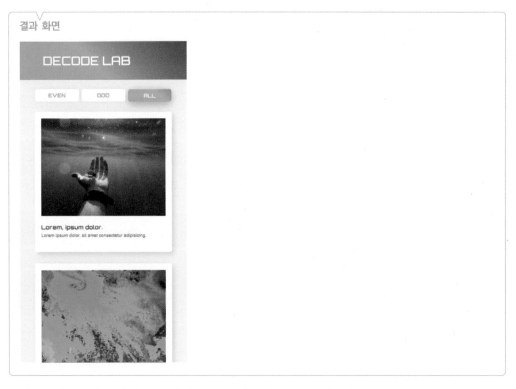

결과 화면을 보면 모바일 화면에서도 분류 버튼의 UI가 틀어지지 않고 일렬로 깔끔하게 배치
되었습니다. 화면 배치는 모두 제대로 출력되는 것을 확인했으니 이제는 main.js 파일을 열어
서 실제 플러그인의 분류 기능을 추가하겠습니다.

```
(... 생략 ...)
//페이지 로드 이벤트
window.addEventListener("load", ()=>{
  (... 생략 ...)

  //클릭한 모든 버튼 변수에 저장
  const btns = document.querySelectorAll("main ul li");

  //버튼의 개수만큼 반복해서
  for(let el of btns){

    //각 버튼에 클릭 이벤트 연결
    el.addEventListener("click", e=>{
      e.preventDefault();

      //변수 sort에 클릭한 대상의 자식인 a 요소의 href 속성값 저장
      const sort = e.currentTarget.querySelector("a").getAttribute("href");

      //grid에 저장된 결괏값을 불러와 재정렬 기능 연결
      grid.arrange({
        //옵션값으로 sort 변숫값 지정
        filter : sort
      });

      //다시 모든 버튼의 개수만큼 반복해서
      for(let el of btns){
        //각 버튼의 클래스명 "on"을 제거해 비활성화
        el.classList.remove("on");
      }

      //클릭한 대상만 선택해서 클래스명 on을 추가해 활성화
      e.currentTarget.classList.add("on");
    })
  }
});
```

main.js 파일에서 자동 분류 기능 구문을 추가하겠습니다. 먼저 클릭한 모든 버튼 요소를 변수 btns에 저장합니다. for of 문으로 btns의 개수만큼 반복하며 각 버튼에 클릭 이벤트를 연결합니다. 클릭 이벤트가 발생하면 클릭한 대상을 e.currentTarget으로 찾고, 해당 요소의

자식인 a 요소의 href값을 변수 sort에 저장합니다.

이제 grid.arrange()라는 플러그인에서 제공하는 호출 구문을 입력하고 filter 옵션값에 sort변숫값을 지정하면 자동 분류 기능이 연결됩니다. 마지막으로 아래 다시 한번 반복문을 이용해서 순간적으로 모든 버튼을 비활성화하고 클릭한 요소만 e.currentTarget으로 활성화해 줍니다.

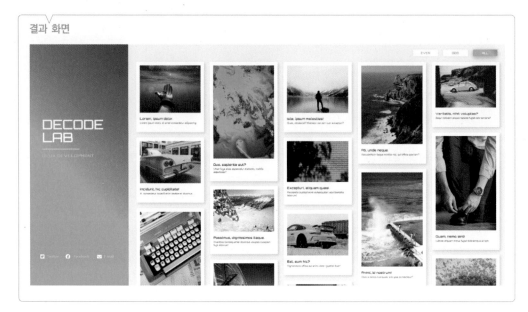

이제 분류 버튼을 클릭하면 해당 메뉴에 맞는 콘텐츠만 자동 분류되며, 클릭한 버튼만 파랗게 활성화되는 것을 확인할 수 있습니다.

10단계 함수를 이용해 자바스크립트 코드 기능별로 개선하기

지금까지 입력한 자바스크립트 코드는 모두 절차 지향 방식으로 작성했습니다. 절차 지향이 란 코드를 시간 흐름순으로 나열한다는 의미입니다. 아무래도 프로그래밍이 처음인 비전공 자에게는 코드를 시간 흐름순으로 입력하는 방식이 훨씬 쉬울 것입니다. 지금까지 사용한 코드 는 복잡한 로직이 필요한 예제가 아니어서 절차 지향 방식으로 작성해도 크게 문제될 것은 없 습니다. 하지만 앞으로 여러 기능이 서로 복잡하게 얽힌 대단위 프로젝트에서 절차 지향 방식 으로 코드를 개발한다면 다른 작업자와 협업하거나 프로그램을 유지·보수하는 데 바람직하 지 않습니다. 그래서 보통은 함수를 이용해 코드를 기능별로 분류하고 필요할 때마다 호출하는 방식을 사용합니다.

생성자 함수와 프로토 타입을 기반으로 한 객체 지향 방식도 있지만 초보자에게는 적합하지 않으므로 간단히 함수를 이용해 기능별로 분리하는 작업을 해보겠습니다.

```
(... 생략 ...)
//자주 수정할 수 있는 정봇값들을 상단에 전역 변수로 설정
const frame = "section";
const box = "article";
const speed = '0.5s';
const activeClass = "on";
const btn = document.querySelectorAll("main ul li");
let grid; //플러그인의 정봇값이 담길 변수를 이곳에 전역으로 설정

//이미지 소스를 활용한 모든 콘텐츠의 로딩이 완료되면
window.addEventListener("load", ()=>{
  init(); //화면 초기화 함수 호출
  filter(btn); //정렬 버튼 기능의 함수 호출
});

//화면 초기화 함수 정의
function init(){
  //변수 grid에 담길 결괏값이 다른 함수인 filter에서도 활용되어야 하므로
  //전역 변수로 선언
  grid = new Isotope(frame, {
    itemSelector: box,
    columnWidth: box,
    transitionDuration: speed
  });
}

//정렬 버튼 기능의 함수 정의
function filter(arr){ //매개 변수 arr을 통해 반복하는 버튼 그룹을 인수로 전달
  for(let el of arr){

    el.addEventListener("click", e=>{
      e.preventDefault();

      const sort = e.currentTarget.querySelector("a").getAttribute("href");

      grid.arrange({
        filter: sort
      });
```

```
    for(let el of arr){
      el.classList.remove(activeClass);
    }

    e.currentTarget.classList.add(activeClass);
  })
 }
}
```

앞에서 작성한 기존 기능과 거의 똑같이 동작하는 코드입니다. 단, 기존 코드가 시간의 흐름에 따라 나열해서 작성했다면 이번에는 자주 변경되는 변수의 저장 파트, 이벤트 연결 파트, 그리고 화면 초기화와 정렬 기능 등의 함수 정의 파트로 분류했습니다. 이렇게 코드를 기능별로 분류하면 절차 지향 방식에 비해 역할이 명확하게 분리되므로 필요한 기능만 쉽게 찾아서 수정할 수 있어서 프로그램을 유지 · 보수할 때 매우 편리합니다.

스페셜 깃허브 페이지에 작업물 배포하기

지금까지 만든 작업물은 내 컴퓨터에서만 확인할 수 있었습니다. 여기에서는 GitHub Page 를 통해 실제 웹에 작업물을 배포하고, 웹 페이지의 URL을 공유하여 누구든지 접속할 수 있 도록 공개하는 방법을 알아보겠습니다.

1단계 **GitHub 저장소 만들기**

GitHub는 개발자의 작업물을 소스 코드 버전 관리 시스템인 Git에 올려서 코드 관리와 협업 을 도와주는 클라우드 저장 공간입니다. Git, GitHub의 자세한 사용법을 모두 다루기에는 분 량이 많기 때문에 여기서는 예제 결과물을 GitHub Page에 올려 웹에 배포하는 방법만 다루 겠습니다.

▶ Git과 GitHub의 자세한 사용법은 필자의 블로그에서 확인할 수 있습니다.

▶ Git, GitHub를 더 자세히 공부하고 싶다면 『Do it! 지옥에서 온 문서 관리자 깃&깃허브 입문』을 읽어 보길 추천합니다.

그림 S-1 GitHub 웹 사이트(github.com) 접속하기

위와 같이 GitHub 웹 사이트(github.com)로 이동하여 [Sign up] 메뉴에서 회원 가입을 완 료합니다.

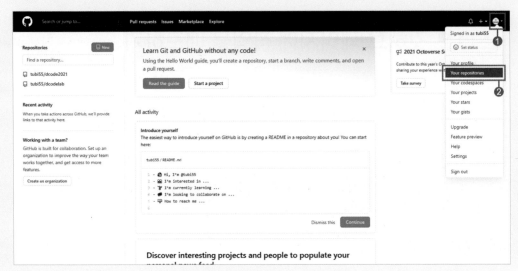

그림 S-2 GitHub에서 로그인하고 [Your repositories] 메뉴 선택하기

GitHub 웹 사이트에 로그인하고, 오른쪽 상단의 프로필을 선택한 뒤 [Your repositories] 항목을 클릭합니다.

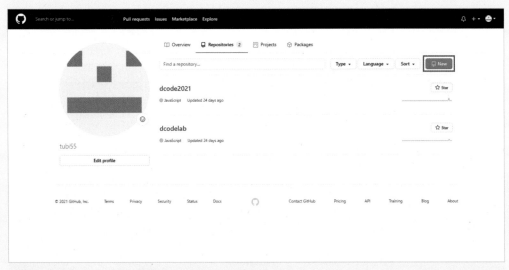

그림 S-3 GitHub의 관리 페이지 확인하기

위의 화면은 저장소를 관리하는 페이지를 나타냅니다. 오른쪽 상단의 [New]를 클릭하여 저장소를 만들겠습니다.

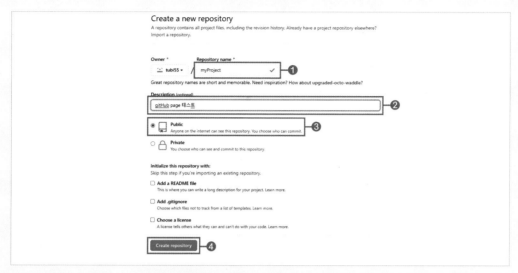

그림 S-4 저장소 만들기

저장소의 이름, 설명을 입력하고 [Public]을 선택합니다. Public을 선택하면 이 GitHub에 올린 소스 코드를 누구나 열람할 수 있습니다. [Private]을 선택하면 비공개로 전환되어 관리자가 지정한 사용자에게만 소스 코드를 보여줄 수 있습니다. 또 Private은 GitHub Page의 유료 서비스를 이용해야 하므로 여기서는 [Public]을 선택합니다. 맨 아래의 [Create repository] 버튼을 눌러 저장소를 만듭니다.

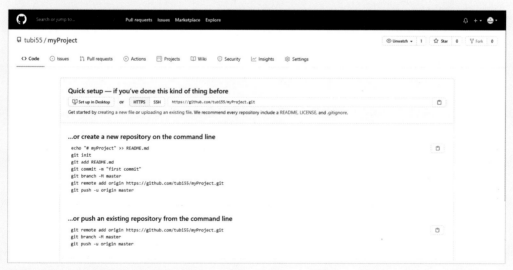

그림 S-5 저장소가 추가된 화면 확인하기

새로운 저장소가 추가되었습니다. 아직 파일을 올리지 않았으므로 어떤 소스 코드도 보이지 않은 상태입니다.

2단계 GitHub 저장소에 작업물 올리기

저장소를 생성했으니 앞에서 제작한 13장의 결과물이 담긴 폴더 전체를 올리겠습니다.

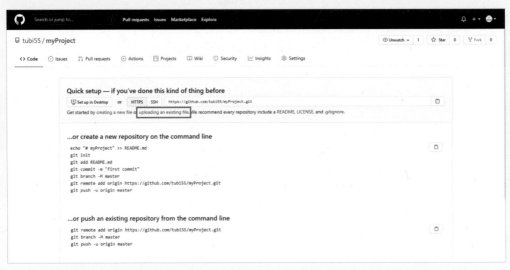

그림 S-6 GitHub 저장소에 작업물 올리기

저장소 화면에서 [uploading an existing file] 링크를 선택합니다.

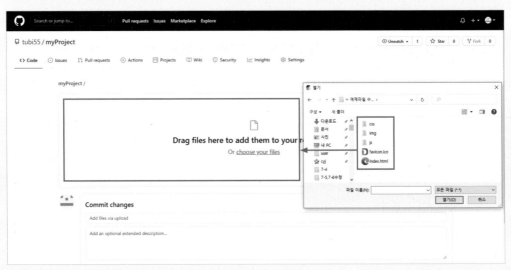

그림 S-7 폴더 선택하고 저장소 영역으로 드래그하기

위와 같이 폴더 안에 있는 모든 파일을 선택하여 저장소 영역 안에 끌어다 놓으면 업로드가 시작됩니다.

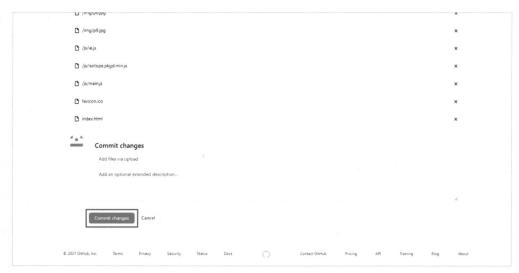

그림 S-8 작업물 업로드 완료하기

위의 화면처럼 모든 파일이 등록되면 하단의 [Commit Chagnes]를 선택하여 업로드를 완료합니다.

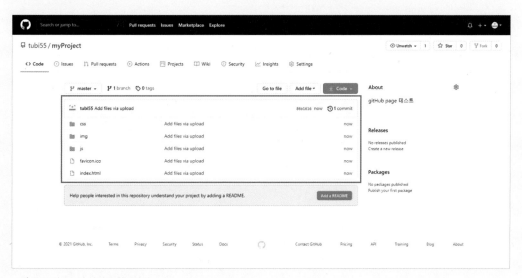

그림 S-9 업로드된 작업물 확인하기

저장소에 작업 파일이 모두 업로드된 것을 확인할 수 있습니다.

3단계 GitHub 저장소에 업로드한 작업물을 GitHub Page로 배포하기

저장소에 업로드한 작업물을 GitHub Page에 배포한 후 공유할 수 있는 URL를 받겠습니다.

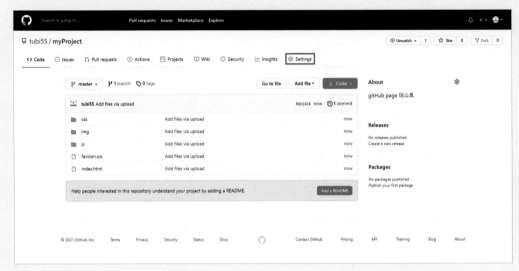

그림 S-10 저장소에서 [Settings] 선택하기

저장소 화면에서 오른쪽 상단의 [Settings]를 선택하여 설정 메뉴로 이동합니다.

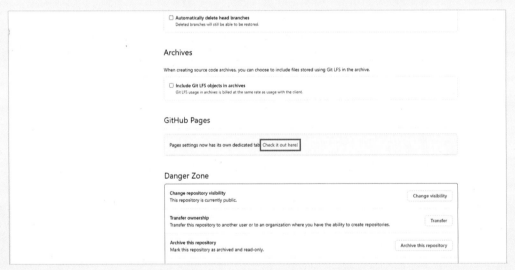

그림 S-11 [Check it out here!] 선택하기

설정 화면 하단의 GitHub Pages 섹션으로 이동한 뒤 [Check it out here!] 링크를 클릭합니다.

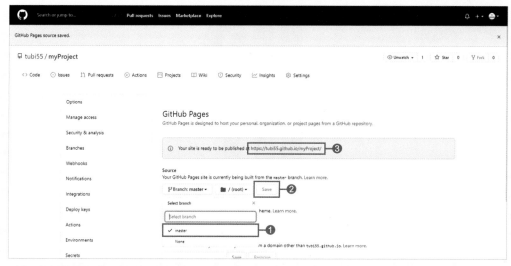

그림 S-12 저장소에 업로드한 작업물 URL 확인하기

위와 같이 Source에서 [master]를 선택한 뒤 [Save]를 누릅니다. 그러면 저장소에 업로드한 작업물의 URL을 확인할 수 있습니다. 이 URL을 클릭해서 접속해 보겠습니다.

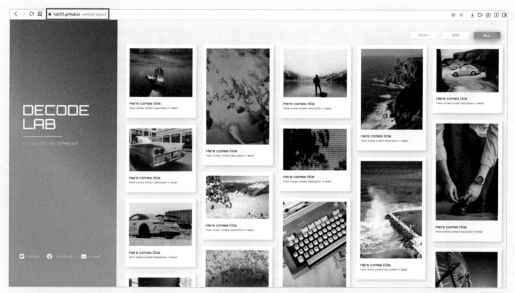

그림 S-13 저장소에 업로드한 작업물 URL 접속하기

저장소에 업로드한 작업물이 화면에 나타났습니다. 이 URL만 알고 있으면 전 세계 누구라도 내가 만든 웹 페이지에 접속할 수 있습니다.

특별 부록
PDF 전자책

세상의 속도를
따라잡고 싶다면

Do it!

현직 웹 디자이너의 진짜 포트폴리오 8개 완성!

인터랙티브
웹 페이지 만들기

프런트엔드 웹의 필수 HTML, CSS, 자바스크립트도 빠르게 정복!

8번째
포트폴리오

스와이프 갤러리

웹 디자이너 & 개발자 **최성일** 지음

QR코드를 찍어
확인하세요!

이지스퍼블리싱

찾아보기

한글

가상 선택자	84
개발자 도구	21, 202
구글 웹 폰트	97
그룹 선택자	77
마지막 요소 선택자	82
매개 변수	276
미디어 쿼리	201, 203
반응형 웹	201
백틱	263
벡터 이미지	185
변수	242
부모 태그	32
브라우저	21
블록 요소	41, 123
비주얼 스튜디오 코드	22
비트맵 이미지	185
빈 요소 태그	49
삼항 연산자	273
선택자	72
속성 선택자	83
속성값	72
속성명	72
수열 선택자	79
순서 선택자	78
스크린 리더기	46
시맨틱 태그	37
시스템 폰트	96
아이디 선택자	87
예약어	254
웹 브라우저	21
웹 에디터	22
웹 에디터	23
웹 접근성	46
웹 폰트 아이콘	100
인라인 요소	41, 123
인수	276

인코딩 방식	33, 71
인터랙티브 UI/UX	18
자바스크립트	20, 337
자손 선택자	75
자식 선택자	76
자식 태그	32
전체 선택자	72
주석	72
짝수 선택자	82
쿽스 모드	34
클래스 선택자	86
클릭 이벤트	255
태그	32
태그 선택자	74
파비콘	203
폰트 어썸	100
폼 태그	57
플러그인	435
함수	275
호버 이벤트	257
홀수 선택자	82
화살표 함수	256
확장 기능	24

영어

absolute	145
action	63
addEventListener()	256
align-content	225
align-items	225
alt	48
animation	181
animation-delay	181
animation-duration	181
animation-iteration-count	181
animation-name	181
animation-play-state	181

animation-timing-function	181
argument	276
autoplay	65, 67
babel	241
backface-visibility	377
background-attachment	129
background-attachment	138
background-color	127
background-image	129, 130
background-position	129, 132
background-repeat	129
background-size	129, 134
blur	165
border-box	121
border-radius	162
border-style	122
box-shadow	159
box-sizing	120
brightness	165
calc()	313
center	109, 132, 217, 220
child	82
classList.contains()	271
classList.add()	274
classList.remove()	273
classList.remove()	274
classList.toggle()	274
clear	144
click	256
color	105
column	208
column-reverse	208
console.log()	243
const	243
contain	134, 152, 154
contrast	165
controls	65, 67

cover	135, 152, 154	for of 문	245, 247	no-repeat	131
CSS	20, 28	for 문	247	nowrap	208
CSS 초기화	139	function	275	object-fit	152
cubic-bezier	177	getAttribute()	280	object-fit: cover	314
d2coding	26	GitHub	465	odd	82
dashed	122	GitHub Page	465	opacity	156
defer	241	gnb	309	order	228
display	208	global navigation bar	309	padding	118
document.querySelector()	242	grayscale	165	parameter	276
document.querySelectorAll()		height	113	perspective	170, 174
	244	href	46	position	145
DOM	254	HTML	20, 28	poster	67
dotted	122	hue-rotate	165	preload	65, 67
e.currentTarget	259	inherit	416	preserve-3d	170
e.prventDefault()	256	inline-block	125	previousElementSibling	251
ease	177	inline-flex	208	px	91, 93
ease-in	177	invert	165	radial-gradient	163
ease-in-out	177	isotope	448	relative	145
ease-out	177	justify	109	rem	91, 93, 95
em	91, 94	justify-content	217, 225	repeat	131
ES5	259	left	109	repeat-x	131
ES6	241	let	243	repeat-y	131
even	82	letter-spacing	111	RGB	105
fill	152, 154, 191	linear	177	RGB 표기법	106
filter	165	linear-gradient	163	right	109
fixed	145	line-height	107	rotate	170
flex	208, 235	link:css	70	rotateX	170
flex-direction	208, 212	Live Server	35	rotateY	170
flex-end	217, 219	loop	65, 67	row	208
flex-flow	208, 215	main	39	row wrap	208
flex-grow	231	margin	115	row-reverse	208
flex-shrink	233	max-width	203	saturate	165
flex-start	217	method	63	scale	170
flex-wrap	208	mouseenter	258	sepia	165
flex-wrap	213	mouseleave	258	setAttribute()	281
float	141	muted	67	skew	170
font-family	95	navigator	282	solid	122
font-size	91	navigator.userAgent	282	space-around	217, 222
font-weight	90	nextElementSibling	251	space-between	217, 221

space-evenly	217, 223	vh	113, 115	\<img\>	41	
src	48	viewBox	192	\<img\>	48	
stroke	191	viewport	34	\<input\>	57	
stroke-dasharray	195	vw	113, 115	\<label\>	57	
stroke-dashoffset	195	width	113	\<li\>	51	
stroke-width	191	wrap	208	\<main\>	37	
SVG	187, 194	z-index	154	\<nav\>	37, 39	
target	47			\<ol\>	52	
target="blank"	47	기타		\<option\>	62	
text-align	109	.children	249	\<p\>	41, 43	
text-shadow	159	.closest()	250	\<path\>	189	
this	259	.innerText	260	\<section\>	37, 39	
transform	170	.parentElement	249	\<select\>	62	
transform-origin	170	.style	253	\<span\>	41, 47	
transform-origin	327	::after	86	\<strong\>	41, 45	
transform-style	170	:before	86	\<svg\>	189	
transition	177	:hover	85	\<textarea\>	62	
transition-delay	177	:last-child	82	\<ul\>	51	
transition-duration	177	:nth-of-type()	79	\<video\>	65, 67	
transition-property	177	@keyframes	181			
transition-timing-function	177	\<!DOCTYPE\>	33	숫자		
translate	170	\<a\>	41, 46	16진수 표기법	105~107	
translateZ	170	\<article\>	37, 39	2D	170	
type	57	\<aside\>	37, 39	3D	170	
type="checkbox"	58	\<audio\>	65			
type="color"	60	\<body\>	32			
type="date"	60	\<br\>	41, 49			
type="file"	60	\<dd\>	53			
type="password"	58	\<div\>	41, 44			
type="radio"	59	\<dl\>	53			
type="reset"	61	\<dt\>	53			
type="submit"	61	\<em\>	41, 45			
type="text"	57	\<figure\>	37, 39			
UI	17	\<footer\>	37, 39			
UI/UX	17	\<form\>	63			
userAgent	282	\<h1\>~\<h6\>	41			
UTF-8	33, 71	\<head\>	32			
UX	18	\<header\>	37, 39			
var	243	\<html\>	32			

Web Programming Course

웹 프로그래밍 코스 | 웹 기술의 기본은 HTML, CSS, 자바스크립트!
기초 단계를 독파한 후 응용 단계로 넘어가세요!

기초
단계

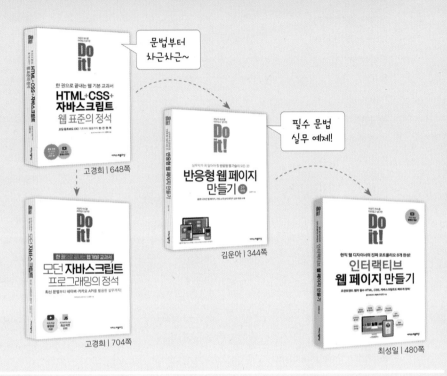

문법부터
차근차근~

Do it!
한 권으로 끝내는 웹 기본 교과서
HTML+CSS+
자바스크립트
웹 표준의 정석

고경희 | 648쪽

Do it!
반응형 웹 페이지
만들기

김운아 | 344쪽

필수 문법
실무 예제!

Do it!
한 권으로 공부하는 웹 개발 교과서
모던 자바스크립트
프로그래밍의 정석

고경희 | 704쪽

Do it!
인터랙티브
웹 페이지 만들기

최성일 | 480쪽

응용
단계

Do it!
Node.js
프로그래밍 입문

고경희 | 560쪽

Do it!
점프 투
스프링 부트 3

박응용 | 408쪽

Do it!
만들면서 배우는 웹 개발 A to Z
장고+부트스트랩
파이썬 웹 개발의 정석

이성용, 김태곤 | 640쪽

나는 어떤
코스가
적합할까?

A 프런트엔드 개발자가 되고 싶은 사람

- Do it! HTML+CSS+자바스크립트
  웹 표준의 정석
- Do it! 모던 자바스크립트 프로그래밍의 정석
- Do it! 반응형 웹 페이지 만들기
- Do it! 인터랙티브 웹 페이지 만들기
- Do it! 자바스크립트 + 제이쿼리 입문
- Do it! Vue.js 입문

B 백엔드 개발자가 되고 싶은 사람

- Do it! HTML+CSS+자바스크립트 웹 표준의
  정석
- Do it! 모던 자바스크립트 프로그래밍의 정석
- Do it! node.js 프로그래밍 입문
- Do it! 점프 투 장고
- Do it! 점프 투 스프링 부트 3
- Do it! 장고 + 부트스트랩 파이썬 웹 개발의 정석

Basic Programming Course
기초 프로그래밍 코스

파이썬, C 언어, 자바로 시작하는 프로그래밍!
기초 단계를 독파한 후 응용 단계로 넘어가세요!

**기초
단계**

박응용 | 432쪽

김성엽 | 576쪽

김동형 | 856쪽

시바타 보요, 강민 역 | 408쪽

시바타 보요, 강민 역 | 452쪽

시바타 보요, 강민 역 | 424쪽

**응용
단계**

김창현 | 384쪽

강성윤 | 720쪽

김종관 | 564쪽

나는 어떤
코스가
적합할까?

A 파이썬 개발자가 되고 싶은 사람

- Do it! 점프 투 파이썬
- Do it! 점프 투 파이썬 — 라이브러리 예제 편
- Do it! 파이썬 생활 프로그래밍 with 챗GPT
- Do it! 점프 투 장고
- Do it! 장고+부트스트랩 파이썬 웹 개발의 정석
- Do it! 챗GPT+파이썬으로 AI 직원 만들기

B 자바·코틀린 개발자가 되고 싶은 사람

- Do it! 점프 투 자바
- Do it! 자바 완전 정복
- Do it! 자바 프로그래밍 입문
- Do it! 안드로이드 앱 프로그래밍
- Do it! 깡샘의 안드로이드 앱 프로그래밍
  with 코틀린

앱 프로그래밍 코스

Application Programming Course

자바, 코틀린, 스위프트로 시작하는 앱 프로그래밍!
나만의 앱을 만들어 보세요!

기초
단계

김동형 | 856쪽

정재곤 | 800쪽

강성윤 | 720쪽

강성윤 | 712쪽

송호정, 이범근 | 696쪽

응용
단계

조준수 | 500쪽

전예홍 | 580쪽

김응석 | 576쪽

나는 어떤
코스가
적합할까?

A 빠르게 앱을 만들고 싶은 사람

- Do it! 안드로이드 앱 프로그래밍
- Do it! 깡샘의 안드로이드 앱
  프로그래밍 with 코틀린
- Do it! 스위프트로 아이폰 앱 만들기 입문
- Do it! 플러터 앱 프로그래밍

B 앱 개발 실력을 더 키우고 싶은 사람

- Do it! 자바 완전 정복
- Do it! 리액트로 웹앱 만들기
  with 타입스크립트
- Do it! 프로그레시브 웹앱 만들기
- Do it! 깡샘의 플러터&다트 프로그래밍

웹 분야 도서 1위 저자가 알려 준다!

HTML+CSS+자바스크립트를 한 권으로 끝내자!

세상의 속도를
따라잡고 싶다면

Do it!

최신
HTML5,
CSS3, ES6
반영!

한 권으로 끝내는 웹 기본 교과서

HTML+CSS+
자바스크립트
웹 표준의 정석

코딩 왕초보도 **OK!** 기초부터 활용까지 **완·전·정·복**

웹 분야 베스트셀러 저자! 고경희 지음

특별 부록!
웹 사이트
만들기
PDF 책!

저자 직강
동영상 강의!

이지스 퍼블리싱

《**Do it!** HTML+CSS+자바스크립트 웹 표준의 정석》
저자 고경희 지음 | 648쪽 | 30,000원

1
**탄탄한 웹 기본기
쌓기**

HTML 태그부터
CSS 반응형 웹,
자바스크립트 함수까지
한 권으로 끝!

2
**500여 개의 예제로
확실하게!**

손으로 직접
코드를 쓰는 예제와
실무에서 바로 쓰는
예제가 담겨 있어요.

3
**무료 동영상과
학습 계획표 제공!**

1:1 과외를 받는 듯한
저자 직강 동영상 강의와
맞춤 학습 진도표를
제공해요!

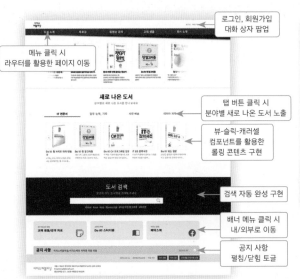